Do sonho à loucura

Ewerton Luiz Figueiredo Moura da Silva

Do sonho à loucura

Hospitais psiquiátricos e imigração
portuguesa em São Paulo (1929-1939)

alameda

Grafia atualizada segundo o Acordo Ortográfico da Língua Portuguesa de 1990, que entrou em vigor no Brasil em 2009.

Edição: Haroldo Ceravolo Sereza
Editora assistente: Danielly de Jesus Teles
Editora de livros digitais: Dharla Soares
Projeto gráfico, diagramação e capa: Danielly de Jesus Teles
Assistente acadêmica: Bruna Marques
Revisão: Alexandra Colontini
Imagem da capa: *Vista do Hospital do Juquery*, sem data. Acervo do Museu Histórico "Prof. Carlos da Silva Lacaz" da FMUSP (foto da capa) e *Embarque de emigrantes em Outubro de 1926*, Jornal O Século. Acervo do Arquivo Nacional da Torre do Tombo, Lisboa (foto da contracapa).

Este livro foi publicado com apoio da Fapesp, nº do processo 2016/14182-1

CIP-BRASIL. CATALOGAÇÃO-NA-FONTE
SINDICATO NACIONAL DOS EDITORES DE LIVROS, RJ
S579s

Do sonho à loucura : hospitais psiquiátricos e imigração
portuguesa em São Paulo (1929-1939) / Ewerton Luiz Figueiredo Moura da Silva. - 1. ed. - São Paulo : Alameda, 2017.
    21 cm.

    Inclui bibliografia

    1. Hospitais psiquiátricos - São Paulo (SP) - História. 2.
Assistência em hospitais psiquiátricos - História. I. Título.
17-45192   CDD: 616.8914
               CDU: 615.851

ALAMEDA CASA EDITORIAL
Rua 13 de Maio, 353 – Bela Vista
CEP 01327-000 – São Paulo, SP
Tel. (11) 3012-2403
www.alamedaeditorial.com.br

Pára-me de repente o Pensamento...
- Como se de repende sofreado
Na Douda Correria... em que, levado...
- Anda em Busca...da Paz...do Esquecimento
- Pára Surpreso... Escrutador... Atento
Como pára...um Cavalo Alucinado
Ante um Abismo... ante seus pés rasgado...
- Pára... e fica... e Demora-se um Momento...
Vem trazido da Douda Correria
Pára à beira do Abismo e se demora
E Mergulha na Noute, Escura e Fria
Um olhar d'Aço, que na Noute explora...
- Mas a Espora da dor seu flanco estria...
- E Ele galga... e Prossegue... sob a Espora!

Ângelo de Lima, poeta internado
em Rilhafoles entre 1901 e 1921

Sumário

Historiando loucura, doença mental e imigração portuguesa

Ana Nemi[1]

Em uma das cenas mais marcantes do filme *Nise – o coração da loucura*, um "expertíssimo" médico apresenta a uma plateia de ávidos doutores aprendizes a técnica da eletroconvulsoterapia, a mais moderna, segundo ele, em sua época. Tratava-se de promover a convulsão por meio de correntes elétricas. A esquizofrenia do paciente que se usa em cena como "exemplo" desapareceria com o moderníssimo tratamento. O filme, que arrisco afirmar ser um ato político em favor dos direitos humanos dos chamados doentes mentais ou daqueles que manifestam comportamentos pouco afeitos às normalidades professadas em nossos cotidianos, relembra aos brasileiros a trajetória de Nise da Silveira (1905-1999), que ousou substituir os tradicionais trabalhos de limpeza realizados pelos internos por oficinas de artes que lhes permitissem expressar as imagens dos seus

---

1 Professora Associada de História Contemporânea da Universidade Federal de São Paulo, Unifesp.

inconscientes. Os prontuários dos internos estudados por Ewerton Luiz Figueiredo de Moura da Silva nos colocam no centro do debate proposto pelo filme: como delimitar cientificamente dosagens de remédios e tratamentos para comportamentos "desviantes"? Como compreender a trajetória de vida dos internos para apontar os caminhos de sua recuperação possível?

Ewerton estudou imigrantes portugueses internados no Asilo dos Alienados do Juquery e no Sanatório Pinel entre 1929 e 1939, na cidade de São Paulo. Em meio aos prontuários que perscrutou, ao mesmo tempo em que lia sobre as práticas médicas legitimadas pelas elites paulistanas e paulistas, o pesquisador observou, entre os dois nosocômios, uma incômoda dimensão comum: desejos de controle sobre corações e mentes de pessoas que sofriam ou eram felizes demais, que não se adaptavam, que observavam o mundo a partir de lugares e visões incomuns, e, no caso aqui referido, imigrantes portugueses, com saudades que se expressavam em desajustes pouco compreendidos. A "loucura" diagnosticada "cientificamente" que salta dos prontuários, e que Ewerton pesquisou com enorme cuidado, talvez fosse não mais do uma expressão do modo português de estar e sobreviver nas terras de cá do Ultramar. Da percepção dos desajustes definidos como "doença mental" ou "loucura" pelas práticas médicas da época, destaca-se uma indagação que preenche as páginas deste livro: como a "doença mental", ou o seu diagnóstico, atuou sobre o sonho dos imigrantes portugueses que para cá se deslocaram? Para respondê-la, Ewerton articula em sua narrativa os conteúdos dos prontuários lidos, as histórias da urbanização de São Paulo e aquelas da imigração portuguesa para esta cidade "macota" que se pretendia lugar de progresso e de elo com a Europa dita civilizada.

Desta forma, em meio à documentação investigada e minuciosamente inventariada em gráficos e tabelas, é possível encontrar as fabulações dos médicos, das elites paulistanas e paulistas e dos imigrantes portugueses. E em meio a tais fabulações, projetam-se as indagações do historiador que apontam para uma questão que, embora localizada cronologicamente nos anos de 1930 do século XX, constitui um elo importante com nosso tempo presente: como lidar com as fabulações que produzimos em nossas vidas cotidianas em relação às possibilidades concretamente colocadas por nossas relações sociais historicamente produzidas? Quais as fronteiras entre nossas fabulações e os diagnósticos médicos, estes também eivados de fabulações sobre controles possíveis e ordem social? A narrativa construída por este jovem historiador, instigada por essas questões, permite rediscutir os conteúdos e sentidos da "loucura" e da "doença mental" em suas relações com a sociedade e os poderes nela constituídos. Os processos sócio históricos de construção da "loucura" e da "doença mental" nesta capital do progresso fabulado pelas elites cafeicultoras sobre o papel do estado na construção de um Brasil moderno, tão ávidas pela ilustração acadêmica do seu poder quanto de controlar as gentes que se revelavam aquém das suas intenções políticas, saltam aos olhos do leitor dos prontuários e dos artigos dos médicos que sustentavam os tratamentos científicos oferecidos pelos nosocômios.

Em estudos sobre hospitais psiquiátricos e práticas médicas em relação aos chamados "loucos" ou "doentes mentais", Foucault é sempre uma referência incontornável. Mas embora alguns usos e abusos das leituras de Foucault pareçam sempre nos colocar naquele limbo político em que não há saída possível para o enclausuramento forçado por uma modernidade tão racional quanto pouco reflexiva e plural, Ewerton parece dialogar com o Foucault militante que nos propunha uma ontologia do tempo presente baseada nos rastros do passado e nas articulações possíveis entre o lugar e o mundo, e na análise, em sua forma historicamente singular, de questões de alcance geral. Assim, a investigação particular aqui encetada sobre os imigrantes portugueses internados nos dois nosocômios acima citados, referidas em uma época, um discurso, um corpo de práticas e a uma documentação específica, permite discutir duas questões de ordem mais ampla:

as fabulações paulistas sobre seu lugar na edificação de uma Brasil moderno, tema que compõe o imaginário dessas elites ainda hoje e que se espraia sobre setores bastante expressivos da população, e os sentidos e conteúdos de um Estado efetivamente democrático e capaz de cuidar dos seus cidadãos sem usar métodos de exclusão travestidos de controle social e normativo. O livro que ora apresento ao leitor, que é resultado de dissertação de mestrado que tive o prazer de orientar, neste sentido, embora localizado empiricamente nos anos de 1930 do século XX, espalha-se sobre o nosso tempo vivido, cobrando dos cidadãos um olhar mais humano sobre nossas práticas ditas científicas e nossas vivências democráticas.

Introdução

*Eu não sei de nada, sou um tonto
maluco. O povo diz que eu sou um
tonto, maluco.*[1]
Álvaro G., 1934.

*Hoje na cama notei que eu era uma
palha de milho. Estou reduzido a nada.*[2]
Acácio, A. A., 1936.

A vontade de construir este trabalho partiu de uma inquietação:
ao direcionar meus estudos para a presença de imigrantes portugue-

---

1 Hospital do Juquery. Prontuário. Álvaro G., 30 anos, solteiro, branco, profissão não declarada, procedente de São Paulo e internado em 24 de julho de
1934.
2 Hospital do Juquery. Prontuário. Acácio A. A., 56 anos, casado, branco,
guarda livros, procedente de São Paulo e internado em 20 de abril de 1936.

ses no Brasil, especialmente para São Paulo, percebi um relativo silêncio na produção historiográfica quanto aos imigrantes que em busca de uma vida melhor em terras tupiniquins foram diagnosticados com alguma forma de doença mental e internados em instituições psiquiátricas da capital paulista. Indivíduos considerados incapazes de gerir a própria vida, seres humanos tratados como incompletos e submetidos à autoridade médica e ao internamento.

Parti da premissa de que o sonho de construir uma vida melhor na afamada ex-colônia americana alimentou o êxodo português para o exterior e pretendi desenvolver uma discussão para a seguinte questão: em que medida este sonho de "fazer o Brasil" ficou comprometido com um diagnóstico positivo de alienação mental? Para começar a responder a esta pergunta, busquei refúgio nos prontuários dos pacientes portugueses internados nas duas principais instituições psiquiátricas de São Paulo nos anos de 1930 – o Hospital do Juquery e o Sanatório Pinel de Pirituba.

Com o desenvolvimento da pesquisa, soube da existência de um acervo nas dependências do Hospital do Juquery, mas em separado dos prontuários que consultava: dezenas de livros de registro de funcionários. Ao ter esta documentação, aparentemente inédita, em mãos notei que os portugueses tiveram uma taxa de admissão proporcionalmente alta, entre estrangeiros, no Juquery e este aspecto ofereceu-me a possibilidade de refletir sobre o outro lado da presença lusitana nos hospícios de São Paulo, daqueles que tinham o Juquery como o seu ganha-pão.

Por questões de ordem metodológica julgo necessário esclarecer determinados conceitos que serão utilizados ao longo desta dissertação como os de *doença mental, alienação mental* e *loucura*. De acordo com Michel Foucault, a transformação da loucura em doença mental como um objeto do saber psiquiátrico decorreu de um longo processo histórico que teve na passagem do século XVIII para o XIX seu momento de definição. No entanto, ao examinar textos escritos por psiquiatras no início do século XX, os termos *alienação mental, doen-ça mental* e *loucura* aparecem de maneira indiscriminada, sugerindo sua utilização como sinônimos. Esta ambiguidade pode ser percebida neste trecho de Pacheco e Silva:

> Uma das questões mais difficeis em psychiatria, de encon-tro à qual têm esbarrado os mais notáveis especialistas do mundo, está em definir a alienação mental.
>
> Na verdade, é difficil, muitas vezes, estabelecerem-se os limites entre o homem mentalmente são e o insano. Isso se verifica, já se vê, não quando as desordens mentaes são patentes, que ao próprio leigo salta aos olhos, mas sim nos casos dubios, em que o individuo se encontra postado na zona limitrophe da razão e da loucura. Dahi a difficuldade em se encontrar uma definição bem precisa do que seja a alienação mental.
>
> Na falta de outra, serve a de Schulle "alienação mental é uma perturbação do eu, devida a uma affecção do cérebro [...]
>
> A palavra alienado vem do latim *alienus*, que significa ex-tranho. Há duas interpretações para justificar o uso desse termo. Para uns se o emprega em virtude do individuo se tornar extranho a sim mesmo, por isso que perde a facul-dade de dirigir a sua atividade, tornando-se irresponsável. Para outros, o termo foi escolhido em virtude da moléstia mental tornar o individuo alheio à comunidade social".[3]

A mesma imprecisão no uso dos conceitos de *louco, doente* e *alienado* fica também evidente em um trecho que encontrei ao ler um texto de Júlio de Mattos – um dos mais consagrados psiquiatras portugueses no início do século XX – "no louco vemos o *doente* que

---

3 PACHECO E SILVA, Antonio Carlos. *Cuidados aos psychopathas*. 2. ed. Rio de Janeiro: Editora Guanabara, s/d. p.13-15. Procedeu-se na manutenção da grafia original.

Pinel dignificou".[4] Os grandes expoentes da psiquiatria no Brasil e em Portugal pareciam não definir de maneira clara tais termos. Assim, como forma de tomar um distanciamento relativo que o historiador deve ter com suas fontes, vou evitar o uso do termo *louco* ao longo do texto quando me referir aos pacientes de origem portuguesa.

Em termos de produção acadêmica sobre a história da psiquiatria e sua relação com a loucura é possível notar um ponto de viragem nas décadas de 1960-70. A historiografia tradicional, anterior àquelas décadas, foi produzida em grande medida por psiquiatras e não por historiadores. Uma história de apologética centrada em feitos científicos no combate à loucura e na obra dos "grandes homens da medicina" e, nesta óptica, o manicômio era retratado como um espaço filantrópico e terapêutico. Como é possível observar na exposição da figura de Philippe Pinel (1745-1826), na obra *A luta contra a loucura* (1941) de Lowell Selling:

> As celas no La Bicêtre e em outros hospitais de natureza idêntica, eram em forma de uma caixa escura, sem luz e quase sem ventilação e a luz do sol só penetrava no interior por meio de uma grade pequena, de sorte que os doentes ficavam encarcerados na escuridão todos os seus dias [...] ninguém procurava os proteger do frio e os gestos mais elementares de humanidade não estavam em voga naqueles dias. Mas isto foi logo transformado, graças a Pinel.

> [...] A estreia de Pinel nesta seara foi de real valor para a medicina mental de hoje, pois Pinel foi o precursor do tratamento dos insanos como pessoas doentes e não como animais.[5]

---

4 MATTOS, Júlio de . Os alienados em Portugal. In: EXPOSIÇÃO NACIONAL DO RIO DE JANEIRO EM 1908. *Notas sobre Portugal*. Lisboa: Imprensa Nacional,1908. p.671. Procedeu-se na manutenção da grafia original.
5 SELLING, Lowell S. *A luta contra a loucura*. Tradução de Adalberto de Lira

A partir dos anos 1960 uma nova historiografia, denominada revisionista, começou a ganhar terreno. A temática da loucura atraiu o interesse de historiadores, antropólogos, filósofos e sociólogos. Novas abordagens foram propostas como a discussão da loucura enquanto construção social, o manicômio passou a ser considerado como instituição de controle social, espaço de poder, disciplinamento e não mais apenas como um centro de tratamento e cura de doenças mentais.

Esta nova historiografia teve como marcos o impacto provocado pela tese de Doutorado do filósofo francês Michel Foucault *A História da Loucura na Idade Clássica* (1961) e a produção da própria História social focada em temas como a pobreza e a marginalização social, como por exemplo, *Os Excluídos da História – operários, mulheres e prisioneiros* (1988) de Michelle Perrot. Desta forma, o doente mental seria visto como mais um entre os marginalizados.[6]

A tese de Foucault foi escrita em grande parte em Uppsala, na Suécia, onde o filósofo teve acesso à "biblioteca Walleriana" – um importante acervo sobre história da medicina com mais de 21 mil documentos entre cartas, manuscritos, livros raros e textos de magia.[7] Nesta obra, centrada nos séculos XVII e XVIII, o autor analisou as representações em torno da loucura, o medo que despertou e o saber a seu respeito que se formava ao transformar o delírio em patologia.[8] Após a publicação deste trabalho, Foucault continuou suas pesquisas sobre a atuação do que chamou de *poder psiquiátrico* – entendido como um *agente de intensificação do real* para enfrentar a *vontade ilimitada* da loucura, compreendendo o asilo como um

---

Cavalcanti. Rio de Janeiro: Emiel Editora, 1941. p.52.

6   WADI, Yonissa Marmitt. "Entre muros": os loucos contam o hospício. *Topoi.* Rio de Janeiro, v.12, n.22, p.250-269,2011.

7   RIBAS, Thiago Fortes. *FOUCAULT: verdade e loucura no nascimento da arqueologia.* Curitiba: UFPR, 2014. p.21.

8   FOUCAULT, Michel. *História da loucura:* na idade clássica. Tradução de José Teixeira Coelho Neto.9.ed. São Paulo: Perspectiva, 2010.

espaço disciplinar onde este poder seria exercido sobre o louco por meio da autoridade do psiquiatra e pela vigilância constante inspirada no modelo do Panóptico.[9]

Importante eixo condutor da narrativa presente em *História da Loucura* foi a abordagem do que Foucault chamou de "Grande Internamento" promovido na Europa a partir do século XVII, onde os insanos eram enclausurados em conjunto com outros grupos considerados indesejáveis, a importância conferida ao trabalho teria levado todos aqueles que não se enquadravam a esta regra sujeitos ao confinamento. A loucura esteve associada à pobreza e à incapacidade de trabalho, evidenciando que antes de ser objeto de interesse médico-epistemológico, era um objeto de expurgo e excomunhão social:

> Antes de ter o sentido médico que lhe atribuímos, ou que pelo menos gostamos de supor que tem, o internamento foi exigido por razões bem diversas da preocupação com a cura. O que o tornou necessário foi um imperativo de trabalho.[10]

Mesmo que *História da loucura* não tenha recebido uma recepção muito acalorada dos historiadores franceses no início da década de 1960,[11] sua importante contribuição historiográfica é inegável, tendo influenciado trabalhos como o de Robert Castel[12] e, mais recentemente, provocando duras críticas como as do historiador Claude Quétel. Em seu livro, também chamado de *História da loucura* (2012)

---

9   FOUCAULT, Michel. *O poder psiquiátrico: um curso dado no Collège de France (1973-1974)*. Tradução de Eduardo Brandão. São Paulo: Martins Fontes, 2006.

10 FOUCAULT, Michel. *História da loucura:na idade clássica*. Tradução de José Teixeira Coelho Neto.9.ed. São Paulo: Perspectiva, 2010, p. 63-64.

11 O'BRIEN, Patrícia. A história da loucura de Michel FOUCAULT. In: HUNT, Lynn. *A nova história cultural*. Tradução de Jefferson Luiz Camargo. São Paulo: Martins Fontes, 2006. p.33-62.

12 CASTEL, Robert. *A ordem psiquiátrica. A idade de ouro do alienismo*. Rio de Janeiro: Graal, 1978.

e dividido em dois volumes, o autor propõe uma crítica de cunho histórico sobre o conteúdo presente na consagrada obra de Michel Foucault, segundo Quétel:

> O seu estilo brilhante, o seu pensamento que não o é menos, a sua dialética persuasiva, deixam-nos constantemente na posição contrária, por pouco que se pretenda lê--lo numa perspectiva de crítica histórica. Foucault coloca alguns axiomas que, uma vez aceites, irão conduzir-nos pelo seu livro todo, um pouco como se acatássemos as regras de um jogo de percursos. Desde as primeiras linhas, porém, os dados são viciados.[13]

Quétel acusa Foucault de usar o que ele chama de "liberdade de filósofo" para subordinar a verdade ao sentido. De acordo com ele, Foucault – ao afirmar que durante a idade clássica (século XVII) a loucura era tratada como desrazão e não como patologia, como seria tratada no decorrer dos séculos XVIII-XIX com a emergência do tratamento moral – negou o dualismo que existiu desde a Antiguidade sobre a loucura entre, por um lado, o moral, religioso e filosófico e, por outro lado, o médico e patológico. Para Quétel, o filósofo ignorou deliberadamente a contribuição nosográfica dos antigos para forjar sua tese.[14]

Laure Murat em seu *O homem que se achava Napoleão* (2012) desenvolveu uma história política da loucura a partir da consulta aos arquivos de pacientes internados nos hospitais parisienses da Bicêtre, Salpêtrière, Sainte-Anne e Charenton, onde buscou os desdobramentos de acontecimentos da História francesa entre 1789 e 1871 (da Revolução Francesa à derrota na guerra contra a Prússia e a Comuna de

---

13 QUÉTEL, Claude. *História da loucura: da antiguidade à invenção da psiquiatria*. Tradução de Marcelo Felix. Lisboa: texto&grafia, 2014, p.85.

14 QUÉTEL, Claude. *História da loucura: da antiguidade à invenção da psiquiatria*. Tradução de Marcelo Felix. Lisboa: texto&grafia, 2014, p. 86-87 e 118-119.

Paris) nos delírios de pacientes.[15] Em uma entrevista concedida ao jornal *Folha de São Paulo* logo após o lançamento de seu livro no Brasil, Murat reconheceu o trabalho de Michel Foucault, mas relativizou algumas de suas conclusões como o progressivo silêncio a que a loucura foi submetida pelo saber psiquiátrico após o século XVIII. Para a historiadora é inegável que houve vontade normativa na psiquiatria no século XIX, mas também ocorreu um esforço para a cura e para escutar o que o louco tinha a dizer, mesmo que fosse para colocá-lo no caminho moralizante.[16]

As contribuições foucaultianas ganharam vulto no Brasil a partir dos anos 1970 impulsionadas pelo avanço do movimento da luta antimanicomial, Foucault inclusive visitou o país em cinco ocasiões entre 1965 e 1976. Denúncias ganharam forma quanto ao tratamento coisificado dispensado aos pacientes internados em hospitais psiquiátricos pelo país, como o documentário *Em nome da razão* (1979), de Helvécio Ratton, filmado no interior do Hospital Colônia de Barbacena em Minas Gerais chamando atenção à situação de esquecimento e maus tratos a que estavam submetidos seus pacientes.

A produção historiográfica do período também registrou a publicação de trabalhos direcionados à trajetória histórica dos hospícios no Brasil, reforçando seu caráter como mecanismos de controle e ordem sociais, como em *Danação da norma* (1978) de Roberto Machado. Esta obra, centrada na fundação e nos primeiros anos de funcionamento do Hospício de Pedro II no Rio de Janeiro, atribuiu o nascimento da psiquiatria no Brasil à imposição da medicina como instância de controle social que, aliada ao Estado, buscou normalizar e disciplinar a população.[17] Outro trabalho de forte inspiração fou-

---

15 MURAT, Laure. *O homem que se achava Napoleão: por uma história política da loucura*. Tradução Paulo Neves. São Paulo: Três Estrelas, 2012.

16 PINTO, Manuel da Costa. Livro da historiadora Laure Murat revê relação entre política e loucura. *Folha de São Paulo*, São Paulo, 27 nov. 2012. Ilustrada, E.3.

17 MACHADO, Roberto. et.al. *A Danação da Norma. Medicina social e constitui-*

caultiana que também compreendeu o século XIX como o início da
intervenção da medicina na vida dos indivíduos, com intuito de sub-
metê-los ao controle do Estado, foi *Ordem médica e norma familiar*
(1989) de Jurandir Freire Costa.[18]

De caráter denunciante, e dentro do contexto da chamada Reforma Psiquiátrica que ocorria no país, *O espelho do mundo* (1986)
de Maria Clementina Pereira Cunha – primeira obra brasileira sobre
história da psiquiatria escrita por uma historiadora[19] – foi ambien-
tado no Hospital do Juquery no início do século XX, à semelhança
de Machado e Costa também abordou o hospício como um espaço
disciplinador e evidenciou as consequências nocivas para os pacientes
que a aliança entre o Estado e a medicina, em prol da normalização da
sociedade, proporcionou.

No entanto, a interpretação historiográfica de influência foucaul-
tiana vem sofrendo críticas, como as de Maria Helena Souza Patto
que no artigo *Teoremas e cataplasmas no Brasil monárquico* (1996)
questiona os trabalhos de Roberto Machado e Jurandir Freire Costa,
argumentando que a sociedade brasileira oitocentista – escravocrata,
clientelista e mobilidade social reduzida – não necessitou da intervenção médica como a tarefa de disciplinarização social. Segundo Patto,
a afirmação supostamente científica da inferioridade dos negros e o
controle da conduta pela norma não precisavam ser justificados ideo-
logicamente, mas sim a força bruta que tratava destas questões.[20]

ção da psiquiatria no Brasil. Rio de Janeiro: Graal, 1978.

18 COSTA, Jurandir Freire. *Ordem médica e norma familiar*. 3.ed. Rio de Janeiro:
    Graal, 1989.

19 CASSÍLIA, Janis A. p. *Doença mental e o Estado Novo: a loucura de um tempo.*
    2011 200f. Dissertação (Mestrado) – curso de História. Casa Osvaldo Cruz –
    Fiocruz, Rio de Janeiro, 2011. p.16.

20 PATTO, Maria Helena Souza. Teoremas e cataplasmas no Brasil monárqui-
    co. *Novos estudos – Cebrap*, n. 44, p. 179-198, mar. 1996. Disponível em:
    <http://www.novosestudos.org.br/v1/files/uploads/contents/78/20080626_
    teoremas_e_cataplasmas.pdf>. Acesso em: 12 mai. 2014.

No Brasil o campo de pesquisa conhecido como "História da Loucura e da Psiquiatria" atravessa um momento de crescimento historiográfico e certo distanciamento das concepções foucaultianas sobre a temática que estiveram em voga nos anos 1970 e 1980. Nos encontros nacionais e bienais da ANPUH – Associação Brasileira de História – pesquisadores dedicados a esta temática encontraram um simpósio próprio a partir 2011 durante o XXVI Simpósio Nacional de História ocorrido na Universidade de São Paulo. Os trabalhos apresentados nestes encontros estão, na maioria, voltados para o processo de construção histórica de conceitos como loucura, doença e saúde mentais, o papel das instituições de assistência psiquiátrica, a experiência vivida pelos pacientes nestas instituições e a noção que os pacientes exteriorizavam sobre o diagnóstico de alienação mental atribuído pelo psiquiatra. Em suma, a produção acadêmica no momento tende a privilegiar o que o paciente tinha a dizer sobre sua internação, em detrimento de preocupações em torno do uso da psiquiatria como um mecanismo de controle e normalização sociais.

Um dos muitos trabalhos que evidenciam esta nova tendência historiográfica é *História de Pierina: subjetividade, crime e loucura* (2009), a tese de Doutorado de Yonissa Wadi discute o caso de uma mulher de ascendência italiana da cidade de Garibaldi no Rio Grande do Sul que em 1909 afogou a própria filha de quase dois anos em uma tina cheia d'água. Pierina, nome fictício da protagonista desta história, foi internada em Porto Alegre no Hospício de São Pedro e, pelos escritos que deixou, não reconhecia o diagnóstico de loucura e considerava-se uma criminosa que deveria ser presa e não internada.[21] Um trabalho inteiro dedicado à relação de gênero e à percepção de uma paciente sobre o diagnóstico imputado pelos médicos.

---

21 WADI, Yonissa Marmitt. *A história de Pierina. Subjetividade, crise e loucura.* Uberlândia: EDUF, 2009.

No mesmo sentido de valorização da fala do paciente, a dissertação de Mestrado de Janis Alessandra Pereira Cassília, *Doença mental e o Estado Novo: a loucura de um tempo* (2011) discutiu a partir de fichas de observação de pacientes internados na Colônia de Juliano Moreira no Rio de Janeiro, as narrativas que os próprios pacientes teciam sobre sua experiência de doença e sobre o contexto histórico que viviam – a ditadura de Getúlio Vargas (1937-1945).[22]

Em relação à produção acadêmica desenvolvida em terras paulistas, destaco a tese de Doutorado de Rita Cristina de Medeiros Couto *Nos corredores do Pinel: eugenia e psiquiatria* (1999), onde a visão maniqueísta de médicos-opressores e pacientes-vítimas foi relativizada,[23] e a dissertação de Mestrado de Gustavo Tarelow *Entre febres, comas e convulsões: as terapias biológicas no hospital do Juquery administrado por Pacheco e Silva* (2011), preocupada com a aplicação de terapêuticas voltadas para uma concepção organicista da doença mental durante a direção de Antonio Carlos Pacheco e Silva no Juquery entre 1923 e 1937. Argumentando que tais procedimentos foram utilizados por anos no hospital de forma empírica, sem qualquer conclusão científica quanto à sua eficácia no combate as doenças mentais e deliberadamente aplicadas em pacientes que não concederam permissão formal para este fim.[24]

Mas foi na região meridional do país, no Rio Grande do Sul, que encontrei um trabalho acadêmico centrado na experiência da loucura em imigrantes, *Que loucura é essa?: loucas e loucos no hospício de*

---

22 CASSÍLIA, Janis A. p. *Doença mental e o Estado Novo: a loucura de um tempo.* 2011 200f. Dissertação (Mestrado) – curso de História. Casa Osvaldo Cruz – Fiocruz, Rio de Janeiro, 2011.

23 COUTO, Rita Cristina Carvalho de Medeiros. *Nos corredores do Pinel: eugenia e psiquiatria.* 158f. Dissertação (Mestrado) – curso de História. Universidade de São Paulo, São Paulo, 1999.

24 TARELOW, Gustavo Querodia. *Entre comas, febres e convulsões. Os tratamentos de choque no HOSPITAL DO JUQUERY (1923-1937).* Santo André: Universidade Federal do ABC, 2013.

São Pedro em Porto Alegre (2013) de Zelinda Rosa Scotti, continuação de sua dissertação de Mestrado *Loucas mulheres alemãs: a loucura visitada no hospício de São Pedro* (2002). Scotti desenvolveu um trabalho de quantificação de prontuários de internações realizadas entre 1900 e 1925, efetuando comparações entre pacientes italianos e não italianos e concluiu que estes imigrantes, pelo menos no Rio Grande do Sul, não constituíram um grupo de peso entre os internados em Porto Alegre.

Como a presente dissertação está focada nos imigrantes portugueses da cidade de São Paulo, julgo necessário apontar também alguns caminhos percorridos pela historiografia portuguesa. Em Portugal, as décadas de 1970 e 1980 também registraram denúncias quanto à forma como os doentes mentais eram tratados nos hospitais psiquiátricos do país, destaco o documentário *Júlio de Matos...hospital?*(1974). Dirigido por José Carlos Marques e lançado no mesmo ano da Revolução dos Cravos, expunha em cores a trágica realidade do elevado número de doentes, a falta total de higiene e a grave subnutrição dos pacientes internados no Hospital de Júlio de Matos em Lisboa (instituição que viria a ser o maior hospital psiquiátrico do país a partir da década de 1940). No mesmo sentido, o livro *Conhecimento do inferno* (1980), uma espécie de autobiografia do escritor e psiquiatra António Lobo Antunes que trabalhou no Hospital Miguel Bombarda em Lisboa durante os anos de 1970 e descreveu o estabelecimento e o tratamento dispensado aos enfermos:

> Os doentes do Hospital Miguel Bombarda, pensou olhando em volta a multidão das camisas de dormir sentadas em silêncio nas cadeiras de fórmica, não soluçam, não protestam, não choram: são cadáveres cinzentos, pobres cadáveres castrados que respiram de leve, entontecidos de calmantes, gordurosos de comprimidos e cápsulas, movendo-se em lentos acenos de algas de compartimento em compartimento, a arrastar as alpercatas nas tábuas, côncavas de uso, do soalho. Em consequência da falta de água,

os autoclismos não funcionam, os dejectos acumulam-se nas retretes, a urina apodrece, a espumar, nos urinóis.[25]

Em julho de 2011, os jornais portugueses anunciaram o encerramento das atividades do hospital Miguel Bombarda e, consequentemente, discutia-se o destino de seus últimos pacientes para outras instituições de Lisboa e o que fazer com o edifício que contém uma das poucas construções no modelo do panóptico do mundo. Neste contexto, foi publicado o livro *Miguel Bombarda: preservar a memória* (2012) organizado pelo psiquiatra Pedro Cintra. Este trabalho contou com contribuições intelectuais de profissionais da área da saúde, historiadores e arquitetos, com o zelo de escrever uma trajetória histórica da instituição, destacando a rotina imposta aos pacientes durante os seus 163 anos de funcionamento.

Dois anos antes, a temática da institucionalização da loucura ganhou espaço midiático com a publicação de *Doida não e não!* (2009) de autoria da historiadora Manuela Gonzaga. A obra reforça o peso da moral de uma época sobre o diagnóstico psiquiátrico ao tratar de uma história bastante curiosa e de grande repercussão nos jornais portugueses no início da década de 1920, o caso de Maria Adelaide Coelho Cunha. Esta mulher da alta sociedade lisboeta foi internada em um hospital psiquiátrico por ordem de seu marido por se relacionar e fugir com o motorista da família cerca de vinte anos mais novo e de condição social inferior.

No caso da pesquisa aqui em questão, a principal documentação recolhida foram os prontuários clínicos de pacientes internados em instituições psiquiátricas de São Paulo. Por isso, é necessário em breve reflexão sobre sua importância para o saber psiquiátrico e como fonte história.

---

25 ANTUNES, António Lobo. *Conhecimento do inferno*. 9.ed. Lisboa: Publicações dom Quixote,1988, p. 100. Procedeu-se na manutenção da grafia original.

De acordo com Michel Foucault, a psiquiatria apresentou, a partir do limiar do século XIX, uma grande preocupação em construir seu discurso pautado em pilares médicos e científicos. A estratégia adotada foi desenvolver dois tipos de discurso: o primeiro, chamado de classificatório ou nosológico, consistia em tratar a loucura como uma série de doenças mentais, cada uma com etiologia, sintomatologia e evolução próprias. O segundo procurou desenvolver uma concepção anatomopatológica da loucura ao tentar explicar sua etiologia por correlativos orgânicos.[26]

Embora buscasse no conhecimento médico a legitimação de seu saber, a psiquiatria utilizou métodos diferentes daqueles propostos pela medicina. Esta fez o uso do diagnóstico diferencial, ou seja, não estabelecer apenas se existe a doença, mas apontar qual a doença por meio de uma lesão orgânica; contrariamente, para a psiquiatria tratava-se do diagnóstico absoluto: existe ou não a doença – loucura ou não loucura – ficando para o segundo plano o estabelecimento da diferenciação nosográfica.[27]

Outro problema para o emergente saber psiquiátrico era a questão do corpo. Como encontrar lesões orgânicas que explicassem a gênese das doenças mentais? Com poucas exceções, a psiquiatria não conseguiu buscar estas respostas. Desta forma, o corpo esteve ausente do conhecimento psiquiátrico e, correlativo a esta ausência, o corpo foi ampliado para a psiquiatria.[28] Não se tratava de buscar lesões no corpo do indivíduo, mas sim de perseguir as causas da doença em seus antecedentes pessoais – uso do álcool e contato com a Sífilis – e, influenciada pela teoria da degenerescência hereditária,

---

26 FOUCAULT, Michel. *O poder psiquiátrico: um curso dado no Collège de France (1973-1974)*. Tradução de Eduardo Brandão. São Paulo: Martins Fontes, 2006, p. 165.

27 Ibid., p.345-347.

28 CAPONI, Sandra. *Loucos e degenerados. Uma genealogia da psiquiatria ampliada*. Rio de Janeiro: Fiocruz, 2012. p.39-41.

nos antecedentes familiares – pais alcoolistas ou parentes anteriormente internados.

Assim, buscava-se reunir o maior número de informações possível do paciente por meio da anamnese – inquirições a familiares e amigos do paciente sobre sua conduta antes da internação e da observação médica – para compor o inquérito que, ao lado das drogas e da hipnose, foi um dos principais elementos utilizados pelo saber psiquiátrico para fazer a loucura emergir e combater suas manifestações.[29] É sob esta óptica que o prontuário clínico – inquérito sobre o paciente – deve ser entendido, um documento feito pelo e para o saber médico.[30]

Apesar de conter informações relevantes para o psiquiatra, é possível perceber o discurso do interno em alguns momentos no prontuário, a primeira forma é a transcrição de partes da fala do paciente que o médico julga necessário para reforçar o diagnóstico imbuído ou para ilustrar exemplos do comportamento do enfermo, a outra maneira de ler a perspectiva dos internos é por meio de cartas. Este tipo de documento é bastante valorizado por trabalhos historiográficos dedicados à questão da institucionalização da loucura, e também foi muito utilizado como veículo para buscar delírios em forma de escrita nos poucos momentos de intimidade de seus pacientes.

O comportamento do paciente, a forma como se apresentava, como falava e como escrevia eram observados pelos médicos para compor o diagnóstico. No que se refere à escrita, tudo era observado: o estado do papel, os erros de grafia e concordância, as metáforas utilizadas, a estética, as contradições e incoerências.[31] De acordo com

---

29 FOUCAULT, Michel. *O poder psiquiátrico: um curso dado no Collège de France (1973-1974)*. Tradução de Eduardo Brandão. São Paulo: Martins Fontes, 2006. p.373.

30 CASSÍLIA, Janis Pereira. "E eu sei, doutor?": experiência de doença e falas sobre o Estado Novo em internos da Colônia Juliano Moreira. In: VENANCIO, Ana Teresa; POTENGY, Gisélia Franco. *O asilo e a cidade. Histórias da colônia Juliano Moreira.* Rio de Janeiro: Garamond, 2015. p.93-126.

31 ENGEL, Magali Gouveia. *Os delírios da razão: médicos, loucos e hospícios (Rio*

o saber psiquiátrico, seria possível identificar entre um *maníaco* e um *melancólico*, por exemplo, apenas pela grafia:

> Nos excitados, a escrita é habitualmente grande, bem traçada, ao passo que nos estados depressivos é pequena, irregular, trêmula. Alguns perseguidores ou megalomaníacos sublinham ou escrevem em caracteres mais marcados as palavras concernentes às suas ideias delirantes.
>
> Nos doentes com profundos distúrbios da memória e da razão (dementes), a letra se deforma, torna-se incompreensível, sem direção, transformando-se em verdadeiros garranchos.
>
> O neografismo são letras em nova formação, que não tem significado senão para o indivíduo que as escrevem e equivalem aos neologismos da linguagem falada.[...]
>
> No estado de depressão o doente escreve lentamente, para no meio da frase, interrompe as palavras,em virtude da grande fadiga (barragem psicomotora). Pelo contrário, o indivíduo com o tônus sentimental elevado escreve rapidamente e não se cansa jamais.[32]

No caso dos portugueses as cartas foram escassas, mesmo porque a grande maioria dos imigrantes internados era analfabeta. Dos poucos que sabiam escrever foram encontrados bilhetes destinados a familiares com pedidos de roupas e acessórios, busca de notícias quanto ao estado da família e protestos quanto à decisão familiar em interná-los. Dentre eles um bilhete chamou a atenção deste pesquisador, tratava-se de um paciente diagnosticado com ideias de perseguição que acreditava que seu fim estava próximo, por isso, escreveu um bilhete com instruções sobre seu funeral:

de Janeiro 1830-1930). Rio de Janeiro: Fiocruz, 2001. p.158.

32 PACHECO E SILVA, Antonio Carlos. *Exame do doente mental*. São Paulo: Oficinas gráficas da Assistência a Psicopatas Juquery, 1948. Acervo do Museu Histórico da FMUSP p.28-29. Procedeu-se na manutenção da grafia original.

No dia de minha [morte] telephonar para 75504 para a casa do Sr. Pinheiro mandando chamar D. Maria para que falle com Mário providenciar meu enterro para o cemitério de São Paulo que este mesmo comprou por minha ordem e está pago [...] Ao meu amigo Mário o último adeus e a todos bem como as crianças e a minha mãe Júlia, 4 de junho de 1936.[33]

Não foi possível saber o desfecho da internação deste paciente, apenas que ficou internado por cinco meses e que foi submetido à Malarioterapia – terapia baseada na premissa que os acessos febris provocados no paciente pela inoculação do agente etiológico da Malária poderiam combater os estragos da Sífilis no Sistema Nervoso – o que agravou o seu quadro.

Caiu em verdadeiro estado de estupôr. Tornando-se sitiofobico, apático, amimico. Aos poucos foi saindo deste estado. Havia evidente colorido depressivo, mesmo durante o período de estupôr. Humilde, com idéas melancolicas, de autodepreciação, autoculpa, de ruína financeira, física e econômica – procurava se esquivar ao nosso convívio, dizendo não merecer a nossa simpatia, por ser um indivíduo indigno e abjéto.[34]

Cada prontuário clínico[35] elaborado pelo Hospital do Juquery e pelo Sanatório Pinel está dividido, de maneira geral, em sete partes:

---

33 Sanatório Pinel. Prontuário. Alberto J.A.S., 45 anos, solteiro, branco, comerciante, procedente de São Paulo e internado em 30 de maio de 1935. Procedeu-se na manutenção da grafia original.

34 Sanatório Pinel. Prontuário. Alberto J.A.S., 45 anos, solteiro, branco, comerciante, procedente de São Paulo e internado em 30 de maio de 1935. Procedeu-se na manutenção da grafia original

35 Por questões éticas e legais houve a preocupação em proteger e respeitar a identidade dos pacientes, a inviolabilidade da intimidade e da privacidade de seus familiares. Por isso, foi indicado ao longo desta pesquisa apenas o prenome do paciente seguido pelas iniciais de seu sobrenome.

identificação do paciente, contendo suas principais informações pessoais como nome, nacionalidade, estado civil, idade, profissão, data da internação e, na maioria dos casos, a data da saída; *exame no ato de entrada*, descrevendo o estado geral do paciente, tanto físico como mental, no momento da internação; *exame somático*, que avalia as condições do funcionamento do corpo do paciente: aparelhos respiratório, circulatório, digestivo, excretor e reprodutor; *exame neurológico*, registra as condições de mobilidade, sensibilidade e reflexos do paciente; *exame psíquico*, onde a vida do paciente até o momento e durante a internação era descrita, bem como suas associações de ideias, delírios, alucinações, condições de memória (recordação para fatos passados e presentes), capacidade para o trabalho e sentimentos éticos (passando pelo crivo comportamental do indivíduo diante dos "bons costumes" da época); *receituário*, com registro dos medicamentos utilizados para o combate dos sintomas de doença mental descritos pelo psiquiatra; e o *questionário*, meio onde a anamnese era colhida através de perguntas sobre a conduta do paciente antes da internação respondidas por algum parente próximo ou amigos. Uma das perguntas presentes no questionário era: quais são, no vosso pensar, as causas da moléstia atual? Desta forma, a família aliava-se ao médico para a identificação da doença.

As informações presentes no *exame psíquico* compõem o alicerce que fundamenta este trabalho. Baseado nos subsídios da anamnese oferecidos no questionário, o médico estabelecia uma narrativa da trajetória do paciente buscando destacar o momento onde a doença mental tornou-se evidente e, portanto, uma maneira de legitimar a internação. A partir da narração de aspectos da vida destes pacientes/ imigrantes foi possível perceber os percalços das múltiplas histórias de experiências vividas por aqueles agentes históricos.

Determinados momentos da vida de um imigrante anteriores ao momento da internação são revelados nas páginas dos prontuários, mas também informavam a respeito das práticas da rotina institucional e o comportamento do paciente no asilo, ou pelo menos o que os médicos consideravam digno de nota.[36] Desta forma, o prontuário emerge como importante fonte histórica acerca do paciente. No entanto, como toda a fonte utilizada no ofício do historiador, os prontuários contêm lacunas e a principal delas foi a carência de informações sobre a vida antes da internação de 121 pacientes do Juquery (o que corresponde a 25% do total de internados naquela instituição). Esta ausência de informações explica-se pelo fato de que estes pacientes foram conduzidos ao hospital pelas mãos da polícia, retirados das ruas ou de cadeias, e nenhum familiar ou amigo foi encontrado para responder o questionário, meio pelo qual a anamnese médica baseava--se. Nestes casos, o registro sobre a vida destes internos começa no momento que entraram no Juquery e as informações prestadas pelo próprio paciente eram muitas vezes desacreditadas pelos médicos: "comunica-se com os aviões que passam pelos céus da colônia. Informações prestadas pelo paciente não são dignas de confiança".[37] No caso dos prontuários do Sanatório Pinel esta questão não se aplica, visto que, como na época era uma instituição de caráter particular exigia a presença de um responsável – familiar ou não – para custear as despesas do paciente durante o tratamento, e este responsável respondia as perguntas dos médicos sobre a vida pregressa do interno.

Quanto às formas de acondicionamento e às instituições que guardam estes valiosos documentos existem diferenças consideráveis. Os prontuários do Sanatório Pinel foram incorporados no acervo permanente do Arquivo Público do Estado de São Paulo nos anos 1970,

---

36 FACCHINETTI, Cristina. O brasileiro e seu louco: notas preliminares para uma análise de diagnósticos. In: NASCIMENTO, Dilene Raimundo; CARVALHO, Diana Maluf (ORG.). Uma história brasileira das doenças. Brasília: Paralelo 15, 2004, p.295-307.

37 HOSPITAL DO JUQUERY. Prontuário. Germano p., 36 anos, casado, branco, profissão não declarada, procedente de São Paulo e internado em 21 de julho de 1936.

os quase 4.000 prontuários encontram-se acondicionados em 106 latas de alumínio sob a custódia da referida instituição com consultas abertas ao público. Já a documentação referente ao Hospital do Juquery encontra-se sob a tutela da instituição (sendo necessário conseguir autorização prévia para consulta). Até 2005 todos os prontuários do Hospital de Franco da Rocha eram cuidadosamente conservados existindo, além da documentação clínica, os chamados prontuários sociais registrados em volumosos livros de capa dura onde os dados de cada paciente eram anotados como: filiação, acompanhantes no momento da internação, nacionalidade, se eram pagantes ou não, data da saída da instituição e o tratamento seguido. Entretanto, devido ao trágico incêndio de 17 de dezembro de 2005 essa documentação foi perdida, apenas os prontuários clínicos foram salvos. A documentação sobrevivente ficou acondicionada em pastas, sendo necessário manusear cada prontuário, já que a instituição não mantém nenhum índice informativo sobre a documentação que dispõe, aliás, mantinha, mas tal índice também foi destruído pelo fogo.

Esta dissertação está dividida em três capítulos. O primeiro dedicado à assistência aos doentes mentais em Portugal e no Brasil, mas atendendo aos limites deste trabalho e às diferenças presentes nas formas de assistência desenvolvidas nos estados deste extenso país, concentrei minhas análises para o caso paulista. O segundo, o capítulo central desta dissertação, construído a partir de um trabalho de perscrutação de 548 prontuários do Hospital do Juquery e do Sanatório Pinel, discute a presença de imigrantes portugueses internados nestas duas instituições através de uma reflexão qualitativa elaborada a partir da extração de dados quantitativos dos prontuários, também apresenta o discurso psiquiátrico em torno da imigração europeia para São Paulo e um breve relato sobre o papel da Beneficência Portuguesa na assistência aos diagnosticados como doentes mentais vindos de Portugal. O terceiro e último capítulo foi elaborado graças ao acesso que tive, já em uma fase adiantada da pesquisa, aos livros de registro de funcionários do Hospital do Juquery – uma documentação aparentemente inédita – e, por meio deles, apresento o outro lado da história da presença portuguesa em um manicômio de São Paulo, o lado dos funcionários.

I.
Panorama histórico da assistência aos doentes mentais oferecida no Brasil e em Portugal

A polícia lhe enviou "para o santo palácio onde lhe deram banho".[1]
José N. F., 1936.

Reclamava do hospital por ser uma "casa de loucos".[2]
João J. G., 1931.

---

1 HOSPITAL DO JUQUERY. Prontuário. José N. F., 45 anos,casado, branco, profissão não declarada, procedente de Santos e internado em 13 de setembro de 1936.
2 HOSPITAL DO JUQUERY. Prontuário. João J. G., 40 anos, casado, branco, empregado na Cia de Gás, procedente de São Paulo e internado em 3 de setembro de 1931.

Os primeiros estabelecimentos para alienados no Brasil

As Santas Casas de Misericórdia – instituições sociais constituídas como irmandades laicas com objetivos caritativos como alimentar
famintos, dar roupas aos nus, tratar os doentes, dar abrigo aos viajantes e água aos sequiosos[3] – foram implantadas no Brasil durante a
colonização portuguesa e assumiram o papel de assistência aos alienados. Estes, em geral, caso não fossem remetidos às dependências da
santa casa, eram trancafiados em cadeias, vagavam nas ruas e campos
ou eram presos em quartos domiciliares.

Na década de 1830 os médicos da Academia Imperial de Medicina e da Faculdade de Medicina, sediadas no Rio de Janeiro, promoveram uma campanha em prol da criação de um asilo exclusivo
para os alienados na cidade que contou com o apoio do provedor da
santa casa José Clemente Pereira. Argumentava-se que a santa casa
não estava organizada como um hospital voltado para a cura e para
o domínio da loucura,[4] lugar onde o louco era encarcerado em cubículos estreitos, em condições insalubres e muitas vezes amarrado. Os
médicos ainda não definiam explicitamente a loucura como doença
mental, embora os loucos fossem vistos como enfermos que precisavam de tratamento físico e moral, seguindo o modelo dos alienistas
franceses.[5] Além de doente, o louco era tido como um infeliz desprovido de razão que precisava de ajuda, como neste trecho apresentado
no relatório do provedor da santa casa em 1839:

3   COATES, Timothy J. Degradados e órfãs: colonização dirigida pela coroa no império português (1550-1755). Tradução de José Vieira de Lima. Lisboa: Comissão nacional para as comemorações dos descobrimentos portugueses, 1998,
    p.45-46.
4   MACHADO, Roberto. et.al. A Danação da Norma. Medicina social e constituição da psiquiatria no Brasil. Rio de Janeiro, Graal, 1978, p.423.
5   ENGEL, Magali Gouveia. Delírios da razão: médicos, loucos e hospícios (Rio de
    Janeiro 1830-1930). Rio de Janeiro: Fiocruz, 2001, p. 120.

> Não exagero, senhores, e daqui a poucos momentos, guiados por mim a visitar o hospital, reconhecereis ocultamente que bem pelo contrário omito circunstâncias lúgubres, que podiam dar relevo ao horror que inspira o quadro. Parece que entre nós a desgraça da perda do uso das faculdades intelectuais se acha qualificada de crime atroz, pois é punida com a pena de prisão que, pela natureza do cárcere onde se executa, se converte na de morte![6]

Como resultado da campanha em 1841 iniciou-se a construção do primeiro hospício brasileiro, inaugurado em 1852, o Hospício de Pedro II. Homenagem ao imperador do Brasil, sediado em edifício apelidado de "o palácio de loucos" localizado na Praia Vermelha, local afastado da cidade, sob a administração da santa casa do Rio de Janeiro e, até o final daquele século, dominado pelas irmãs de caridade em detrimento da autoridade médica.[7]

No restante do império a situação dos alienados era similar à da corte: as autoridades provinciais lamentavam a sorte dos alienados depositados nas cadeias ou trancafiados em cubículos fétidos nas dependências das santas casas e nutriam convicção, fruto da incorporação do discurso médico, de que a alienação mental era uma enfermidade especial, portanto era necessária a construção de estabelecimentos exclusivos para alienados. Ao longo dos anos do século dos manicômios,[8] algumas províncias passaram a contar com eles como o Pará com o Hospício de Tucunduba (1873), a Bahia com o Asilo São João de Deus (1874), Pernambuco com o Hospício da Tamarineira

---

6 RELATÓRIO do provedor da santa casa. apud. MACHADO, Roberto. *A Danação da Norma. Medicina social e constituição da psiquiatria no Brasil.* Rio de Janeiro, Graal, 1978, p.427.

7 MACHADO, Roberto. et.al, o p. cit., p.460-462.

8 De acordo com Isaias Pessoti, em nenhum século o número de instituições destinadas a alienados foi tão grande e a proporção de internações tão alta como no século XIX, por isso, o título de "século dos manicômios". Cf., PESOTTI, Isaias. *O século dos manicômios.* São Paulo: Ed.34,1996, p.9

(1883), o Ceará com o Asilo de São Vicente de Paula (1886) e o Rio Grande do Sul com o Hospício de São Pedro (1884), administrados pelas santas casas e, com o passar dos anos, sobrecarregados.[9] Ao contrário do restante do país, em terras paulistas a santa casa recusou este encargo, desta forma, coube ao governo provincial arcar com os custos da assistência aos alienados e nomear uma administração leiga a cargo do alferes reformado Tomé de Alvarenga. Em 14 de maio de 1852, em um prédio alugado na Rua São João, era inaugurado o Asilo Provisório de Alienados de São Paulo recebendo a princípio nove internos. Poucos anos depois críticas quanto às precárias condições do edifício determinaram a compra de um novo prédio localizado em uma chácara na ladeira da Tabatinguera, na Várzea do Carmo, em 1862 e a transferência dos alienados para o novo asilo da capital da província.[10]

A administração do denominado Hospício da Tabatinguera continuou a cargo dos leigos: Tomé de Alvarenga foi substituído após sua morte em 1868 por seu filho Frederico Antonio de Alvarenga,[11] aos médicos cabia o tratamento de doenças intercorrentes,[12] sem participação na direção do hospício. Entre os médicos que atuaram no Tabatinguera esteve Francisco Franco da Rocha (1864-1933), formado em 1890 na primeira turma de psiquiatria da Faculdade de Medicina do Rio de Janeiro e nomeado para o Hospício de São Paulo em 1891, protagonizou a campanha para a construção de um moderno asilo de alienados na cidade. A empreitada baseava-se nas decisões do Con-

---

9 ODA, Ana Maria; DALCALARRONDO, Paulo. História das primeiras instituições para alienados no Brasil. *História, ciências e saúde – Manguinhos*, Rio de Janeiro, v.12, n.3, p.983-1010, 2005.

10 MARTINS, Antonio Egydio. *São Paulo antigo 1554-1910*. São Paulo: Paz e Terra, 2003. p.83-84.

11 FARINA, Duilio Crispim. *Medicina no planalto de Piratininga*. São Paulo [s.n], 1981. p. 120.

12 MARTINS, Antonio Egydio. *São Paulo antigo 1554-1910*. São Paulo: Paz e Terra, 2003, p.83-87.

gresso Internacional de Alienistas reunido em Paris em 1889: a criação de colônias agrícolas anexas ao manicômio.

O Hospital modelo de São Paulo: o Asilo do Juquery

O acúmulo de capitais provenientes da produção cafeeira impulsionou o desenvolvimento do estado de São Paulo e particularmente de sua capital. Esta cidade passou por uma súbita transformação nas últimas décadas do século XIX e limiar do XX alterando totalmente sua fisionomia urbana, o burgo provinciano tornou-se a radiante metrópole do café. Em 1880 a cidade contava com 64.000 habitantes, dez anos depois, 240.000 – uma explosão demográfica de 300% –, 579.033 moradores em 1920 e 1.167.862 em 1937, portanto um aumento de 18 vezes em menos de 60 anos. A cidade que se modernizava passou a contar com serviços de iluminação e transporte públicos e sua área citadina em expansão levou a uma divisão nas funções urbanas, até então concentradas no chamado "triângulo histórico" – ruas Imperatriz (XV de Novembro), São Bento e Direita.

De modo mais intenso a partir do último quartel do século XIX as áreas destinadas ao comércio e residenciais separaram-se, e quanto aos bairros destinados à moradia uma clara distinção social constituía-se: Campos Elíseos e Higienópolis para as elites, Santa Cecília e Vila Mariana para as camadas médias e Mooca, Brás, Cambuci como bairros proletários ocupados em terrenos de várzea assolados pelas enchentes do rio Tamanduateí. Nestes locais, onde predominavam cortiços, água parada em poças e ausência de condições básicas de higiene, epidemias proliferavam com maior intensidade.[13] Tornava-se necessário ordenar o espaço da metrópole em formação e combater a proliferação de doenças.

---

13 LEME, Marisa Saenz. Bairros proletários paulistanos no início do século XX: moradia, lazer e educação. *Estudos de História*, Franca,v. 9,n. 1, p. 101-129, 2002.

Com a implantação da República os cuidados com a saúde pública foram transferidos para a alçada dos estados, São Paulo e o Distrito Federal, possuidores dos maiores recursos financeiros, saíram à frente das demais unidades da federação. O governo paulista criou em 1892 o Serviço Sanitário responsável pela fiscalização do exercício profissional da medicina, combate às epidemias e incentivo à pesquisa na área da saúde. Sua atuação concentrou-se na capital dos paulistas com a inauguração de órgãos como: Instituto Bacteriológico (1892), responsável pelo estudo e formas de propagação das epidemias; Instituto Vacinogênico (1893), para a produção de vacinas contra Varíola; Instituto Soroterápico do Butantã (1899) para produção de soros antiofídicos e antipestosos. Além disso, foram tomadas medidas de policiamento sanitário em escolas, quartéis, asilos e residências e a fiscalização na produção de bebidas e alimentos.[14]

A construção de uma metrópole como São Paulo impunha medidas sanitárias como o combate das epidemias e doenças infecto-contagiosas como a cólera, febre tifoide, tuberculose, febre amarela e peste bubônica e vacinação contra a raiva, varíola e picadas de cobras e escorpiões para preservar a saúde de sua população, cada vez maior e fornecedora de mão de obra.[15]

A metrópole que se modernizava precisava ser saneada. Mas, é necessário frisar que o plano médico-sanitário voltado para a constituição de futuras gerações de paulistas sadios, fortes e robustos e para lançar a terra dos bandeirantes como centro civilizador e de comando nacionais encontrou resistências e limites tanto por parte de sua população que se ressentia das mudanças de costumes, hábitos e liberdades que as leis sanitárias impunham como também conflitos com

---

14 RIBEIRO, Maria Alice Rosa. A cidade de São Paulo e a saúde pública (1554-1954). In: PORTA, Paula (Org.). *História de São Paulo: a cidade no império (1823-1889)*. São Paulo: Paz e Terra, 2004, p.307-349.

15 FREITAS, Sonia Maria. *A saúde no Brasil dos descobrimentos aos dias atuais*. São Paulo: Museu da Saúde, 2014, p. 109-119.

instâncias municipais e estaduais que interferiam na organização dos projetos defendidos pelos médicos.[16]

A atenção com os serviços sanitários também abrangeu a questão das doenças mentais, como o combate às epidemias, o controle de pessoas com distúrbios mentais e comportamento dissoluto era necessário para a viabilidade de uma cidade moderna. Aos considerados loucos não bastaria o internamento, pensava-se em formas de tratar a alienação mental e um dos métodos propostos era a cura pelo trabalho em colônias agrícolas, como proposto por Franco da Rocha.

É possível acompanhar seus argumentos em prol desta ideia nos jornais da época, como no artigo escrito pelo próprio e publicado no jornal *O Estado de São Paulo* em 10 de maio de 1893. Segundo o artigo, a existência de um asilo para tratamento de alienados no mesmo terreno de uma colônia agrícola tinha como intuito "diminuir as despesas com os doentes, proporcionar-lhes distrações e, principalmente, evitar a acumulação nos asilos já existentes". Para o alienista o modelo de colônia representava o futuro da psiquiatria e a possibilidade real de tratamento e cura dos doentes:

> É sabido que uma mudança brusca de meio, e as distracções que d'ahi provem, servem de derivativo tão importante aos doentes mentaes que muitas vezes por si só, determinam melhoras consideráveis; se não se puder proporcionar aos doentes essas distracções continuaremos na deploravel rotina de tratamento em quarto fechado. Devemos aproveitar todos os resultados bons da colonia para todos os doentes e não para uma classe exclusiva – a dos incuraveis.[17]

---

16 MOTA, André. *Tropeços da medicina bandeirante. Medicina paulista entre 1892-1920*. São Paulo: Edusp, 2005. p. 75-124.

17 ROCHA, Francisco Franco da. Asilo de alienados. *O Estado de São Paulo*. São Paulo, p. 2. 10 mai. 1893. Disponível em: < http://acervo.estadao.com.br/pagina/#!/18930510-5426-nac-0001-999-1-not/tela/fullscreen> Acesso em 01. Set 2014. Procedeu-se na manutenção da grafia original.

Portanto, um asilo-colônia possibilitaria mediante distrações aos pacientes, melhoras no comportamento dos mesmos – cultivando, inclusive, a esperança de cura definitiva da alienação mental. As distrações dos alienados seriam garantidas, justamente, pelo trabalho agrícola nas colônias: "estou persuadido que se poderia dirigir e aplicar ao trabalho a metade dos alienados e idiotas internados no asilo".[18] O trabalho dos doentes seria aplicado como ação terapêutica e não como forma de sustento do asilo, mas Franco da Rocha reconhecia que sua exploração poderia diminuir os encargos do Estado. Mas qual seria o lugar ideal para a construção de tal empreendimento? De acordo com Franco da Rocha, o asilo-colônia deveria localizar-se a alguns quilômetros dos perímetros urbanos e em meio ao ar puro e à tranquilidade do campo.

O projeto de um novo asilo para a cidade não residia apenas em melhorar a situação dos alienados internados na Tabatinguera, tratava-se de criar um hospital modelo pautado pelo que havia de mais moderno na psiquiatria europeia, que pudesse responder às necessidades que o crescimento urbano e econômico do estado proporcionava, em especial para sua capital, que não poderia ficar a dever a nenhuma cidade brasileira e a nenhuma metrópole mundial.

> Em 1891 o velho hospício de São Paulo, que até então prestava bons serviços, já tinha preenchido sua época e começava a contrastar profunda e humilhantemente com o progresso do Estado em todos os ramos da pública administração. A construção de um novo hospício era, portanto, uma necessidade urgente em 1892, quando fui convidado [...] a orientar o Governo de São Paulo na reforma da assistência aos alienados.[19]

---

18 Ibid. Procedeu-se na manutenção da grafia original.
19 ROCHA. apud. BARBOSA, Rosana Machin. *A presença negra numa instituição modelar. O hospício do Juquery, 1992*, 188f. Dissertação (Mestrado) – curso de Sociologia, Universidade de São Paulo, São Paulo, 1992, p.100.

Os dirigentes republicanos, influenciados pelo positivismo e preocupados com a ideia de progresso, uniram-se aos alienistas que compreendiam a loucura como um subproduto das sociedades urbanas. Acreditava-se que o crescimento urbano e industrial aumentaria os casos de doenças mentais, se nada fosse feito a situação sairia do controle e inviabilizaria o projeto de progresso almejado pela República.[20] Tal preocupação justificou transformações nas instituições e práticas psiquiátricas no final do século XIX e início do XX: o antigo Hospício Pedro II, no Rio de Janeiro, foi rebatizado como Hospício Nacional de Alienados, sua administração foi separada da Santa Casa de Misericórdia e a direção foi confiada a especialistas. Em São Paulo, a cidade que se modernizava não poderia contar com alienados em suas ruas, tão pouco com um hospício distante dos modelos propostos para o tratamento psiquiátrico na época. Nascia o primeiro grande laboratório de asilamento científico do Brasil.[21]

Em 18 de maio de 1898, com o apoio financeiro do governo paulista, era inaugurada a Colônia Agrícola de Alienados do Juquery em terreno de 170 hectares localizada a menos de 50 quilômetros da cidade, servida pelos trilhos da companhia inglesa *São Paulo Railway* (SPR)[22] e com edificações, projetadas pelo arquiteto Ramos de Azevedo (1851-1928), inspiradas pelo modelo do Asilo de Sainte-Anne de Paris.[23] O asilo paulista tinha dimensões de uma grande fazenda e

---

20 CUNHA, Maria Clementina Pereira. *Cidadelas da ordem: a doença mental na república*. São Paulo: brasiliense, 1989 (tudo é História). p. 35-36.

21 Ibid., p.46.

22 RIBEIRO, Paulo Silvino. "Um médico, uma ideia e um hospital: Dr. Franco da Rocha e a concepção do Juquery." In: MOTA, André ; MARINHO, Maria Gabriela S.M.C (Org.) *História da psiquiatria:ciência, práticas e tecnologias de uma especialidade médica*. São Paulo: USP, Faculdade de Medicina: UFABC, Universidade Federal do ABC: CD.G Casa de Soluções e Editora, 2012. p.152.

23 PIZZOLATO, Pier Paolo Bertuzzi. *O Juquery: sua implantação, projeto arquitetônico e diretrizes para uma nova intervenção*. 326f. Dissertação (Mestrado) – curso de Arquitetura, Universidade de São Paulo, 2008.

pressupunha-se que o trabalho agrícola, em ambiente bucólico, poderia contribuir para a regeneração dos internos.

A arquitetura hospitalar deveria funcionar como um agente terapêutico, diferentemente do Hospício Nacional de Alienados, construído como um prédio monobloco, o Asilo central de Franco da Rocha era organizado em pavilhões horizontais e setorizados, permitindo a separação por sexos e um maior controle sobre os pacientes, e um edifício frontal, no qual se encontravam a administração e a recepção, definido como elemento ordenador do espaço asilar e ligado aos pavilhões por meio de passadiços feitos de ferro.[24]

Figura 1. Vista panorâmica do hospital central do Juquery e suas dependências. Foto sem data (Fonte: PACHECO E SILVA, António Carlos. *A Assistência a psicopatas no estado de São Paulo.* Acervo do Museu Histórico da FMUSP, s/d. p.43.)

O asilo cresceu em ritmo acelerado: em 1901 o hospital central e os pavilhões masculinos estavam prontos, já os femininos dois anos mais tarde. Construído inicialmente para abrigar cerca de 300 pacien-

---

24 Pizzolato, Pier Paolo Bertuzzi. *O Juquery: sua implantação, projeto arquitetônico e diretrizes para uma nova intervenção.* 326f. Dissertação (Mestrado) – curso de Arquitetura, Universidade de São Paulo, 2008. p.61.

tes, o asilo, em virtude do grande número de internações e dificuldades na obtenção de altas, precisou passar por sucessivas ampliações para atender a demanda crescente. Em 1901, quando para lá foram conduzidos os internos da Tabatinguera, o Juquery possuía 590 pacientes; em 1912, 1.250 internados; em 1916, eram 1.500 aproximadamente; e, em 1928, pouco mais de 2.000 pacientes distribuídos em cinco pavilhões femininos, quatro masculinos e um para crianças. Havia ainda uma lista de espera de milhares de pessoas em todo o estado de São Paulo aguardando uma vaga.[25] A superlotação hospitalar foi uma constante na história daquela instituição, em meados da década de 1930 a população do hospital central mais suas colônias agrícolas alçava a cifra de 3.156 pacientes.[26]

Excesso de pacientes, funcionários mal preparados e sobrecarregados, instalações precárias e com más condições de higiene parece ter sido esta a "casa de loucos" vista sob a ótica de muitos internos no lugar de conceberem o Juquery como um "hospital modelo" como queriam seus mentores. No entanto, mesmo neste aparente caos, foi possível identificar em alguns prontuários um desejo, ou pelo menos a aceitação, de pacientes em ficar nas dependências do hospital como a mulher que se recusava a receber as visitas de seu marido – "não quero ver aquele homem" –[27], o homem que, enviado pela polícia ao Juquery, agradeceu às autoridades por tê-lo conduzido ao "santo palácio onde lhe deram banho"[28] e Aida a mulher que repetia para os médicos

---

25 CUNHA, Maria Clementina Pereira. *O espelho do mundo: Juquery a história de um asilo*. 2.ed. Rio de Janeiro: Paz e Terra, 1988. p.84-85.

26 PACHECO E SILVA. *O que se tem feito em São Paulo pela assistência aos psicopatas. O que é preciso fazer*. Acervo do Museu Histórico da FMUSP, s/d. 4 p.

27 HOSPITAL DO JUQUERY. Prontuário. Maria R., 34 anos, casada, branca, profissão não declarada, procedente de Santos e internada em 29 de dezembro de 1938.

28 HOSPITAL DO JUQUERY. Prontuário. José N. F., 45 anos, casado, branco, profissão não declarada, procedente de Santos e internado em 13 de setembro de 1936.

"sair para aonde com o que me dão?"[29] Tais frases indicam situações de sofrimento vivenciadas por estes agentes históricos antes da internação e, talvez por isso, vissem o Juquery como um local de abrigo.

Franco da Rocha, o "Pinel da nossa Piratininga",[30] tornou-se diretor do hospital por um quartel de século até 1923. Durante este período aplicou no asilo-colônia a prática da ergoterapia ou laborterapia – tratamento psiquiátrico mediante o trabalho do paciente.

Diversas vozes, em defesa de uma medicina benemérita, levantaram-se contra a exploração do trabalho dos pacientes. Paralelamente, o diretor do asilo arquitetou sua defesa direcionando seus argumentos em prol dos benefícios que a distração e utilidade legariam ao alienado, e na aplicação de um trabalho condizente com a experiência laboral do paciente. Entretanto, ergoterapia no Juquery, na época de Franco da Rocha, consistia em trabalhos rurais, mas os pacientes, em sua maioria, eram procedentes do meio urbano, o que contradiz um dos principais argumentos do alienista.[31] A preferência no emprego de mão de obra interna em funções agrícolas em prejuízo de outras ocupações como fabricação de cigarros, lavanderia, cozinha, tipografia e sapataria, pode ser explicada pela importância que os frutos do trabalho do campo representavam para a manutenção do hospital.

As colônias agrícolas anexas ao Hospital Central, inspiradas no modelo alemão de Alt-Scherbitz,[32] recebiam pacientes do sexo mas-

29 HOSPITAL DO JUQUERY. Prontuário. Aida F., 35 anos, casada, branca, doméstica, procedente de São Paulo e internada em 16 de novembro de 1934.
30 BARBOSA, Rosana Machin. *A presença negra numa instituição modelar. O hospício do Juquery*, 1992, 188f. Dissertação (Mestrado) – curso de Sociologia, Universidade de São Paulo, São Paulo, 1992. p.99.
31 CUNHA, Maria Clementina Pereira. *O espelho do mundo: Juquery a história de um asilo*. 2.ed. Rio de Janeiro: Paz e Terra, 1988. p.84.
32 O asilo de Alt-Scherbitz, localizado nos arredores de Leipzing na Alemanha, era uma referência internacional em tratamento de doentes mentais baseado no trabalho agrícola. Cf. SEGAWA, Hugo. Casas de orates. In: ANTUNES, Eleonora Haddad; BARBOSA, Lúcia Helena Siqueira; PEREIRA, Lygia Maria de França (Org). *Psiquiatria loucura e arte: fragmentos da história brasileira*. São

culino, e estes eram submetidos a jornadas de trabalho de sete horas, sem remuneração, nas terras pertencentes ao manicômio, onde praticavam agricultura, pomicultura, apicultura e criação de aves e suínos. Tais gêneros contribuíam para a alimentação da população interna e para venda do excedente em pequenos mercados.

A cura psiquiátrica seria alcançada pelo trabalho, tal concepção moral a respeito da loucura remonta a Philippe Pinel (1745-1826) importante expoente da psiquiatria francesa no início do século XIX e um dos fundadores do alienismo. Sendo assim, para Franco da Rocha o trabalho representava uma forma de disciplina, um agente moralizador, capaz de, em alguns casos, tratar da loucura. Já no caso de pacientes considerados incuráveis, o trabalho representava uma diminuição dos encargos do estado.

A carreira[33] dos internos do Juquery estava marcada por diferentes e progressivos estágios dentro do asilo: a primeira fase desta longa carreira asilar era a passagem pelo hospital central, onde o paciente era subordinado ao tratamento prescrito pelos médicos: banhos, sedativos e camisas de forças. Era neste primeiro estágio que o alienista identificava aqueles "curáveis" e os "incuráveis".

A segunda fase no tratamento asilar ocorria nas colônias semiabertas, pavilhões cercados por altos muros, quartos fortes e guardas atentos, onde os internos eram encorajados, mediante recompensas, a cultivar hortas e a produzir seus próprios cigarros. A população interna do Juquery era formada por uma minoria de *pensionistas* (aqueles

---

Paulo: Edusp, 2002. p. 75.

33 O termo *carreira* foi usado, tradicionalmente, para definir o processo de ascensão de determinado indivíduo dentro de uma profissão respeitável. No entanto, Erving Goffman propõe seu uso de uma forma mais ampla para indicar qualquer trajetória percorrida na vida de uma pessoa: "essa carreira não é algo que possa ser brilhante ou decepcionante; tanto pode ser um triunfo quanto um fracasso. É sob este aspecto que desejo considerar o doente mental". Cf. GOFFMAN, Erving. *Manicômios, prisões e conventos*. Tradução Dante Moreira Leite. São Paulo: Perspectiva, 2010. p. 111

que pagavam o próprio tratamento) e por uma esmagadora maioria chamada de *indigentes* (constituída pelos pobres da cidade que estavam a cargo do estado). Aos que possuíam condições financeiras para arcar com o tratamento psiquiátrico oferecido pelo hospital, o trabalho braçal era dispensado – o que leva a pensar até que ponto o trabalho constituía um fim terapêutico simplesmente.

No terceiro estágio, os pacientes eram direcionados às colônias agrícolas e viviam em pequenas casas, sem grades ou muros e em vastas áreas onde plantavam e criavam animais. A experiência de trabalho em uma colônia agrícola do Juquery era vedada às mulheres, estas ficavam reclusas no hospital ocupadas em serviços manuais. Neste aspecto, a administração hospitalar reforçava os papeis sociais ligados ao gênero: homens no mundo exterior e mulheres no mundo interior.

Em 1908 foi implantada a assistência heterofamiliar e esta era a quarta e última fase da carreira asilar e destinada aos internos considerados "mais dóceis". Estes eram entregues a famílias de camponeses residentes nos arredores do Juquery que, mediante pagamento mensal do Estado, aceitavam empregar e alojar alguns internos em funções domésticas ou no auxílio aos trabalhos agrícolas.[34] Desta forma, a cura da doença mental ocorria pelo retorno ao trabalho. Deixar de ser louco era aceitar ser obediente.[35]

Porém, nas primeiras duas décadas do século XX a produção científica internacional apontava para outros caminhos. A Neurologia conheceu forte impulso no início do século após as contribuições do espanhol Ramón y Cajal (1852-1934) sobre o sistema nervoso constituído por um conjunto de neurônios que se relacionavam entre si através de conexões denominadas sinapses. Esta descoberta poderia

---

34 CUNHA, Maria Clementina Pereira. *O espelho do mundo: Juquery a história de um asilo*. 2.ed. Rio de Janeiro: Paz e Terra, 1988. p.86-90.
35 FOUCAULT, Michel. *O poder psiquiátrico: um curso dado no Collège de France (1973-1974)*. São Paulo: Martins Fontes, 2006. p.206.

oferecer respostas a inúmeros problemas fisiológicos e psicológicos[36] e os psiquiatras não deixaram, também, de recorrer a este mesmo método em seus objetos de estudo, sobretudo à demência senil e às várias formas da sífilis cerebral. Assim, fortaleceu-se no meio psiquiátrico o organicismo – que buscava a partir de lesões no sistema nervoso as causas das doenças psiquiátricas.

Para adaptar-se aos novos tempos, Franco da Rocha, conseguiu inaugurar, em 1918, um laboratório de anatomia patológica, porém o mesmo permaneceu fechado por dois anos em virtude da ausência de um profissional preparado para dirigi-lo. Em 1920, chegou ao Juquery em busca de emprego um jovem entusiasta do estudo do sistema nervoso e com estudos concluídos na Faculdade de Medicina de Paris: António Carlos Pacheco e Silva (1898-1988). Logo contratado por Franco da Rocha para trabalhar no referido laboratório.[37]

A ascensão de Pacheco e Silva foi rápida, em 1921 foi convidado pelo diretor a representar o Juquery no Congresso de Neurologia, Psiquiatria e Medicina Legal, no Rio de Janeiro, organizado por Juliano Moreira (1873-1932), então diretor do Hospital Nacional de Alienados e, em 1923, o "Pinel de Piratininga", com a saúde debilitada, o escolheu para ser seu substituto na direção do Juquery.[38] Iniciava-se uma nova fase na história do asilo paulista.

António Carlos Pacheco e Silva assumiu a direção do Asilo do Juquery em 1923 e manteve-se no cargo até 1937, quando precisou deixá-lo para ocupar-se integralmente da cadeira de Clínica Psiquia-

---

36 RIERA, Juan. *Cajal y la institucionalización de la ciencia en España (1854-1934)*. In: PEREIRA, Ana Leonor; PITA, João Rui (Org.). *Miguel Bombarda a as singularidades de uma época*. Coimbra: Imprensa da Universidade, 2006, p. 11-21.

37 TARELOW, Gustavo Querodia. *Entre comas, febres e convulsões. Os tratamentos de choque no HOSPITAL DO JUQUERY (1923-1937)*. Santo André: Universidade Federal do ABC, 2013. p. 25-26.

38 PACHECO E SILVA. *Um precursor dos métodos de choque*, s/d. Acervo do Museu Histórico da FMUSP, p. 45-66.

tria da Faculdade de Medicina da Universidade de São Paulo. Durante seus 14 anos a frente do Juquery realizou importantes mudanças que marcaram a história da instituição, como: a alteração do nome de Asilo para Hospital do Juquery (1925), com o intuito de aproximar a prática psiquiátrica de outras práticas clínicas, a criação de clínicas especializadas, o pavilhão de observação, a seção de Neurossífilis, a seção de Radiologia, o pavilhão para tuberculosos, a Escola para anormais (1929), o Manicômio Judiciário (1929), a 6ª Colônia masculina (1932) e a Vila Médica (1934). Em virtude de suas concepções organicistas sobre a doença mental, foi responsável pela introdução no Juquery das chamadas terapias biológicas que pretendiam provocar choques no corpo do paciente com o intuito de obter alterações comportamentais nos mesmos, como: Malarioterapia, Insulinoterapia, Convulsoterapia e Eletroconvulsoterapia, e ainda a organização do trabalho dos pacientes pela criação do Serviço de Ergoterapia em 1927.

Este último ponto – o Serviço de Ergoterapia – chamou a atenção deste pesquisador. Como explicar que em um período onde as teorias organicistas ou anátomo-patológicas sobre as doenças mentais pareciam prevalecer sobre o antigo tratamento moral e disciplinador pelo trabalho aplicado durante a gestão de Franco da Rocha, que o novo diretor do Juquery, um anátomo-patologista, tenha se preocupado em reorganizar e mesmo ampliar um serviço destinado a organizar o trabalho dos internos no hospital? O uso da mão de obra dos pacientes era importante para suprir as necessidades do hospital, o que sugere que para além dos fins terapêuticos, a laborterapia era utilizada para exploração do trabalho dos pacientes visando diminuir os custos do hospital.

Higienizar é modernizar: o Sanatório Pinel

Além das reformas empreendidas no Juquery durante a direção de Pacheco e Silva, as primeiras décadas do século XX registraram uma expansão na rede particular de assistência psiquiátrica fruto do desenvolvimento do setor hospitalar impulsionado pelo crescimento vertiginoso da cidade de São Paulo e pela falta de leitos no Juquery. A Casa de Saúde Homem de Mello (1907), uma seção para "moléstias mentais e nervosas" no Instituto Paulista (1912) e o Instituto Aché (1923) foram exemplo desta expansão na assistência particular à saúde oferecida na capital paulista.

A metrópole do café modernizava-se, transformava-se em centro financeiro, industrial e comercial do Brasil e o consumo de suas elites internacionalizava-se.[39] As referências de São Paulo passavam por Paris, Londres e Nova Iorque. Consciente destas demandas, o então diretor do Hospital do Juquery, Pacheco e Silva, realizou uma viagem aos Estados Unidos, em especial ao *Institute of Living* de Hartford em Connecticut, para observar o que havia de mais moderno nos tratamentos psiquiátricos da época.[40]

No retorno ao Brasil, Pacheco e Silva, tratou de buscar os fundos financeiros necessários para a construção de um hospital especializado "à altura de nosso progresso [São Paulo]". Depois de várias tentativas frustradas e por intermédio de um médico interno do Hospital do Juquery um "homem de empresa, de vistas largas e espírito filantrópico", Arlindo de Camargo Pacheco, interessou-se pelo projeto, mas exigiu que um grupo de médicos participasse também da sociedade. Desta forma, os médicos Cantídio de Moura Campos – que viria a ser o primeiro diretor clínico do Sanatório Pinel –, Argemiro Rodrigues de Siqueira e Antonio Carlos Pacheco e Silva tornaram-se sócios para a construção de um "hospital psiquiátrico à altura de São Paulo, sem preocupação de maiores lucros".[41] Nota-se, aliás, um discurso muito

39 OLIVEIRA, Milena Fernandes. *Consumo e cultura material, São Paulo "Belle Époque" (1890-1915)*. 2009, 422f. Tese (Doutorado) – curso de História, Universidade de Campinas. Campinas, 2003, p. 45-46.

40 COUTO, Rita Cristina Carvalho de Medeiros. *Nos corredores do Pinel*: eugenia e psiquiatria, 157f. Tese (Doutorado), 1999, p. 39-40.

41 PACHECO E SILVA, Antonio Carlos. *Sanatório Pinel*, s/d. Acervo do Museu His-

próximo do proferido por Franco da Rocha pouco mais de 30 anos antes, a necessidade de um hospital moderno para uma cidade que se modernizava.

A questão do financiamento dos hospitais tidos como filantrópicos no Brasil é bastante instigante, capitais privados afluem para sua edificação e espera-se que os recursos provenientes de seus serviços prestados na área da saúde sejam suficientes para sua manutenção. O que não acontecia já que o número de pacientes pagantes não era suficiente para o sustento das instalações hospitalares, sendo assim, estes estabelecimentos buscavam subsídios nos cofres públicos.[42] Foi o que aconteceu com o Instituto Pasteur de 1903[43] e com a Escola Paulista de Medicina – também fundada por Pacheco e Silva em 1933 – que precisou recorrer aos recursos públicos para manter seu hospital-escola, o Hospital São Paulo.[44] Provavelmente o mesmo ocorreu com o Sanatório Pinel, o que talvez explique sua incorporação ao estado de São Paulo em 1944.[45]

Pirituba foi a região escolhida para a construção do Sanatório que deveria revolucionar a assistência psiquiátrica na capital paulista – por isso, a escolha do sobrenome de Philippe Pinel – em um terreno próximo à estrada de rodagem e à estrada de ferro, a mesma que

---

tórico da FMUSP p.2-4.

42 NEMI, Ana Lúcia Lana; SILVA, Ewerton Luiz Figueiredo Moura. Imigração portuguesa e psiquiatria na capital paulista dos anos 30: modernidade e nacionalismo no atendimento à saúde. In: MOTA, André; MARINHO, Maria Gabriela S.M.C; SILVEIRA, Cássio (Org.). *Saúde e história de migrantes e imigrantes. Direitos, instituições e circularidades.* São Paulo: USP, Faculdade de Medicina: UFABC, Universidade Federal do ABC: CD.G Casa de Soluções e Editora, 2014 (Coleção Medicina, Saúde e História, 5). p.43-58.

43 TOLEDO, Roberto Pompeu de. *A capital da vertigem. Uma história de São Paulo de 1900 a 1954* [e-book], Rio de Janeiro: Editora Objetiva, 2015.

44 NEMI, Ana Lúcia Lana. Introdução. In: NEMI, Ana Lúcia Lana (Org.). *EPM/ SPDM. Histórias de gente, ensino e atendimento à saúde.* São Paulo: Fap-Unifesp, 2012, p. 13-21.

45 NEMI, Ana Lúcia Lana; SILVA, Ewerton Luiz Figueiredo Moura. o p.cit., p. 43-58.

ligava a cidade de São Paulo ao Juquery. Havia ainda a preocupação na escolha de uma área razoavelmente afastada da cidade e rodeada pela natureza.

> A área reservada aos doentes ,extremamente ampla, foi toda ela cercada por muros altos, de concreto armado. Contudo, essa medida de precaução foi feita de forma a não impedir que aos doentes descortinassem uma bela paisagem, dando-lhes a impressão de se encontrarem em plena liberdade, em autentico "Open-Door". Podiam, também, dada a vastidão da área disponível, entregar-se a exercícios físicos, à laborterapia e a ludoterapia, ao ar livre, em ambiente agradável e saudável.[46]

Assim, em 1º de dezembro de 1929, o Sanatório Pinel de Pirituba era inaugurado, com atraso já que a conclusão da obra estava prevista para o final do mês de julho. A notícia de sua inauguração saiu no jornal *O Estado de São Paulo* em 3 de dezembro com o título de: "Sanatório Pinel: a inauguração do modelar estabelecimento para a cura das afecções nervosas".[47] Chama atenção o lugar ocupado por aquela notícia no jornal, logo abaixo de um texto sobre as vencedoras do prêmio Imperatriz Leopoldina, um concurso para a escolha de crianças que mais se aproximavam do tipo eugênico. A existência destas duas notícias na mesma página não configura uma mera coincidência. O Sanatório Pinel de Pirituba – constituído de pavilhões providos de terraço e cercados por extensos jardins para proporcionar um ambiente bucólico – foi concedido sob os auspícios da higiene mental.

---

46 PACHECO E SILVA, Antonio Carlos. *Sanatório Pinel*, s/d. Acervo do Museu Histórico da FMUSP p. 5.

47 SANATÓRIO Pinel: a inauguração do modelar estabelecimento para a cura das afecções nervosas. *O Estado de São Paulo*, São Paulo, p. 8. 3 dez. 1929. Disponível em: < http://acervo.estadao.com.br/pagina/#!/19291203-18409-nac-0008-999-8-not/tela/fullscreen> Acesso em 19. Jun 2014. Procedeu-se na manutenção da grafia original.

Figura 2. Vista aérea do Sanatório Pinel de Pirituba, São Paulo. Foto sem data (Fonte: Arquivo Pacheco e Silva do Museu Histórico "Carlos da Silva Lacaz" da FMUSP)

A noção de higiene mental norteou o debate psiquiátrico no Brasil nas primeiras décadas do século XX e, de acordo com Pacheco e Silva, um de seus principais defensores, consistia em:

> Não só regularizar e fortalecer as funções intellectuais, affetivas e morais do homem, mas também combater as causas determinantes das perturbações psychicas [...] o número de indivíduos atacados por perturbações psychicas augmenta sempre e tal phenomeno se explica pela disseminação dos dois grandes flagelos da humanidade – a syphillis e o alcoolismo – cuja acção se prolonga através de gerações, criando anormais, elementos perturbadores da sociedade, pela sua impulsividade sem limites, pela paixão pelo vício e inadaptabilidade ao meio.[48]

Os defensores da higiene mental assumiam uma postura prevencionista, acreditando defender a sociedade dos "flagelos da humani-

---

48   O doutor PACHECO E SILVA fala sobre a hygiene do espírito. *A sua conferencia de hontem em continuação à Semana de Saúde. Hoje falará o Dr. Fausto Guerner.* 1936. Acervo do Museu Histórico da FMUSP. Procedeu-se na manutenção da grafia original.

dade", bem como da influência de indivíduos "tarados", visando garantir a formação de uma população sadia e forte para o bem da nação e, em especial para o bem de São Paulo. Neste estado, o movimento da higiene mental assumiu uma tendência claramente eugênica.[49]

A eugenia – termo em voga na Europa e Estados Unidos[50] nas primeiras décadas do século XX – era considerada um conhecimento científico devotado a aprimorar a espécie humana por meio da genética, esterilização e reprodução controlada a fim de eliminar os defeitos hereditários, crime, alcoolismo, doenças mentais e venéreas. Seus mentores acreditavam combater a decadência e degenerescência humanas para melhorar o mundo.[51]

Os psiquiatras, convencidos do peso da hereditariedade sobre a manifestação da doença mental, abraçaram a tese eugênica e apoiaram a fundação de Ligas de Higiene Mental nas principais cidades do país durante a década de 1920. Os membros dessas ligas estavam preocupados com a prevenção e não a cura, a ação terapêutica deveria ocorrer antes do aparecimento dos principais sintomas clínicos.[52] O psiquiatra acreditava assumir um papel em defesa da constituição psíquica nacional, atento aos "matrimônios indesejáveis", aqueles re-

49 ANTUNES, Eleonora Haddad. Raça de gigantes: a higiene mental e a imigração no Brasil. In: ANTUNES, Eleonora Haddad; BARBOSA, Lúcia Helena Siqueira; PEREIRA, Lygia Maria de França. Psiquiatria loucura e arte: fragmentos da história brasileira. São Paulo: Edusp, 2002. p.83-104.

50 À medida que a questão da hereditariedade ganhava força explicativa para os comportamentos humanos, começavam a surgir sociedades eugênicas como a Sociedade Alemã para a Higiene Racial (1905), Sociedade para Educação sobre Eugenia da Inglaterra (1907), Escritório de Registros de Eugenia nos Estados Unidos (1910) e a Sociedade Eugênica Francesa (1912). Cf. STEPAN, Nancy. A hora da eugenia: raça, gênero e nação na América Latina. Rio de Janeiro: Fiocruz, 2005. p.35-36.

51 GOLISZEK, Andrew. Cobaias humanas. A história secreta do sofrimento provocado em nome da ciência. Tradução de Vera de Paula Assis. Rio de Janeiro: Ediouro, 2004. p.101.

52 COSTA, Jurandir Freire. História da psiquiatria no Brasil: um corte ideológico. 5.ed. Rio de Janeiro: Garamond, 2007. p. 47.

alizados com indivíduos considerados disgênicos que poderiam por em risco a formação sadia da população.

Nancy Stepan observou três tipos de eugenia praticados no Brasil nas primeiras décadas do século XX: a articulada com o sanitarismo que previa ações higiênicas preventivas e o combate aos vícios sociais para a formação de uma nação forte; a eugenia positiva que visava incentivar a reprodução de indivíduos que atendiam ao modelo ideal, saudável, livre de vícios e doenças; e a eugenia negativa, de caráter mais duro, procurava impedir através do internamento e esterilização compulsória a reprodução de indivíduos tidos como indesejáveis.[53] Pela documentação observada, constatou-se que a psiquiatria em terras paulistas inclinou-se mais para combater a reprodução de pessoas consideradas disgênicas do que em promover ações sanitárias e, no que tange à imigração, promover uma política de restrição e seleção.

No plano nacional a década de 1930 marcou mudanças significativas na organização sanitária do país, sendo constituído durante a Era Vargas (1930-1945) um arcabouço institucional no âmbito da saúde que consolidou as bases de um sistema público de saúde no Brasil.[54] A partir daqueles anos, a prestação de serviços nesta área ficou a cargo de dois ministérios: Ministério do Trabalho, Indústria e Comércio (MTIC) responsável pela saúde dos trabalhadores formais com carteira assinada e abrangidos pelo regime de previdência, e o Ministério da Educação de Saúde Pública (Mesp) encarregado de organizar os serviços de saúde em todas as regiões do país, inclusive na área rural. A política pública de saúde foi uma das formas encontradas pelo Estado brasileiro de aumentar sua presença em todo o território e imprimir uma administração centralizada.

---

53 STEPAN, Nancy. Eugenia no Brasil 1917-1940. In: HOCHMAN, Gilberto; ARMUS, Diego (Org.). *Cuidar, controlar, curar: ensaios sobre saúde e doença na América Latina e Caribe*. Rio de Janeiro: FIOCRUZ 2003. p.350-355.
54 FONSECA, Cristina M. Oliveira. *Saúde no governo Vargas (1930-1945)*. Dualidade institucional de um bem público. Rio de Janeiro: Fiocruz, 2007. p.257.

A assistência psiquiátrica, embora não tenha sido o alvo das mais reconhecidas campanhas sanitárias promovidas pelo Estado, também despertou interesse do governo varguista, pois o modelo considerado ideal de brasileiro pelas autoridades deveria passar pela saúde do corpo e da mente para atingir o modelo de brasileiro saudável, forte e robusto almejado pelas autoridades.[55] O Decreto nº 24.559 de 3 de julho de 1934 reforçou a autoridade dos psiquiatras, de órgãos de propaganda de higiene mental e a hospitalização em estabelecimentos psiquiátricos.[56]

55 FABRÍCIO, André Luiz da Conceição. *A assistência psiquiátrica no contexto das políticas públicas de saúde (1930-1945)*. 139f. Dissertação (Mestrado) – História das ciências, Fundação Oswaldo Cruz – FIOCRUZ. Rio de Janeiro, 2009, p. 53-54.
56 BRASIL. Decreto n. 24.559 de 3 de julho de 1934. Dispõe sobre a profilaxia mental, a assistência e proteção à pessoa e aos bens dos psicopatas, a fiscalização dos serviços psiquiátricos e dá outras providências. Disponível em <http://www.planalto.gov.br/ccivil_03/decreto/1930-1949/D24559impressao.htm>. Acesso em: 25 fev.2014.

Quadro 1. Situação da assistência psiquiátrica no Brasil por estabelecimentos e população internada, 1934.

Unidades	Número de estabelecimentos	População internada
Distrito Federal	4	2.169
Alagoas	1	127
Amazonas	1	116
Bahia	1	490
Ceará	1	431
Espírito Santo	0	0
Goiás	0	0
Maranhão	1	16
Mato Grosso	0	0
Minas Gerais	4	324
Pará	1	480
Paraíba	1	125
Paraná	1	0
Pernambuco	2	160
Piauí	1	0
Rio de Janeiro	1	528
Rio Grande do Norte	1	117
Rio Grande do Sul	3	102
Santa Catarina	2	181
São Paulo	9	3.805
Sergipe	0	0
Acre	0	0
TOTAL	**35**	**9.171**

Instituto Nacional de Estatística. *Anuário estatístico do Brasil*. Rio de Janeiro: Departamento de estatística e publicidade, 1937, p. 513-515. Disponível < http://biblioteca.ibge.gov.br/visualizacao/periodicos/20/aeb_1937.pdf>. Acesso em 08. Jun.2015.

Pelo quadro apresentado acima, nota-se que o estado de São Paulo possuía o maior número de estabelecimentos psiquiátricos, bem como a maior parte dos doentes hospitalizados do país, concentrando mais de 1/3 do total de internações no Brasil em 1934. Seguido pela cidade do Rio de Janeiro, então capital do país.

A assimetria no que tange à assistência psiquiátrica no Brasil era discrepante: enquanto São Paulo, Distrito Federal, Rio Grande do Sul e Minas Gerais ofereciam mais de um estabelecimento psiquiátrico, outros careciam de tais instituições como Goiás e o território do Acre. As conclusões do inquérito psiquiátrico realizado em 1937 sobre a assistência psiquiátrica no país foram semelhantes: I – "estados que não assistiam aos seus psicopatas": Sergipe, Goiás e território do Acre; II- "estados onde a assistência era rudimentar, não diferenciada, não havia tratamento especializado": Mato Grosso, Espírito Santo[57] e Piauí; III – "estados onde a assistência era bastante deficiente, apesar de já existir certa orientação quanto ao tratamento": Amazonas, Maranhão, Ceará, Rio Grande do Norte, Alagoas e Santa Catarina; IV – "estados onde a assistência era especializada, porém defeituosa e reduzida": Paraíba, Pará, Bahia e Rio de Janeiro e V – "estados onde a assistência utilizava métodos atualizados e realizavam a prevenção e serviços sociais": Paraná, Rio Grande do Sul, Pernambuco, Minas Gerais e São Paulo.[58]

57 O estado do Espírito Santo, devido às dificuldades de ordem financeira, não conseguiu inaugurar um estabelecimento público de assistência psiquiátrica até 1944 quando foi aberto o Hospício de Alienados da Ilha da Pólvora. Nas décadas anteriores, diante da recusa do hospital da santa casa em receber os doentes capixabas, as autoridades estaduais remetiam seus alienados para o Rio de Janeiro e, a partir de 1921, firmaram um convênio com o Asilo Deus, Cristo e Caridade ligado à Associação Espírita Brasileira e este passou a receber em suas dependências os doentes do estado. Cf. JABERT, Alexander. *Da nau dos loucos ao trem de doido: as formas de administração da loucura na primeira república – o caso do estado do Espírito Santo*. 153f. Dissertação (Mestrado) – curso de Políticas Públicas e Saúde, Fundação Oswaldo Cruz – FIOCRUZ. Rio de Janeiro, 2001. Uma situação similar ocorreu em Franca, interior de São Paulo, com a inauguração do Asilo Allan Kardec em 1922 que oferecia uma terapêutica espírita para a loucura, vista sob o prisma da obsessão conforme a tese de Adolfo Bezerra de Menezes. Cf. LIMA, Nadia Rodrigues Luz. Religião e saúde mental – o asilo e a casa de saúde Allan Kardec de Franca. *Anais – ciclo de estudos sobre a história da cidade*, Franca, v. 1, n. 1, p .103-115, 1999. Desta forma, espiritismo e psiquiatria concorreram no atendimento a pacientes de doença mental, e a segunda buscou desqualificar o primeiro qualificando-o como a "antecâmara da loucura". Cf. PACHECO E SILVA. A higiene mental e o espiritismo. *Revista de medicina*, São Paulo, v. 26, n. 105, p. 5-14, 1942. Acervo do Museu Histórico da FMUSP

58 FABRÍCIO, André Luiz da Conceição. *A assistência psiquiátrica no contexto das políticas públicas de saúde (1930-1945)*139f. Dissertação (Mestrado) – História das ciências, Fundação Oswaldo Cruz – FIOCRUZ. Rio de Janeiro, 2009. p. 80-82.

A partir do final da década de 1930, denúncias de abandono, de-mérita administração e superlotação foram constantes no Juquery,[59] Minas Gerais teria seu Hospital de Barbacena chamado, anos depois, de "campo de concentração nazista"[60] e mesmo assim estes estados se configuram como exemplos de assistência psiquiátrica pelo inquérito de 1937, o que leva a pensar acerca da precariedade desta assistência no restante do país.

Com base neste inquérito o Serviço Nacional de Doenças Mentais (SNDM) – órgão subordinado ao Departamento Nacional de Saúde, responsável pela fiscalização de políticas implementadas na área da saúde no país – passou a gerenciar a expansão da assistência psiquiátrica no Brasil na década de 1940 e o modelo privilegiado foi o de hospital-colônia.[61]

E do outro lado do atlântico...

O primeiro estabelecimento destinado a recolha dos alienados portugueses acompanhou, com certo atraso, a tendência europeia de fundação de asilos para doentes mentais no decorrer do século XIX. Em Lisboa o edifício do Colégio Militar, antigo convento, lo-calizado na colina de Rilhafoles, foi cedido por decreto régio para adaptação de um hospital para alienados que abriu suas portas em 13 de dezembro de 1848.

Até aquela data os considerados loucos em Portugal, caso não fi-cassem a cargo da família ou vagando por ruas e campos, eram depo-

---

59 CAMARGO, Ralph Pompêo. *Abastecimento de água no Hospital do Juquery*, 1980. p. 1

60 SILVA, Mary Cristina Barros e. *Repensando os porões da loucura: um estudo sobre o hospital colônia de Barbacena*. Belo Horizonte: Argvmentum, 2008. p. 74.

61 VENANCIO, Ana Teresa Acatauassú; CASSÍLIA, Janis Alessandra. Política assis-tencial psiquiátrica e o caso da colônia Juliano Moreira: exclusão e vida social (1940-1954). In: WADI, Yonissa Marmitt.; SANTOS, Nádia Maria Weber. *História e loucura: saberes, práticas e narrativas*. Uberlândia: EDUFU, 2010. p.51-83.

sitados nas cadeias, aos cuidados de ordens religiosas, nas Santas Casas de Misericórdia e, pelo menos a partir do século XVIII, em enfermarias dos Hospitais de São José em Lisboa e Santo António no Porto. Durante as primeiras décadas do século XIX, estas enfermarias começaram a ser denunciadas por médicos portugueses como um espaço infecto onde os doentes permaneciam presos e impossibilitados de obter a cura da alienação mental, ainda acrescentavam que no restante da Europa a fundação de estabelecimentos próprios para alienados era uma realidade. Os relatórios médicos devem ter impressionado as autoridades portuguesas, provocando uma visita do chefe do governo – o Marechal Duque de Saldanha – às enfermarias de São José em 1848 e a emissão de um decreto ordenando a transferência dos alienados – primeiro as mulheres e dois anos depois os homens – para Rilhafoles, que seria administrado pelo Hospital de São José.[62]

Inicialmente Rilhafoles tinha capacidade para 300 internos e deveria servir todo o país e as possessões coloniais, no entanto mais da metade dos pacientes provinha de Lisboa. Em parte a predominância de naturais da capital em um hospital que se pretendia nacional decorria da dificuldade que as santas casas localizadas no interior do país tinham em enviar seus alienados para Lisboa. De acordo com a portaria de 29 de maio de 1850, em casos de total falta de recursos das famílias, caberia às Misericórdias de cada concelho a tarefa de custear o transporte até a capital e o tratamento no Hospital de Rilhafoles dos alienados a elas confiados, porém as dificuldades financeiras das instituições nos concelhos do país tornavam o cumprimento da lei em muitos casos inexequível, como foi apresentado em estudos de caso

---

62 PICHOT, Pierre; FERNANDES, Barahona. *Um século de psiquiatria e a psiquiatria em Portugal*. Tradução de Ana Maria Coelho de Sousa. Lisboa: Roche, [198-]. p. 248-255.

sobre o papel das Misericórdias locais no Distrito de Viana do Castelo[63] e no concelho de Vila Viçosa.[64]

Com relação ao internamento dos súditos do império na capital a situação era ainda mais complicada pela dificuldade de comunicações regulares entre Portugal e suas colônias. Apenas em 1880 com a criação da Empresa Nacional de Navegação foi iniciado um serviço permanente de ligação entre Lisboa e Angola via Cabo Verde e São Tomé e Príncipe. Quanto a Timor, a colônia mais distante dos portos lusitanos, não conheceu comunicações diretas com a Metrópole antes de 1910.[65]

Mesmo atendendo majoritariamente pacientes de Lisboa, Rilhafoles, cedo conheceu a superlotação em suas dependências, projetadas para abrigar até 300 pacientes: em 1871/1872 eram 520[66] e 736 residentes em 1908/1909.[67] De acordo com seu regulamento de 1851, o hospital apenas poderia receber pacientes considerados *curáveis* e quantos aos *incuráveis* somente aqueles que "por suas propensões maléficas ou ações desonestas pusessem em risco a segurança individual ou ofenderem os bons costumes".[68] No entanto, os relatórios médicos

---

63 ESTEVES, Alexandra. Engulhos de ontem, doentes de hoje: pensar a loucura em Portugal no século XIX. O caso do distrito de Viana do Castelo. In: ARAÚJO, Maria Marta Lobo de; ESTEVES, Alexandra. *Marginalidade, pobreza e respostas sociais na península ibérica (séculos XVI-XX)*. Braga: centro de investigação transdisciplinar "cultura, espaço e memória", 2011. p. 199-216.

64 ARAÚJO, Maria Marta Lobo de. O tratamento dos doentes insanos de Vila Viçosa no hospital de Rilhafoles (segunda metade do século XIX). *Asclepio: revista de historia de la medicina y de la ciencia*,v.66,n.2, p.61-71,jul./dez.2014. Semestral. Disponível em: http://asclepio.revistas.csic.es/index.php/asclepio/article/view/615/775. Acesso em: 05 fev. 2015.

65 OLIVEIRA MARQUES, António Henrique de. *Breve história de Portugal*. 2.ed. Lisboa: Editorial Presença, 2009. p. 540.

66 SENA, António Maria. *Os alienados em Portugal*. Lisboa: Ulmeiro, 2003, p. 137.

67 OLIVEIRA, J.F Reis de. Miguel Bombarda: reorganizador e gestor de Rilhafoles. In: PEREIRA, Ana Leonor; PITA, João Rui (Org.). *Miguel Bombarda a as singularidades de uma época*. Coimbra: Imprensa da Universidade, 2006. p.151.

68 SENA, António Maria. o p.cit., p.128.

apelavam para que as autoridades cessassem de enviar pacientes "incuráveis, mas inofensivos".[69]

O alienista António Maria de Sena (1845-1890) em seu livro *Os alienados em Portugal* – obra publicada em 1884 que aborda a assistência prestada em Portugal à loucura até o final de oitocentos – considerou que Rilhafoles fora um grande feito para os doentes portugueses no ano de sua fundação, mas que a superlotação hospitalar, insuficiência de cuidados médicos, funcionários mal remunerados e precárias condições de higiene haviam impedido que o estabelecimento recebesse com alguma caridade os doentes lá internados.[70]

Ao norte do país, a cidade do Porto abrigou o segundo manicômio lusitano, o Hospital do Conde de Ferreira. Até a data de sua fundação em 1883, os alienados portuenses eram remetidos às enfermarias do Hospital de Santo António à semelhança do que acontecia no Hospital de São José em Lisboa. Porém no Porto a fundação de um estabelecimento próprio para alienados não esteve relacionada à ação do Estado, mas à filantropia.

O *brasileiro*[71] Joaquim Ferreira dos Santos (1782-1866), o Conde de Ferreira, emigrou jovem para o Rio de Janeiro e amealhou grande fortuna com o comércio atlântico, em especial com o tráfico negreiro. No retorno a Portugal na década de 1830, envolveu-se em questões políticas tornando-se um forte defensor do governo de Costa Cabral, quando do recebeu seu título nobiliárquico de Conde de Ferreira em 1850.[72]

---

69   Ibid., p.129.

70   Ibid., p.124.

71   O termo *brasileiro* foi utilizado em terras portuguesas no século XIX para designar os homens nascidos em Portugal que emigraram pobres durante a mocidade para o Brasil, permanecendo na América do Sul a maior parte de suas vidas e retornando à Europa em condições financeiras confortáveis. Cf. HERCULANO, Alexandre. *Opúsculos*. Questões públicas. 6. ed. Lisboa: livraria Bertrand, s/d. p. 112.

72   ALVES, Jorge Fernandes. Percursos de um brasileiro no Porto: o conde de Ferreira. *Revista da faculdade de letras. História*. Porto, v. 09, p. 199-214,1992.

Seguindo o exemplo de outros *brasileiros*, que doavam importantes somas de dinheiro às Misericórdias,[73] o Conde de Ferreira legava em testamento parte de sua fortuna para a construção de escolas pelo país e para a fundação de um hospital de alienados na cidade do Porto submetido à Santa Casa de Misericórdia. Com a contribuição financeira herdada do benemérito, em 1883, o Hospital do Conde de Ferreira abria suas portas, cujo edifício fora a primeira construção de raiz feita para a psiquiatria em Portugal.

António Maria de Sena, que viria a ser o primeiro diretor do hospital portuense, não poupou elogios para descrever a ação do conde como um feito de grande benemerência:

> Ensinar o povo! Abençoada ideia, pensamento sublime, que tem enchido o peito de todos os reformadores sinceros e generosos!
>
> E abraçar com esta ideia o sentimento altruísta, revelado na piedade pelos loucos, é esmaltar com finíssimas cores a coroa que cingira na fronte pelos benefícios à instrução popular.
>
> Os loucos, coitados! Os réprobos! Repudiados por uma falsa compreensão, da sociedade inteira: eternamente espoliados, privados das únicas aptidões distintivas da humanidade, esses infelizes párias, mais infelizes nas situações extremas que o animal mais ordinário e vil, merecem a piedade do benemérito Conde![74]

Tanto o hospital do Conde de Ferreira quanto o de Rilhafoles mantinham o estatuto de instituições públicas, acolhiam em suas dependências pacientes indigentes, ou seja, aqueles que não possuíam

---

73 ALVES, Jorge Fernandes. *Os brasileiros. Emigração e retorno no Porto oitocentista.* Porto: Faculdade de letras da Universidade do Porto,1994. p. 319.

74 SENA, António Maria. *Os alienados em Portugal.* Lisboa: Ulmeiro, 2003. p. 287.

recursos para custear o tratamento, seus regulamentos eram aprovados por lei e estavam submetidos à inspeção governamental.[75]

António Maria de Sena foi ainda um dos responsáveis pela primeira lei psiquiátrica em Portugal, aprovada pelas Cortes no ano de 1889: de acordo com esta lei o Estado português seria obrigado a criar mais três manicômios nas cidades de Lisboa, Coimbra e na ilha de São Miguel nos Açores (que só viriam a ser inaugurados na década de 1940); a construir um asilo de incuráveis no Porto; a estabelecer enfermarias anexas às penitenciárias centrais e a converter em asilo de incuráveis o Hospital de Rilhafoles.[76] Os encargos inerentes destas reformas seriam custeados pelos recursos provenientes da receita dos passaportes cobrados daqueles que pretendiam emigrar do país.[77] O dinheiro foi levantado, mas no início do século XX a lei ainda não havia sido cumprida e o destino dos recursos era um mistério.[78]

Em 1892 assumiu a direção de Rilhafoles o médico Miguel Bombarda (1851-1910) que procurou melhorar os serviços de higiene na instituição e incentivar a laborterapia[79] – Bombarda viria a ser um dos maiores próceres da psiquiatria portuguesa. Além disso, tornou-se uma importante liderança no movimento republicano português, mas foi assassinado por um antigo paciente em seu gabinete no Rilhafoles na antevéspera do levante republicano que derrubou a monarquia em

---

75 PEREIRA, Ana Leonor. A institucionalização da loucura em Portugal. *Revista crítica de ciências sociais*. Coimbra, n. 21, p .85-100, nov. 1986. Disponível < https://estudogeral.sib.uc.pt/bitstream/10316/11684/1/A%20Institucionalizacao%20da%20Loucura%20em%20Portugal.pdf> . Acesso em: 15 set. 2013.

76 MATTOS, Júlio de . Os alienados em Portugal. In: EXPOSIÇÃO NACIONAL DO RIO DE JANEIRO EM 1908. *Notas sobre Portugal*. Lisboa: Imprensa Nacional, 1908. p. 673.

77 LEITE, Joaquim da Costa. Os negócios da emigração (1970-1914). *Análise Social*, Lisboa, v. 31, n. 136, p. 381-396, 1996.

78 MATTOS, Júlio de .o p.cit., p.673.

79 OLIVEIRA J.F Reis de. Miguel Bombarda: reorganizador e gestor de Rilhafoles. In: PEREIRA, Ana Leonor; PITA, João Rui (Org.). *Miguel Bombarda a as singularidades de uma época*. Coimbra: Imprensa da Universidade, 2006. p. 147-149.

5 de outubro de 1910.[80] Em reconhecimento a seu trabalho no hospital e à sua morte trágica, Rilhafoles foi rebatizado na sequência da implantação da República como Manicômio Bombarda.

Muito antes da abertura dos hospitais para alienados no século XIX, durante os séculos XVI e XVIII, a Ordem Hospitaleira de São João de Deus, religioso nascido em Portugal em 1595, desempenhou um papel relevante na assistência oferecida. A ordem continuou seu trabalho ao longo do século XIX e cresceu – mesmo após a extinção das ordens religiosas masculinas do país decretada em 1834.[81] Em 1881, um sacerdote italiano ligado à ordem de São João de Deus – Bento Menni – fundou na Espanha a Congregação das Irmãs Hospitaleiras do Sagrado Coração de Jesus dedicada à necessidade de suprir as carências assistenciais de pessoas acometidas de transtornos mentais, em especial mulheres. A congregação entrou em Portugal e os religiosos abriram os Institutos São João de Deus do Telhal (1883) para os homens e o do Sagrado Coração de Jesus na Idanha (1894) para as mulheres, ambos sediados na região de Sintra.[82]

Em um texto de 1908, Júlio de Mattos (1856-1922), o sucessor de Miguel Bombarda no Rilhafoles, descreveu a situação da assistência psiquiátrica disponível em Portugal no limiar do século XX apontando a existência de seis estabelecimentos: Rilhafoles, como o único pertencente ao Estado; o Conde de Ferreira, administrado pela Santa Casa de Misericórdia; Telhal e Idanha, ambos congreganistas; Câma-

80 ANTUNES, Maria João; COSTA, Francisco Santos. Inimputabilidade em razão de alienação mental: um caso da época. In: PEREIRA, Ana Leonor; Pita, João Rui (Org.). *Miguel Bombarda a as singularidades de uma época*. Coimbra: Imprensa da Universidade, 2006. p.101-115.
81 NETO, Vítor. Igreja católica e anticlericalismo (1858-1910). In: HOMEM, Amadeu Carvalho; SILVA, Armando Malheiro da; Isaía, Artur César (Coord.). *A República no Brasil e em Portugal*. Coimbra: IU/EDUFU, 2007. p. 165-192.
82 FREYRE, Francisca Suassuna de Mello. *Entre a história no papel na história no âmbito das doenças mentais*. 143f. Dissertação (Mestrado) – curso de Sociologia, Universidade do Minho. Braga, 2006. p. 77-79.

ra Pestana no Funchal (1906), criado por subscrição pública, e uma seção na Casa de Saúde Portuense (1901), de propriedade particular.

O alienista criticava a assistência prestada no país argumentando que, apesar da superlotação dos poucos estabelecimentos psiquiátricos existentes na época, Portugal internava pouco menos de 1.500 pessoas, um número considerado bastante baixo. No entanto, Júlio de Mattos não apresentou uma estimativa numérica do total da população alienada portuguesa, mas baseou-se em pesquisas realizadas no final do século XIX, como o famoso inquérito incompleto de António Maria de Sena que em 1882 apontava para a existência de 5.999 doentes não assistidos em hospitais psiquiátricos. Desta forma, Mattos sustentava que a população de alienados no alvorecer do século XX seria muito maior que o valor apresentado por Sena já que "nada de opôs a sua livre reprodução [dos alienados], e as dificuldades da vida portuguesa aumentaram constantemente" e ridicularizava os dados oficiais do censo de 1900 que apontavam para uma população, internada e não internada, de 6.600 no país inteiro.

> O numero de alienados apurado no censo de 1900 é, sem duvida possível, uma das muitas fantasias que andam cheios os nossos trabalhos officiaes e que põem, bem irritantemente, um invencível obstaculo a toda a investigação scientifica dos phenomenos sociaes em Portugal. Se inadvertidamente o aceitássemos, concluiríamos que o país hospitaliza 25 por cento de seus alienados, o que, sendo pouco ainda, está todavia muito acima da verdade.[83]

O autor argumentava que a situação era ainda mais grave no caso dos mais pobres.

---

83 MATTOS, Júlio de . Os alienados em Portugal. In: EXPOSIÇÃO NACIONAL DO RIO DE JANEIRO EM 1908. *Notas sobre Portugal*. Lisboa: Imprensa Nacional, 1908, p. 671. Procedeu-se na manutenção da grafia original.

Dos alienados que vivem fora dos hospitaes, só os das classes abastadas, em numero muito restrito e apenas nas cidades de Lisboa e Porto, teem uma regular assistencia medica. Os pobres ou vagueiam, mendigando, se são tranquilos, ou, se a violencia da loucura os torna incompatíveis com a vida collectiva, são lançados nas prisões. Tal é, na sua repugnante nudez, a inteira verdade.[84]

As mesmas críticas foram encontradas em *O Povo Português* (1916) de Bento Carqueja.

O regimen da assistencia dos alienados em Portugal deixa muitíssimo a desejar [...] existindo no paiz apenas dois manicomios, o "Miguel Bombarda", em Lisboa, com população média de 884 doentes, e o "Conde de Ferreira", no Porto, com a população média de 520 doentes, estando em construcção em Lisboa um novo manicomio [que viria a ser o Júlio de Mattos, inaugurado em 1942] e estando apenas em projecto o "Doutor Senna", em Coimbra [inaugurado em 1943], forçoso é reconhecer que não bastam para a hospitalização dos alienados que são susceptiveis de tratamento apropriado".[85]

Desta forma, a loucura era apresentada com um grave problema social do país e o internamento era defendido como uma solução necessária para *amparar* o alienado e para *defender* a sociedade, pois: "muitos crimes são obra sua; e a procriação d'estes seres anormaes constitui, mercê da herança, uma das causas mais poderosas da degenerescencia das raças".[86] Portanto, a defesa da institucionalização

---

84 Mattos, Júlio de . Os alienados em Portugal. In: EXPOSIÇÃO NACIONAL DO RIO DE JANEIRO EM 1908. *Notas sobre Portugal*. Lisboa: Imprensa Nacional, 1908. p. 676. Procedeu-se na manutenção da grafia original.

85 Carqueja, Bento. *O povo português*. Aspectos sociais e econômicos. Porto: Livraria Chardron, 1916, p. 259. Procedeu-se na manutenção da grafia original.

86 Mattos, Júlio de. o p.cit., p. 671-672. Procedeu-se na manutenção da grafia

da loucura em Portugal era sustentada para combater os *perigos da degeneração* na sociedade lusitana.

> Estamos em plena phase sentimental, como perfeitamente o demonstra a existencia de um único manicomio do Estado. Se a iniciativa particular, movida pela dor do que se convencionou chamar de maior dos infortunios, se não lembrasse de abrir alguns manicomios, estaríamos ainda reduzidos ao de Rilhafoles, ou, talvez mesmo, às primitivas dependências de S. José, - porque até para a criação d'aquele velho instituto contribuíram capitaes particulares. No louco vemos o *doente* que Pinel dignificou, não vemos o *agente degenerativo* que a psychiatria contemporanea pôs em relevo.[87]

Durante as décadas de 1920 e 1930, Portugal assistiu à ampliação da assistência psiquiátrica com a abertura de novas casas de saúde, ligadas à Ordem de São João de Deus nas cidades do Funchal (1922), Angra do Heroísmo (1927), Barcelos (1927), Ponta Delgada (1928) e Braga (1932).[88]

Assim, o país contava com estabelecimentos psiquiátricos no território continental e nas ilhas adjacentes no início da década de 1930 e menciono também o único hospital psiquiátrico fundado no ultramar: Marracuene (1931) em Lourenço Marques, Moçambique. Consequentemente a esta expansão, o número de internações foi crescente ao longo dos anos 1930.

original.

87 Ibid. p.671. Procedeu-se na manutenção da grafia original.
88 SUBSECRETARIA DE ESTADO DA ASSISTÊNCIA SOCIAL. *Centenário do hospital Miguel Bombarda antigo hospital de Rilhafoles 1848-1948*. Lisboa: edição do hospital Miguel Bombarda, 1948, 283-286.

Gráfico 1. **Pacientes internados em hospitais psiquiátricos e casas de saúde, Portugal,1929-1939**

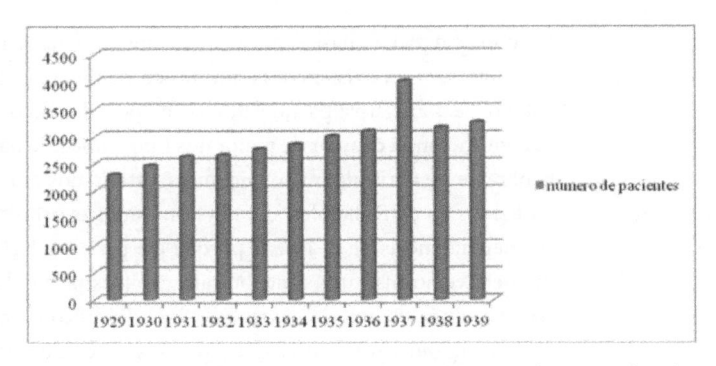

DIREÇÃO GERAL DE ESTATÍSTICA. *Anuário estatístico de Portugal*. Lisboa: Imprensa Nacional, anos de 1929 a 1939.

Se o crescimento do número de internações acompanhou a fundação de novos estabelecimentos psiquiátricos pelo país, acompanhou também o auge do movimento eugênico português. Seus mentores estavam preocupados com o desfalque populacional que a emigração provocava todos os anos, com as taxas de mortalidade e com o contato com as populações africanas que a manutenção do império acarretava e sustentavam a necessidade de "salvar" a população lusitana através de medidas de higiene, de assistência social e da proibição de casamentos.

A eugenia em Portugal ganhou impulso nos anos de 1930 culminando com fundação da Sociedade Portuguesa de Estudos Eugênicos em 1937 que atraiu muitos psiquiatras para a sua causa, como Barahona Fernandes (1907-1992) um defensor da esterilização quando houvesse provas de real ameaça à raça por infiltração de "tarados" e de "povos de somenos valor" em prejuízo da população "sã, forte e desejável para o progresso da nação", embora afirmasse que esta nunca poderia ser aplicada de maneira sistemática e força-da pelo Estado português.[89]

Dentro dos manicômios portugueses as terapêuticas propostas e desenvolvidas nos principais centros psiquiátricos europeus foram aplicadas como a Malarioterapia, Insulinoterapia e Eletroconvulsoterapia. Porém, Portugal – país periférico na produção do conhecimento psiquiátrico mundial – foi o berço de uma técnica que prometia ser o tratamento definitivo para a cura das doenças mentais e prescrita apenas para os casos onde os métodos tradicionais não remetiam resultados satisfatórios: a leucotomia. Desenvolvida pelo neurologista português António de Abreu Freire Egas Moniz (1874-1955) em 1936, seu nome deveria do grego *leuco=* branco e *tomos* = corte, e consistia em uma intervenção cirúrgica para remover fibras nervosas na região do lobo frontal – a "substância branca" do córtex considerada por Moniz como o centro dominante responsável pela atividade psíquica e comportamental – por meio de uma trepanação com um instrumento chamado *leucótomo* a fim de corrigir as sinapses com anormalidade.[90] Um método psicocirúrgico às vezes confundido com sua contemporânea, mais invasiva e com maiores índices de letalidade, a lobotomia de Walter Freeman (1895-1972).[91]

Embora tenha sido desenvolvida por um português, a leucotomia pré-frontal, parece não ter sido bem aceita por uma parcela significativa do meio científico daquele país, a começar por José Sobral Cid (1887-

89 PIMENTEL. apud. MATOS, Patrícia Carla Valente Ferraz de. MENDES *Correia e a escola de antropologia do Porto. Contribuição para o estudo das relações entre antropologia, nacionalismo e colonialismo (de finais do século XIX aos finais da década de 50 do século XX).* 461f. Tese (Doutorado) – curso de Ciências Sociais, Universidade de Lisboa. Lisboa, 2012, p. 212-220.
90 FERNANDES, Barahona. *Egas Moniz.* Pioneiro de descobrimentos médicos. Lisboa: Instituto de cultura e língua portuguesa, 1983. p.65-67.
91 MASIERO, André Luis. A lobotomia e a leucotomia nos manicômios brasileiros. *História, ciência e saúde - Manguinhos,* Rio de Janeiro, v.10, supl. 2, p. 549-572,2003. Disponível em <http://www.scielo.br/scielo.php?pid=S0104--59702003000200004&script=sci_arttext>. Acesso em: 12 ago.2015.

1941) – tido como o mais importante representante do meio psiquiátrico em Portugal nos anos de 1930 – que considerava seus efeitos benéficos superficiais e sua ação traumática para o tecido cerebral.[92] Criticada em Portugal, mas no Brasil aceita, a técnica psicocirúrgica de Moniz foi aplicada em larga escala no Hospital do Juquery entre 1936 e 1956, principalmente em mulheres.[93] O que valeu o apoio dos psiquiatras brasileiros, em especial o de Antonio Carlos Pacheco e Silva, à indicação de Moniz ao prêmio Nobel de medicina obtido em 1949.[94]

Uma exposição sobre a situação da assistência em Portugal não poderia deixar de contemplar, mesmo de modo panorâmico, alguns exemplos de pacientes internados em Lisboa e Porto e como a moral de uma época influenciou no diagnóstico psiquiátrico que justificou o internamento destas pessoas. Os primeiros casos aqui apontados são de dois pacientes masculinos internados no Bombarda nos anos de 1930: Jaime Fernandes, que se notabilizou por seus desenhos peculiares feitos a lápis com figuras humanas e animais, ou mesmo com a fusão de ambos, teve seus trabalhos expostos em 1980 pela fundação Calouste Gulbenkian, e Valentim de Barros, que tinha sido bailarino profissional na Alemanha Nazista, foi internado em 1938 por

---

92 LUZES, Pedro. Um inédito de Egas Moniz. *Análise psicológica*, Lisboa, v.1, supl. 3, p. 9-20, 1978. Disponível em < http://repositorio.ispa.pt/bitstream/10400.12/3493/1/AP%201978_3_9.pdf>. Acesso em: 20 ago.2015.

93 MASIERO, André Luis. A lobotomia e a leucotomia nos manicômios brasileiros. *História, ciência e saúde - Manguinhos*, Rio de Janeiro, v.10, supl. 2, p. 549-572,2003. Disponível em <http://www.scielo.br/scielo.php?pid=S0104-59702003000200004&script=sci_arttext>. Acesso em: 12 ago.2015.

94 CORREIA, Manoel; MARINHO, Maria Gabriela S. M. C. A 1ª conferência internacional de psicocirurgia e a influência dos cientistas brasileiros na atribuição do prêmio Nobel a Egas Moniz. In: MOTA, André; MARINHO, Maria Gabriela S. M. C (Org). *História da Psiquiatria: ciência, práticas e tecnologias de uma especialidade médica*. 1 ed.São Paulo : Faculdade de Medicina USP, UFABC; CD.G Casa de soluções e editora, 2012, v. 2, p. 11-29.

comportar-se como uma mulher. Permaneceu internado por 40 anos ocupando seu tempo com tricô, bordados e pinturas de paisagem.[95]

O outro caso foi de uma mulher de 46 anos pertencente à alta sociedade lisboeta, Maria Adelaide Coelho Cunha, internada pelo marido no Conde de Ferreira em 1918 por se envolver com o motorista da família, cerca de 20 anos mais jovem que ela, e fugir com ele para o interior de Portugal. Foi examinada e diagnosticada com *loucura lúcida* por Júlio de Mattos permanecendo internada até 1919, tal diagnóstico apenas atingia os "afetos e inclinações".[96] Quando saiu, com a ajuda do amante, publicou um livro onde acusava o marido de tê-la mandado internar como punição, e este respondeu às acusações com outra publicação justificando a "doença mental" de sua esposa. O escândalo foi noticiado nos jornais do país no início da década de 1920 e mobilizou a opinião pública.[97]

Portanto, as informações que se conseguiu reunir sobre a assistência psiquiátrica em Portugal, para além das terapêuticas aplicadas e do exemplo de alguns pacientes que conseguiram ser lembrados, incidem na questão da deficiência dos serviços prestados pelo poder público.

Apesar de o Estado português manter o maior hospital psiquiátrico do país – Manicômio Bombarda – a maior parte dos doentes mentais estava a cargo de instituições privadas, embora subsidiadas pelo Estado, responsáveis por 68,4% do total de internações. As estatísticas ainda apontavam, 31 anos depois das críticas de Júlio de Mattos, ou seja, em 1939, para a existência de pouco mais de 3.000

---

95 CINTRA, Pedro (Coord.). *Miguel Bombarda: preservar a memória* [e-book]. Lisboa: Oficina do livro, 2012.

96 VAQUINHAS, Irene. A família, essa "pátria em miniatura". In: MATTOSO, José (Dir.). *História da vida privada em Portugal: a época contemporânea: Círculo de leitores e temas e debates.* 2011. p. 148-150.

97 GONZAGA, Manuela. *Maria Adelaide Coelho da Cunha: doida não e não!.* 4.ed. Lisboa: Bertrand Editora, 2011.

doentes internados nos estabelecimentos do país, sendo que o total de alienados em Portugal atingia a cifra dos 7.800.[98]

Portanto, se forem consideradas as estatísticas oficiais e as críticas de psiquiatras e intelectuais da época, percebe-se que a assistência em Portugal era bastante limitada e a maior parte dos doentes mentais do país não estava assistida.

Assim, de acordo com este raciocínio, uma pergunta torna-se irresistível: em que medida estas dificuldades contribuíram para o ingresso de doentes portugueses no Brasil? Não se trata aqui de propor um esforço para diferenciar, a partir dos prontuários de portugueses expostos no próximo capítulo, aqueles que enlouqueceram em Portugal ou no Brasil, mesmo porque esta tarefa seria praticamente impossível de ser feita. Mas, de pensar que algumas limitações presentes em um país pobre, rural e com uma emigração crônica poderiam ter contribuído para a saída, além dos "sãos e vigorosos", de portadores de doenças mentais.

---

98 SOARES, Maria Isabel. A reforma dos serviços de assistência psiquiátrica. *Pensar enfermagem*. Lisboa, v. 12, n. 2, p. 35-51. Disponível http://pensarenfermagem.esel.pt/files/2008_12_2_35-51.pdf . Acesso em: 26 mar. 2013.

II
Do sonho à loucura: os portugueses nos hospícios da Pauliceia

De uns anos para cá tem trabalhado
exaustivamente, em serviços pesados,
com o fito de ajuntar alguma "cousita".[1]
José C. L., 1935.

É a 3ª vez que desembarca no Brasil,
viajou tanto porque é pobre e "pobre tem
que andar".[2]
José S. G., 1939.

---

1   SANATÓRIO PINEL. Prontuário. José C.L., 40 anos, casado, branco, ferroviário, procedente de São Paulo e internado em 24 de abril de 1935.
2   HOSPITAL DO JUQUERY. Prontuário. José S.G., 63 anos, viúvo, profissão não declarada, procedente de São Paulo e internado 13 de dezembro de 1939.

O discurso psiquiátrico em torno da imigração

A maciça presença e a chegada de novos imigrantes a São Paulo nos primeiros anos do século XX, cedo despertou a atenção dos alienistas paulistas quanto aos males que uma imigração não selecionada poderia provocar na organização da cidade. Em sua tese de Doutorado um clínico do Asilo do Juquery, Leopoldino Passos argumentou que como os italianos e portugueses constituíam a principal parcela entre os estrangeiros do estado, forneciam, também, os maiores contingentes à loucura em São Paulo. O médico ainda foi mais longe argumentando, com dados pouco precisos, que a frequência da loucura era superior nos estrangeiros em comparação aos nacionais:

> De 2.500.000 brasileiros temos 1.492 loucos, isto é, 59,68 loucos para cem mil habitantes [...] A relação entre loucos e habitantes portugueses deve ser muito maior do que a dos brasileiros, mas, visto a Repartição de estatística ignorar o número de portugueses, não podemos estabelece-la. Temos no nosso estado 108 portugueses loucos e o número de normais não deve ser superior a 100.000, e mesmo que atinja a esse número ainda teremos uma relação muito superior à nossa, quasi o dobro.[3]

Segundo Passos, alguns estrangeiros que estiveram internados em sua terra e obtiveram alguma melhora em seu quadro clínico acabaram emigrando para o Brasil, movidos pelos seus "delírios de ambição" em "fazer a América". Como as autoridades portuárias brasileiras não impediam seu desembarque e o estado de São Paulo era o principal destino dos estrangeiros seus estabelecimentos psiquiátricos sofriam com a superlotação.

---

3   Passos, Leopoldino. *Porcentagem da loucura no estado de São Paulo.* 49f. Tese (Doutorado) – curso de Medicina, Faculdade de Medicina de São Paulo, 1919. p.10. Procedeu-se na manutenção da grafia original.

O principal alvo de suas críticas era o estrangeiro que se dirigia para as cidades, em especial os portugueses, estes tinham, supostamente, as melhores chances de conseguir uma vaga no Asilo do Juquery, em detrimento dos brasileiros que enlouqueciam.

> O hospício de Juquery serve mais aos estrangeiros do que aos brasileiros. Isto é muito bonito, mas muito pouco patriótico. É muito altruísmo lançar nossos patrícios nas cadeias para dar seus lugares no hospício aos estrangeiros, e por maior que seja a necessidade de recebermos imigrantes, nossa solicitude não pode e nem deve chegar a esse ponto.[4]

Desta forma, o imigrante foi visto como um ser nocivo, ameaçador da ordem e um empecilho para o tratamento dos alienados nacionais, depositados em cadeias públicas. Leopoldino Passos concluía seu texto com a seguinte afirmação:

> E se hoje há deficiência de hospitalização de nossos alienados devemos somente à falta de fiscalização da imigração, pois o nosso hospício seria suficiente para conter todos os brasileiros loucos, inclusive os que se acham nas casas de saúde particulares, e todos os estrangeiros que aqui enlouquecessem casualmente.[5]

As preocupações quanto à imigração de portadores de transtornos mentais não foram exclusivas dos paulistas ou do debate no Brasil, nos Estados Unidos – o maior receptáculo de imigrantes das Américas – o desembarque de doentes mentais gerou temores quanto

---

4   Passos, Leopoldino. *Porcentagem da loucura no estado de São Paulo*. 49f. Tese (Doutorado) – curso de Medicina, Faculdade de Medicina de São Paulo, 1919. p.18. Procedeu-se na manutenção da grafia original.
5   Ibid., p.19. Procedeu-se na manutenção da grafia original

à possibilidade de ameaçar a população de origem anglo-saxônica e de exigir dos cofres públicos maiores despesas hospitalares:

> The problem of mental diseases among the immigrants is a rather important side of this question. It has been frequently discussed, and there seems to be a general feeling that ratio of insanity is very high. America of course wants to protect the race against the admixture of a disproportionate number of psychopathic in the eugenic sense of the word. The taxpayers are also interested, because most of the insane foreigners become public charges, which means that the public expenses increase by millions of dollars.[6]

Mas, em terras de Piratininga, a imigração não despertou apenas apreensões no que concerne à capacidade de assistência à loucura do estado, havia preocupações quanto à formação das novas gerações de brasileiros. De acordo com Franco da Rocha, afortunada era a Europa, pois a mesma tinha um dispositivo de controle sobre a proliferação de homens considerados como degenerados: a emigração. O alienista paulista via com apreensão a invasão de "levas de degenerados" aos portos nacionais e seus efeitos nocivos aos futuros brasileiros.[7]

No início da década de 1930 o debate ganhou capilaridade, com destaque para o discurso psiquiátrico durante as sessões da Assembleia Nacional Constituinte de 1933/1934. Nelas o então deputado da

---

6 O problema das doenças mentais entre os imigrantes é um lado bastante importante dessa questão. Tem sido frequentemente discutido, e parece haver um sentimento geral de que a proporção de insanidade é muito alta. A América, claro, quer proteger a raça contra a mistura de um número desproporcional de psicopatas no sentido eugênico da palavra. Os contribuintes também estão interessados, porque a maioria dos estrangeiros insanos se tornam encargos financeiros, o que significa que as despesas públicas aumentam em milhões de dólares. ODEGAARD, Örnulv. *Emigration and insanity. A study of mental disease among the norwegianborn population of Minnesota*. Copenhagen: Levin & Munksgaards puplishers, 1932, p.9.

7 CUNHA, Maria Clementina Pereira. *Cidadelas da ordem: a doença mental na República*. São Paulo: Brasiliense, 1989, p. 25-26. (Tudo é História)

bancada "Por São Paulo unido" e iminente autoridade psiquiátrica do estado, Antonio Carlos Pacheco e Silva, proferiu o seguinte discurso:

> Por se não proceder à seleção individual temos permitido o ingresso no nosso país de centenas e centenas de indivíduos nefastos ao nosso convívio, que enchem os nossos asilos e penitenciárias. A êsse propósito, escrevíamos, já há oito anos, nos "Arquivos Brasileiros de Higiene Mental", comentando a observação de um caso dessa natureza: "A maioria dos estrangeiros que aportam ao Brasil dirige-se para São Paulo e é aqui que melhor se podem apreciar as consequências da falta de seleção entre êles. Assim é que os muitos ex-combatentes da grande guerra que para cá se dirigem já foram julgados inválidos físicos ou psíquicos nos próprios países de origem, os quais, depois de lhes concederem a pensão de guerra, procuram facilitar-lhes a emigração para a América do Sul, tendo em mira sanar as dificuldades criadas por um grande número de indivíduos inaptos ao trabalho".
> Vê-se, assim, que num país imigratório, como é o nosso, cumpre um exame atento, não só da escolha dos grupos raciais, como também na rigorosa seleção individual dos imigrantes, visando beneficiar a raça em formação[8].

A forte influência eugênica sobre o pensamento científico do período é notória no trecho apresentado. Os psiquiatras, inspirados pelos preceitos da Higiene Mental, consideravam-se os grandes responsáveis pela manutenção da saúde mental da população brasileira e às autoridades, amparadas pelo saber médico, caberia à seleção individual dos imigrantes, com o intuito de impedir que seres "inaptos" lesassem a raça brasileira "em formação" através do que chamavam de tara hereditária de determinados imigrantes. Mas, uma política em

---

8 PACHECO E SILVA, Antonio Carlos. *Direito à saúde: documentos de atividade parlamentar*. 1934, p. 34-35. Procedeu-se na manutenção da grafia original.

prol da seleção individual de estrangeiros não bastaria para resolver o problema da imigração. Era necessário optar pela vinda de grupos étnicos mais assimiláveis aos costumes brasileiros, para desta forma evitar a formação de "quistos raciais".

> Os autores modernos, especializados em questão imigratória, insistem na necessidade de se saber se o povo escolhido poderá se amalgamar ao povo receptor, o que importa numa série de estudos históricos, geográficos, etnográficos, psicológicos, sociais, demográficos e políticos. Nessa série, os estudos relativos à etnografia e à psicologia são os mais importantes [...]
> A nossa experiência demonstra que a assimilação das raças brancas do sul da Europa se faz com grande rapidez e muitas vantagens.[9]

Assim, não bastava que o imigrante fosse saudável física e mentalmente, era preciso que compartilhasse de valores culturais com os brasileiros – foi pelo princípio da assimilação que Antonio Carlos Pacheco e Silva, por exemplo, proferiu um discurso agressivo contra a imigração nipônica, que, além disso, era considerada, segundo o psiquiatra, propensa ao suicídio.[10]

De acordo com este raciocínio, entre todos os povos "das raças brancas do sul da Europa", eram os portugueses que detinham a maior compatibilidade com a composição étnica brasileira, base inerente da "nossa matriz" e, portanto, imigrantes ideais no que tange às possibilidades de interação com os brasileiros.[11] Pacheco e Silva orgulhava-se

---

9   PACHECO E SILVA, Antonio Carlos. o p.cit., p. 38. Procedeu-se na manutenção da grafia original.

10 PACHECO E SILVA, Antonio Carlos. *Direito à saúde: documentos de atividade parlamentar.* 1934, p. 40.

11 KOIFMAN, Fábio. *Imigrante ideal: o ministério da justiça e a entrada de estrangeiros no Brasil (1941-1945).* Rio de Janeiro: Civilização Brasileira. 2012. p. 31-35.

de suas raízes lusitanas como expôs em seu discurso de posse como membro da Academia das Ciências de Lisboa, em 1954: "eu posso orgulhar-me, assim como os meus filhos, de não ter em minhas veias senão o generoso sangue lusitano.[12]"

Os laços de sangue, tecidos pelo passado histórico em comum, uniam o Brasil a Portugal, mas também uniam São Paulo em particular à terra lusa. O historiador Alfredo Ellis Júnior em *Populações Paulistas* (1934) reforçou a grande afinidade representada pela mesma língua, mesma religião e os mesmos nomes e sobrenomes com o meio paulista como se o imigrante português fosse "oriundo desta terra".[13] O autor também enfatizou o papel do filho, nascido em São Paulo, do imigrante português: "é paulista até a alma e busca avido todas as occasiões para proval-o".[14] Referindo-se a participação destes indivíduos na guerra civil de 1932.

Mas o título de "imigrante ideal" conferido aos portugueses não era compartilhado por todos, nem mesmo pelos psiquiatras. Aliás, em uma época que privilegiava a hereditariedade como uma importante chave explicativa para a manifestação de transtornos mentais, no cenário brasileiro, as comparações com os portugueses eram inevitáveis:

> Incidência de esquizofrenias entre homens brasileiros é maior que nas mulheres [88,39% contra 82,33%]. Algo semelhante é encontrado com os portugueses. [3,35% contra 2,76%]
>
> Se levarmos em conta que na formação da nossa população o sangue português mais ou menos mesclado figura

---

12 POSSE DO PROF. DR. ANTONIO CARLOS PACHECO E SILVA NA ACADEMIA DAS CIÊNCIAS DE LISBOA. *Sessão realizada em 4 de novembro de 1954, precedida pelo professor Egas Moniz.* Lisboa, 1954. Fundo PACHECO E SILVA do Museu Histórico "Carlos da Silva Lacaz" da FMUSP, p. 8. Procedeu-se na manutenção da grafia original.

13 ELLIS JÚNIOR, Alfredo. *Populações paulistas.* São Paulo: Companhia Editora Nacional, 1934, p. 172. Procedeu-se na manutenção da grafia original.

14 Ibid., p.173. Procedeu-se na manutenção da grafia original.

em elevadíssima proporção, não podemos deixar de ver aí uma correlação de causa e efeito entre a predominância da esquizofrenia entre os indivíduos brasileiros do sexo masculino. Este fato é bastante curioso e merece um estudo mais particularizado, mormente um confronto com os dados já apurados em Portugal.[15]

O trecho acima foi retirado de um trabalho, publicado nos *Arquivos da Assistência a Psicopatas do Estado de São Paulo,* de autoria de Edgar Pinto César (1901-1974), diretor do Hospital do Juquery entre 1937 e 1944,[16] e apresenta um estudo sobre as principais moléstias mentais que atingiam o estado de São Paulo a partir da população internada no Juquery em 1943. De acordo com os dados apresentados pelo autor, entre os estrangeiros, os portugueses eram aqueles que apresentavam a maior incidência de esquizofrênicos, com 52 casos, ou 20% do total, mas logo seguidos pelos japoneses com 50 ocorrências registradas.

Em pesquisas realizadas em Portugal, em especial nos arquivos da Torre do Tombo, foram coletados documentos como os registros do *Anuário Estatístico de Portugal* e o livro *Centenário do hospital Miguel Bombarda antigo hospital de Rilhafoles 1848-1948.* Estas publicações apresentam dados pormenorizados do movimento de entrada hospitalar nas instituições psiquiátricas portuguesas no período abrangido neste estudo, conforme apresentado nos parágrafos que seguem.

---

15 CÉSAR, Edgar Pinto. Alguns aspectos da incidência das moléstias mentais no estado de São Paulo. In: *Arquivos da Assistência aos Psicopatas do estado de São Paulo,* ano VIII, nº 1-4, p. 299-333, 1943. Procedeu-se na manutenção da grafia original.

16 SILVEIRA, Aníbal. In memoriam. *Arquivos de neuro-psiquiatria,* São Paulo, v. 33, n. 1, p. 95-97, 1975 Disponível em: < http://www.scielo.br/scielo.php?script=sci_arttext&pid=S0004-282X1975000100013> Acesso em: 17 mar. 2015.

Gráfico 2. Movimento de entrada por principais classificações nosográficas, estabelecimentos psiquiátricos de Portugal (1929-1939)

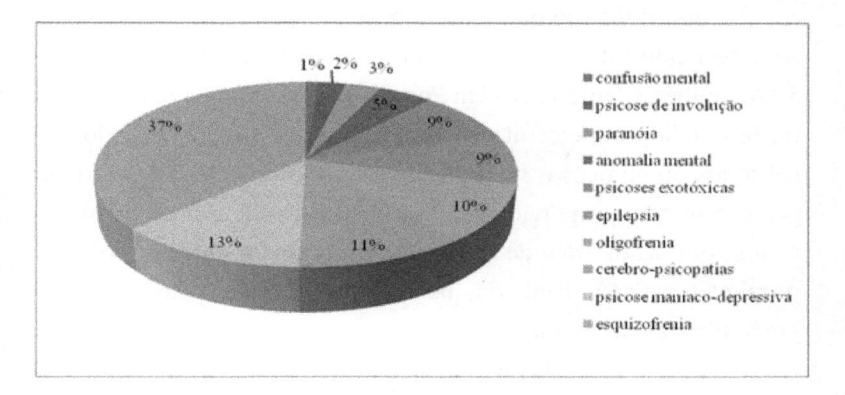

Este gráfico baseia-se na consulta aos dados quantitativos apresentados pelos Anuários Estatísticos de Portugal entre os anos de 1929 e 1939 sobre o movimento de pacientes internados nos seguintes instituições psiquiátricas portuguesas: Casas de Saúde de São João de Deus no Telhal e em Barcelos, Manicômio Bombarda, Hospital do Conde de Ferreira, Casa de Saúde do Sagrado Coração de Jesus em Idanha, Manicômio Câmara Pestana e do Trapiche ambos no Funchal e as Casas de Saúde de São Miguel e São Rafael nos Açores. Cf. DIREÇÃO GERAL DE ESTATÍSTICA. *Anuário estatístico de Portugal*. Lisboa: Imprensa Nacional, anos de 1929 a 1939.

Em Portugal a ocorrência de esquizofrênicos também se sobressai em comparação com outros diagnósticos, com 9.523 casos – 37% do total de internações no período. É certo que os hospitais portugueses recebiam também pacientes de outras nacionalidades, mas pelo o que se pôde apurar através da consulta ao movimento de entrada no maior hospital psiquiátrico de Portugal na altura – o Manicômio Bombarda – foi que 90% dos internos daquele hospital provinham do território continental português e das ilhas adjacentes,[17] o que permi-

---

17 SUBSECRETARIA DE ESTADO DA ASSISTÊNCIA SOCIAL. *Centenário do hospital Miguel Bombarda antigo hospital de Rilhafoles 1848-1948*. Lisboa: edi-

te a comparação com os dados obtidos sobre a população imigrante portuguesa internada em São Paulo.

Na discriminação por sexo, entre os esquizofrênicos no período compreendido entre 1929 e 1939, foram identificados 4.447 homens e 5.076 mulheres[18] internados em Portugal, 46% contra 54%. Na amostra recolhida pela perscrutação aos prontuários do Juquery e do Pinel foram 55 homens e 31 mulheres, 64% contra 36%. Desta forma, percebe-se que, proporcionalmente, o número de indivíduos internados com diagnóstico de esquizofrenia foi maior entre os homens portugueses em São Paulo do que em Portugal, onde, pelo contrário, predominavam as mulheres.

A maior incidência de homens esquizofrênicos entre os portugueses na capital paulista pode estar relacionada às características da corrente imigratória portuguesa para o Brasil. Segundo os dados da Secretaria de Agricultura, entre 1908 e 1936 desembarcaram no porto de Santos 171.270 homens e 81.987 mulheres, 68% contra 32%.[19] A forte predominância masculina no fluxo imigratório português ajuda a explicar o porquê do predomínio dos homens sobre as mulheres. Portanto, aquele dado não deve ser atribuído a alguma pré-disposição dos portugueses à esquizofrenia, mas sim a heterogeneidade sintomática desta doença – como vou mostrar mais a frente neste capítulo – e as particularidades da população lusitana residente no estado de São Paulo.

É importante ainda mencionar que um trabalho publicado no início da década de 1930, baseado no número de internações psiquiátricas no hospital de Minnesota, apontou para uma considerável

---

ção do hospital Miguel Bombarda, 1948. p. 283-286.

18 DIREÇÃO GERAL DE ESTATÍSTICA. *Anuário estatístico de Portugal.* Lisboa: Imprensa Nacional, anos de 1929 a 1939.

19 São Paulo, Secretaria da Agricultura, Indústria e Comércio, Diretoria de Terras, Colonização e Imigração (DTCI), *Boletim,* "movimento imigratório pelo porto de Santos", 1908 a 1936.

presença de esquizofrênicos entre os imigrantes noruegueses,[20] que representaram para aquele estado uma imigração muito relevante, como os portugueses para São Paulo.

O debate psiquiátrico estava ancorado nas concepções eugênicas da época em busca de uma raça higiênica e apta para enfrentar os desafios da vida moderna, e o imigrante tornou-se um alvo importante na promoção ou no fracasso deste projeto. Culminando em medidas restritivas adotadas pelas autoridades brasileiras quanto à imigração destinada ao país, como a lei de cotas de 1934 – estabelecia que o número de estrangeiros de uma nacionalidade admitidos no país não excederia o limite anual de 2% do número de imigrantes da mesma nacionalidade entrados no Brasil entre 1884 a 1934[21] –, e o Decreto 3010 de 20 de agosto de 1938[22] que, entre outras medidas, autorizava o repatriamento de todos aqueles que, em período de seis meses após desembarque, apresentassem sintomas de doenças mentais.[23] Tratava-

---

20 ODEGAARD, Örnulv. *Emigration and insanity. A study of mental disease among the norwegianborn population of Minnesota*. Copenhagen: Levin & Munksgaards puplishers. 1932, p. 91-93.

21 De acordo com a Resolução n.34 de 22 de abril de 1939, aprovada pelo presidente da República, foi abolida qualquer restrição numérica à entrada de portugueses em território brasileiro. Cf. MENDES, José Sacchetta Ramos. *Laços de sangue: privilégios e intolerância à imigração portuguesa no Brasil*. São Paulo: Editora da Universidade de São Paulo e Fapes p. 2011, p. 361.

22 Entre 1915 e 1932 o governo brasileiro publicou seis decretos referentes aos imigrantes no país, de 1933 a 1937 foram mais seis decretos e, entre 1938 e 1939, o governo federal publicou mais de vinte leis que tinham relação direta com a imigração e a entrada de estrangeiros no Brasil. Em 1938 a administração pública brasileira que até então não estabelecera um controle rígido sobre os desembarques de estrangeiros, passou a criar prontuários completos de todos os antigos e novos estrangeiros e implementou uma política de rigoroso controle sobre os desembarques. Cf. KOIFMAN, Fábio. *Imigrante ideal: o ministério da justiça e a entrada de estrangeiros no Brasil (1941-1945)*. Rio de Janeiro: Civilização Brasileira. 2012, p. 147-158.

23 BRASIL. Decreto 3010 n.3010 de 20 de agosto de 1938. Regulamento o decreto-lei n.406, de 4 de maio de 1938, que dispõe da entrada de estrangeiros em território nacional. Disponível em <http://legis.senado.gov.br/legislacao/ListaPublicacoes.action?id=101078>. Acesso em: 14 ago.2014.

-se de uma política de restrição, seleção e controle da entrada de estrangeiros em território brasileiro.

Embora os portugueses fossem tratados como imigrantes preferenciais em virtude de suas supostas facilidades de adaptação no Brasil, aqueles que enlouquecessem conheciam a degradação de seu estatuto privilegiado – passando de "imigrantes ideais" para "agentes degeneradores da raça". O recurso a prontuários clínicos de instituições psiquiátricas é uma forma viável de contar parte da história destes indivíduos, mas este trabalho não abarca, nem tem a pretensão, a totalidade dos casos de transtornos mentais entre portugueses – visto a provável existência de casos que ficaram sob a custódia das famílias ou entraram na mendicidade. Para o período de dez anos entre 1929 e 1939 foram identificados 548 prontuários de imigrantes oriundos de Portugal, destes 483 do Hospital do Juquery e 65 do Sanatório Pinel, ou seja, 88% contra 12% internados no sanatório particular.

Pacientes estrangeiros no Juquery e no Pinel

Como já foi afirmado, em sua tese de Doutorado, Leopoldino Passos declarou que o Juquery "serve mais aos estrangeiros do que aos brasileiros", segundo o autor, em 1919, estavam internados no estado de São Paulo 1.492 brasileiros e 713 estrangeiros, estes últimos representavam 32% do total de pacientes.

Ao longo desta pesquisa foram localizados 10.613 prontuários – 8.646 do hospital do Juquery e 1.967 do Sanatório Pinel. A discriminação entre brasileiros e estrangeiros segue no gráfico abaixo:

Gráfico 3. Distribuição da população interna entre
nacionais e estrangeiros

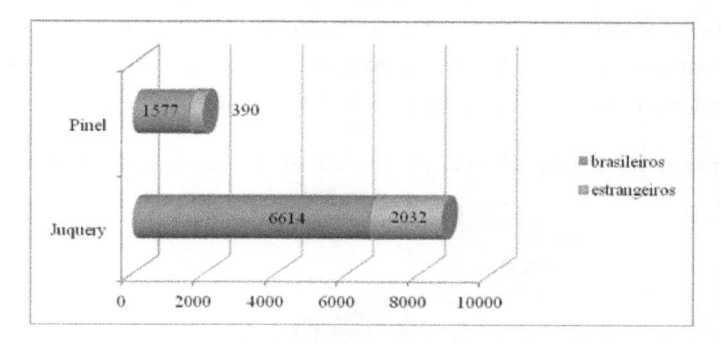

Arquivo Público do Estado de São Paulo (APESP). Prontuários do
Sanatório Pinel (1929-1939). Serviço de Atendimento Médico Estatístico –
Same – do Complexo Hospitalar do Juquery.
Prontuários do Hospital do Juquery (1929-1939).

Entre os anos de 1929 e 1939, os estrangeiros representaram 20%
do total de pacientes no Sanatório Pinel e 24% no Hospital do Juquery.
Portanto, números proporcionalmente menores do que os apresentados por Leopoldino Passos. A explicação para este recuo da presença
imigrante nos hospitais psiquiátricos relaciona-se com o estancamen-
to dos fluxos imigratórios em decorrência dos efeitos da depressão
econômica desencadeada pela quebra da bolsa de valores de Nova
Iorque em outubro de 1929.[24]

Dos 10.613 prontuários elaborados pelas duas instituições psiquiátricas ao longo do período deste estudo, os estrangeiros corresponderam a 23% da totalidade da população que esteve internada,
este dado ganha importância se comparado ao peso da população
estrangeira na cidade de São Paulo. De acordo com o Recenseamento

---

24 Mendes, José Sacchetta Ramos. *Laços de sangue: privilégios e intolerância à
imigração portuguesa no Brasil*. São Paulo: Editora da Universidade de São
Paulo e Fapesp, 2011. p. 250.

do Brasil de 1920, a urbe possuía 579.033 habitantes e os estrangeiros contabilizavam 205.245 pessoas, ou seja, 35% da população de São Paulo.[25] Desta forma, a proporção de estrangeiros nos hospitais psiquiátricos da capital era menor do que sua representatividade demográfica na cidade de São Paulo.

Gráfico 4. População estrangeira internada no Juquery, discriminada por nacionalidade

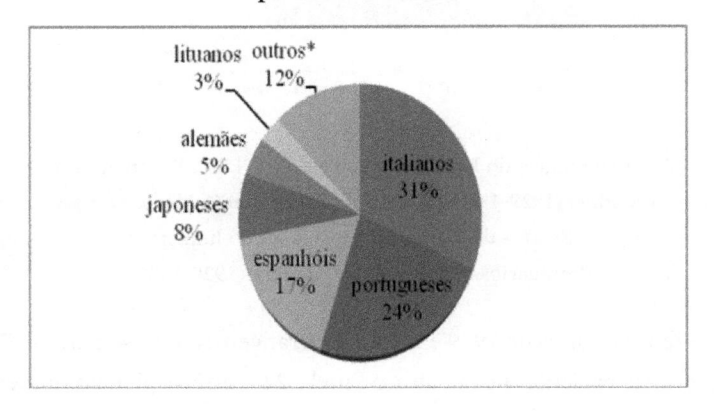

Serviço de Atendimento Médico Estatístico – SAME – do Complexo Hospitalar do Juquery. Prontuários do Hospital do Juquery (1929-1939).

A fatia "outros" corresponde a seguintes nacionalidades: polonesa, húngara, russa, austríaca, sérvia, romena, armênia, estoniana, inglesa, tcheca, letã, búlgara, francesa, irlandesa, belga, judia, grega, sueca, suíça, neerlandesa, turca, síria, libanesa, chinesa, indiana, egípcia, argentina, chilena, boliviana, uruguaia, paraguaia cubana e estadunidense.

---

25 DIRETORIA GERAL DE ESTATÍSTICA. *Recenseamento do Brasil* (1º de Setembro de 1920). População do Brazil por estados, municípios e districtos, segundo o sexo, o estado civil e a nacionalidade.Volume IV. Parte 1. Rio de Janeiro. p.547. Disponível <http://biblioteca.ibge.gov.br/visualizacao/monografias/GEBIS%20-%20RJ/Censode1920/RecenGeraldoBrasil1920_v4_Parte1_tomo2_Populacao.pdf > Acesso em: 17 ago .2014. O Recenseamento de 1920 foi utilizado, pois não houve, por razões políticas, recenseamento em 1930 e os anuários estatísticos desta década não discriminaram o peso da população estrangeira na cidade e no estado de São Paulo.

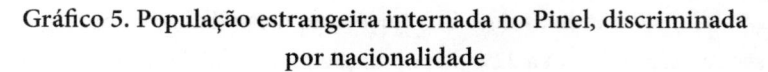

Gráfico 5. População estrangeira internada no Pinel, discriminada
por nacionalidade

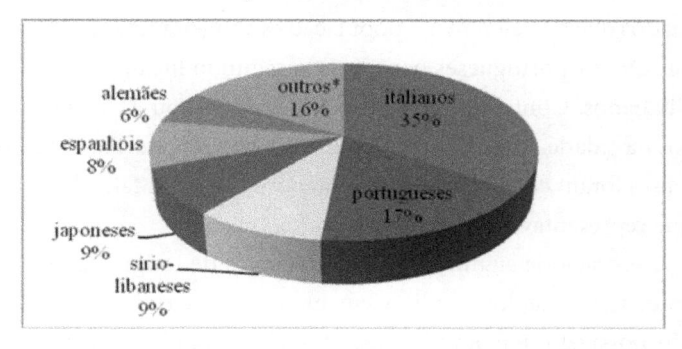

Arquivo Público do Estado de São Paulo (APESP). Prontuários do
Sanatório Pinel (1929-1939).

A fatia "outros" corresponde as seguintes nacionalidades: polonesa, russa,
francesa, inglesa, romena, armênia, húngara, lituana, austríaca, suíça, tcheca,
dinamarquesa, iugoslava, belga, neerlandesa, norueguesa, turca, palestina,
argentina, uruguaia, canadense e estadunidense.

Como apresentado nos gráficos acima, os portugueses constituíram o segundo maior grupo étnico entre estrangeiros internados,
sendo superados apenas pelos italianos.

Proporcionalmente a diferença em relação aos italianos foi menor
no Juquery – 31% contra 24% de lusos – em comparação ao Sanatório
Pinel – 34% de italianos contra 17% de portugueses. O paralelo entre
as internações de estrangeiros nos dois estabelecimentos psiquiátricos pode aludir às condições socioeconômicas de cada grupo étnico
residente em São Paulo: proporcionalmente italianos e sírio-libaneses
destacaram-se no Sanatório Pinel, japoneses e alemães mantiveram
relativa equidade nas duas instituições, enquanto portugueses e, em
especial, espanhóis e lituanos apresentaram maior tendência para internações no Juquery.

Considerando as duas instituições aqui estudadas, os portugueses corresponderam a 22% da população manicomial estrangeira. Pelos dados oficiais referentes a população estrangeira total da cidade de São Paulo, os portugueses ocuparam o segundo lugar, também atrás dos italianos. Contabilizando 64.687 indivíduos, ou 31% dos estrangeiros da cidade. Portanto, proporcionalmente, as internações de portugueses foram consideravelmente menores do que a fatia demográfica que representavam para São Paulo.[26]

A entrada de significativos contingentes de imigrantes em cena transformou a capital paulista em uma verdadeira babel moderna, sendo possível ouvir línguas distintas como italiano, espanhol, alemão e japonês nas esquinas da cidade. No meio de tanta gente, dois elementos históricos na formação do país e de São Paulo ainda continuavam presentes: os portugueses que assumiam o papel de brancos mais assimiláveis e um importante segmento de brasileiros tidos como biologicamente inferiores, os negros.

Frases como "estou convencido de que o negro, mesmo educado, não pode nivelar-se ao branco"[27] evidenciam a posição de muitos paulistas em relação a eles. Um estudo mostrou que no limiar do século XX os negros foram internados no Juquery em proporção superior à parcela que representam na cidade.[28] Os psiquiatras também compartilhavam desta suposta inferioridade da população negra frente aos brancos, considerada mentalmente inferior e mais propensa ao alcoo-

---

26 DIRETORIA GERAL DE ESTATÍSTICA. *Recenseamento do Brasil* (1º de Setembro de 1920). População do Brazil por estados, municípios e districtos, segundo o sexo, o estado civil e a nacionalidade. Volume IV. Parte 1. Rio de Janeiro. p. 547. Disponível <http://biblioteca.ibge.gov.br/visualizacao/monografias/GEBIS%20-%20RJ/Censode1920/RecenGeraldoBrasil1920_v4_Parte1_tomo2_Populacao.pdf > Acesso em: 17 ago .2014.

27 ELLIS JÚNIOR, Alfredo. *Populações paulistas*. São Paulo: Companhia Editora Nacional, 1934. p. 100.

28 BARBOSA, Rosana Machin. *A presença negra numa instituição modelar. O hospício do Juquery*, 188f. Dissertação (Mestrado) – curso de Sociologia, Universidade de São Paulo, São Paulo, 1992.

lismo e à sífilis. Assim, a psiquiatria paulista oferecia uma legitimação para a exclusão social do negro em uma sociedade com grandes sequelas do passado escravocrata e vedada àquela população.[29]

Dados gerais sobre a internação de portugueses

A perscrutação dos prontuários permitiu a recolha de volumosa informação quantitativa sobre a presença portuguesa nos dois hospitais psiquiátricos em São Paulo. Dados sobre os pacientes internados como estado civil, idade, data da internação e saída, profissão, relação entre homens e mulheres e o desfecho da carreira asilar do doente mental[30] como, por exemplo, alta ou, mais frequentemente, o óbito, foram reunidos e apresentados em gráficos onde, a partir deles, desenvolve-se uma reflexão qualitativa.

29 BARBOSA, Rosana Machin. *A presença negra numa instituição modelar. O hospício do Juquery,* 188f. Dissertação (Mestrado) – curso de Sociologia, Universidade de São Paulo, São Paulo, 1992, p. 113-117.

30 O termo *carreira* foi usado, tradicionalmente, para definir o processo de ascensão de determinado indivíduo dentro de uma profissão respeitável. No entanto, Erving Goffman propõe seu uso de uma forma mais ampla para indicar qualquer trajetória percorrida na vida de uma pessoa: "essa carreira não é algo que possa ser brilhante ou decepcionante; tanto pode ser um triunfo quanto um fracasso. É sob este aspecto que desejo considerar o doente mental". Cf. GOFFMAN, Erving. *Manicômios, prisões e conventos.* Tradução Dante Moreira Leite. São Paulo: Perspectiva, 2010. p. 111.

Gráfico 6. Movimento de entradas e saídas de pacientes de origem portuguesa, Sanatório Pinel

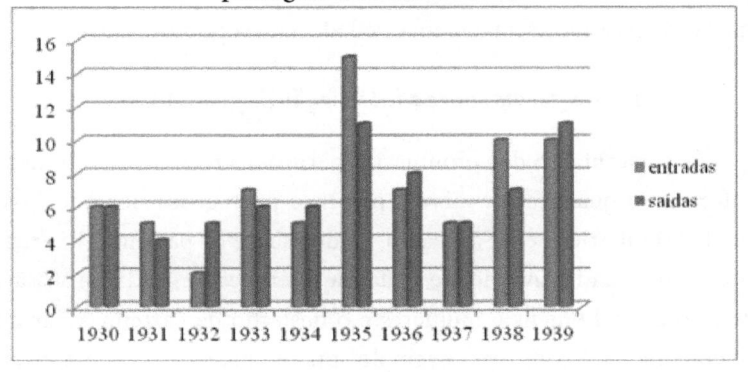

Arquivo Público do Estado de São Paulo (APESP). Prontuários do Sanatório Pinel (1929-1939).

Gráfico 7. Movimento de entradas e saídas de pacientes de origem portuguesa, Hospital do Juquery

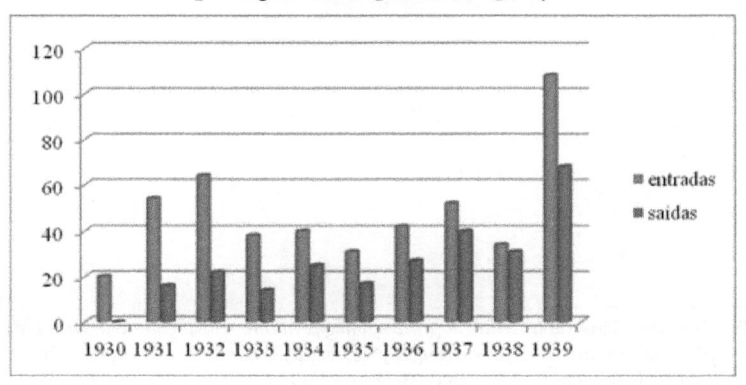

Serviço de Atendimento Médico Estatístico – SAME – do Complexo Hospitalar do Juquery. Prontuários do Hospital do Juquery (1929-1939).

Pela observação dos gráficos relativos ao movimento de entradas e saídas de pacientes portugueses, salta à vista a desproporção em favor do Hospital do Juquery, concentrado a esmagadora maioria dos imigrantes deste estudo. Também é evidente o contraste no movimento nas duas instituições, no período de 1930-1932 as internações no Juquery foram crescentes, enquanto no Pinel decresceram anualmente, em 1933 o Sanatório conheceu um aumento de internações e o Juquery uma desaceleração, quadro invertido em 1934, o ano de 1935 registrou o maior número de entradas de portugueses no Pinel e o hospital mantido pelo governo do estado o menor, entre 1936-1937 mais lusos entraram no Juquery em detrimento do sanatório particular e, por fim, as internações no Pinel cresceram em 1938 e estabilizaram-se em 1939, no Juquery diminuíram em 1938 para conhecerem um aumento exponencial em 1939.

Os anos de 1932 e 1939 registraram a maior frequência de entradas no Hospital do Juquery. No primeiro ano, o crescimento esteve relacionado à guerra civil paulista de 1932 – também conhecida como Revolução Constitucionalista – e ao fechamento do hospital psiquiátrico de Piracicaba que passou a abrigar feridos em batalhas.[31] Alguns prontuários sugerem que os ânimos com o estado revolucionário então vigente em São Paulo entre os meses de julho e outubro daquele ano justificaram o ingresso de novos pacientes. Um parente de Manoel A., ao ser inquirido pelos médicos, informou que desconhecia os motivos da internação de seu familiar, acrescentando que, pelo fato do jovem trabalhar na "casa de tolerância *chez-nous*" e fazer uso contínuo de bebidas alcoólicas, pôde ter sido conduzido pela polícia como medida preventiva, "por se tratar de período revolucionário".[32]

O ano de 1939 registrou o maior número de entradas no Hospital do Juquery, não apenas de portugueses, mas de internos de todas as nacionalidades. O que provocou tantas internações? A superlotação

---

31 TARELOW, Gustavo Querodia. *Entre comas, febres e convulsões. Os tratamentos de choque no* HOSPITAL DO JUQUERY *(1923-1937)*. Santo André: Universidade Federal do ABC, 2013. p. 110.

32 HOSPITAL DO JUQUERY. Prontuário. Manoel A., 22 anos, solteiro, branco, comerciante,procedente de São Paulo e internado em 22 de agosto de 1932.

do Hospital do Juquery era conhecida desde o início do século XX e, em meados dos anos 1930, um plano de descentralização hospitalar começou a ser pensado com a construção de três novos hospitais no estado: um em Ribeirão Preto, outro em Santos e o último em Araraquara. Porém, em 1939 uma ordem do governo do estado determinou a entrega do prédio destinado ao hospital de Ribeirão Preto para a Força Pública,[33] o hospital de Santos para o Serviço de Malária e foram interrompidas as construções do nosocômio de Araraquara.[34] Para completar, a política assistencialista do Estado Novo (1937-1945) determinava que todos os doentes mentais perambulantes e os insanos nas cadeias públicas deveriam ser transferidos para algum hospital psiquiátrico,[35] neste caso o Juquery, o que agravou seu quadro de superlotação. O hospital tornava-se um depósito humano de encarcerados.[36]

    O excesso de pacientes no hospital pode ser percebido na amostra deste estudo, ou seja, entre os portugueses. No gráfico de movimento de entradas e saídas, em nenhum momento o número de egressões superou o número de ingressos na instituição, o que indica

---

33 O hospital psiquiátrico de Santa Teresa, em Ribeirão Preto, foi fundado em 1944 após um amplo debate. O prédio inicialmente destinado ao hospital foi transformado em quartel da Força Pública entre 1940 e 1943, em seguida à transferência do batalhão para Batatais, o prédio foi desocupado e utilizado para a organização hospitalar. Cf. GUIMARÃES, Jacileide. *Sobre a criação do hospital Santa Teresa de Ribeirão Preto: outras raízes de uma História.* 137f. Dissertação (Mestrado) – curso de Enfermagem Psiquiátrica, Universidade de São Paulo. Ribeirão Preto, 2001. p. 60-75.

34 CAMARGO, Ralph Pompeo. *Abastecimento de água no HOSPITAL DO JUQUERY.* Acervo do Museu Histórico da FMUSP, 1980. p. 1.

35 PEREIRA, Maria de França. Os primeiros sessenta anos da terapêutica psiquiátrica no estado de São Paulo. In: ANTUNES, Eleonora Haddad; BARBOSA, Lúcia Helena Siqueira; PEREIRA, Lygia Maria de França. *Psiquiatria loucura e arte: fragmentos da história brasileira.* São Paulo: Edusp, 2002. cap. 2. p. 35-53.

36 MOTA, André; SCHRAIBER, Lilia Blima. Medicina e psiquiatria em São Paulo nos anos de 1930-1940: o caso das mulheres do Juqueri. In: MOTA, André; MARINHO, Maria Gabriela S. M. C (Org). *História da Psiquiatria: ciência, práticas e tecnologias de uma especialidade médica.* 1 ed.São Paulo : Faculdade de Medicina USP, UFABC: CD.G Casa de soluções e editora, 2012, v.2, p. 229-242.

um cenário de superlotação hospitalar. A partir da década de 1940 denúncias de má administração, maus tratos aos internos e superlotação multiplicaram-se, o que acarretou dificuldades cada vez maiores na obtenção de altas ou remissões. Aliás, o óbito foi o principal motivo para o encerramento da internação, não só entre os portugueses, mas também entre os demais internos.

No caso no Sanatório Pinel de Pirituba as saídas eram mais frequentes, em virtude do melhor tratamento dispensado aos pacientes, mas também às decisões da família em solicitar alta hospitalar, sendo as "necessidades financeiras" o principal motivo mencionado.

Gráfico 8. Profissões declaradas pelos internos, sexo masculino, no momento da internação

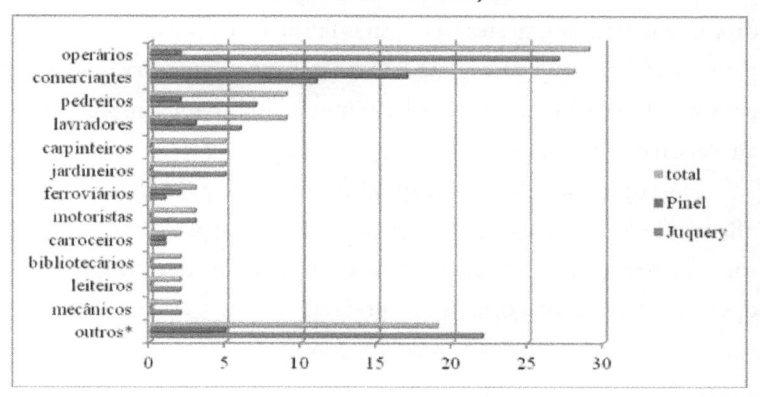

Outros*. Para o Sanatório Pinel identificou-se: um padre, um militar, um proprietário, um jornalista e um guitarrista. Para o Hospital do Juquery foram: um vaqueiro, um tintureiro, um serralheiro, um sapateiro, um pintor, um ourives, um garçom, um farmacêutico, um eletricista, um cozinheiro, um cocheiro, um barbeiro, um professor e um colchoeiro, um cozinheiro, um estivador, dois padeiros e quatro menores.

A categoria *sem profissão declarada* não foi mencionada no gráfico, mas constitui a maior parte dos imigrantes deste estudo, com: 230 casos no Hospital do Juquery e 10 no Sanatório Pinel.

Arquivo Público do Estado de São Paulo (APESP). Prontuários do

Sanatório Pinel (1929-1939). Serviço de Atendimento Médico Estatístico – SAME – do Complexo Hospitalar do Juquery. Prontuários do Hospital do Juquery (1929-1939).

Em uma comparação entre as populações internadas nas duas instituições psiquiátricas, a profissão exercida pelos imigrantes antes da internação deve ser contemplada. No Sanatório Pinel predominaram indivíduos provenientes de atividades comerciais como caixeiros-viajantes, proprietários de estabelecimentos e até mesmo um vendedor de automóveis. Portanto, de maneira geral, homens que poderiam arcar com as despesas que seus tratamentos exigiam em uma clínica particular de assistência psiquiátrica. Poucos foram os casos de pacientes de profissões com rendimentos mais modestos como pedreiros e lavradores, nestes casos, suas famílias realizavam um esforço para arcar com as despesas médico-hospitalares que uma internação em um estabelecimento particular requeria, mas nem sempre possuíam recursos para custear o tratamento completo.

Em contrapartida, no Hospital do Juquery, pacientes de vários ofícios foram internados, como: motoristas, carpinteiros, jardineiros, comerciantes e, principalmente, indivíduos declarados como operários,[37] uma categoria pouco precisa.

---

37 Na época destacada nesta pesquisa o termo operário, tem a seguinte definição: Operário – do latim operariu – artífice, trabalhador, obreiro, o que trabalha em arte ou ofício. Cf. PINHEIRO, Eduardo. operário. In: PINHEIRO, Eduardo. *Dicionário da língua portuguesa*. Lisboa: Figueirinhas, 1945, p. 1015.

Gráfico 9. Profissões das pacientes do sexo feminino no momento da internação

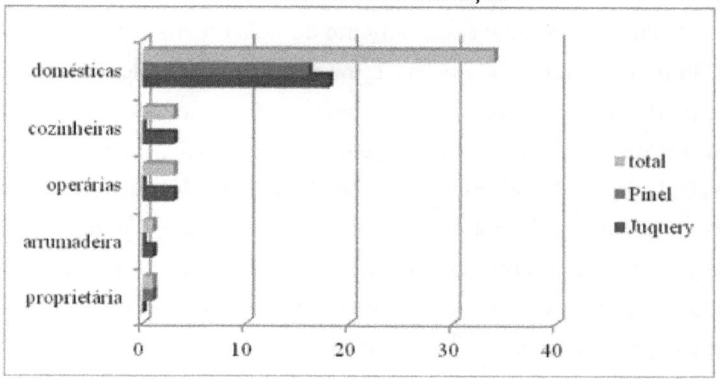

Existem 134 casos de mulheres sem a profissão declarada no Juquery e 6 prontuários no Pinel.
Arquivo Público do Estado de São Paulo (APESP). Prontuários do Sanatório Pinel (1929-1939). Serviço de Atendimento Médico Estatístico – Same – do Complexo Hospitalar do Juquery.
Prontuários do Hospital do Juquery (1929-1939).

Chama a atenção a quantidade de mulheres declaradas *domésticas* no Sanatório Pinel, podendo levar o leitor ao seguinte questionamento: como foi possível que mulheres empregadas no serviço pessoal de uma família pudessem arcar com os custos de uma internação? O termo *doméstica*, no período aqui abordado, significava a mulher *dona de casa*, a responsável pela educação dos filhos e pelo trabalho doméstico na rotina de uma família.

A discriminação profissional das mulheres demonstra nitidamente as diferenças socioeconômicas entre os dois grupos de imigrantes portugueses aqui estudados. As internas do Sanatório Pinel, em geral, com condições financeiras mais confortáveis, desempenhavam ofícios no mundo doméstico ou então eram proprietárias de algum estabelecimento. Os prontuários do Juquery mostram outra realidade, mulheres que assumiam funções profissionais mais diversificadas como cozinheiras, arrumadeiras e operárias, o que indica a necessidade de auxiliar na manutenção de uma família.

Quando ocorreu o encerramento do fichamento dos prontuários do Juquery, percebe-se que na esmagadora maioria dos imigrantes abordados neste estudo – 230 homens e 134 mulheres – a profissão não foi declarada. Nestes casos, em geral, os pacientes procederam das cadeias, do Recolhimento das Perdizes[38] e do Hospital da Penha.[39] Encaminhados pela polícia, seus prontuários contêm poucas informações sobre seus antecedentes, alguns destes pacientes chegavam ao Juquery em precárias condições de saúde e não conseguiam sobreviver aos primeiros dias no hospital:

> Deu entrada no hospital depois de ter sido encontrado pelos médicos na prisão. Estava esticado no chão, preso a uma camisa de força, debilitado. Os guardas diziam que era um "leão" foi levado ao hospital, mas não resistiu.[40]

---

38 O Recolhimento das Perdizes começou a funcionar em 1913 e servia como depósito de doentes provenientes das delegacias da capital e do interior que aguardavam vaga para a internação no Juquery. Cf. SALLA, Fernando. *As prisões em São Paulo 1822-1940*. São Paulo: Fapesp/Annablume, 1999. p. 266.

39 Como o HOSPITAL DO JUQUERY encontrava-se em estado de superlotação, o Decreto 5314 de 26 de dezembro de 1931 instituía a criação de dois postos de emergência destinados aos alienados: um localizado na Hospedaria do Imigrante e exclusivo para indivíduos do sexo masculino, e outro para as mulheres, o Hospital da Penha. Cf. SÃO PAULO. Decreto n. 5.314, de 26 de dezembro de 1931. Cria dois postos de emergência para o abrigo de alienados, e dá outras providências. São Paulo, 1931. Disponível em < http://www.al.s p.gov.br/repositorio/legislacao/decreto/1931/decreto-5314-26.12.1931.html>. Acesso em: 16 ago. 2014.

40 HOSPITAL DO JUQUERY. Prontuário. José A., 35 anos, solteiro, branco, profissão não declarada, procedente da carceragem da polícia central e internado em 01 de março de 1932. Procedeu-se na manutenção da grafia original.

Quadro 2. Procedência profissional dos pacientes portugueses,
Hospital do Juquery

Tipos de trabalhadores	Homens	Mulheres	Porcentagem	Total
trabalhadores urbanos	87	25	94%	112
trabalhadores rurais	7	0	6%	7

Serviço de Atendimento Médico Estatístico – SAME – do Complexo Hospitalar
do Juquery. Prontuários do Hospital do Juquery (1929-1939).

Quadro 3. Procedência profissional dos pacientes portugueses,
Sanatório Pinel

Tipos de trabalhadores	Homens	Mulheres	Porcentagem	Total
trabalhadores urbanos	29	17	94%	46
trabalhadores rurais	3	0	6%	3

Arquivo Público do Estado de São Paulo (APESP). Prontuários do Sanatório
Pinel (1929-1939).

Notou-se nas duas instituições uma forte presença de trabalhadores provenientes do meio urbano, em detrimento do rural, isto ocorreu porque o principal alvo dos hospitais psiquiátricos era a população urbana. Outro fator que também justifica os dados apresentados nos quadros acima foi a preferência dos imigrantes portugueses, apesar de suas origens campesinas, pelas cidades, atitude facilitada pela língua em comum, pela maior oferta de empregos, melhores serviços de saúde e educação – se comparados ao interior – e pela presença de portugueses no comércio varejista das principais cidades brasileiras, com seu costume de contratar conterrâneos.

Gráfico 10. Domicílio declarado pelos pacientes lusos internados no Sanatório Pinel

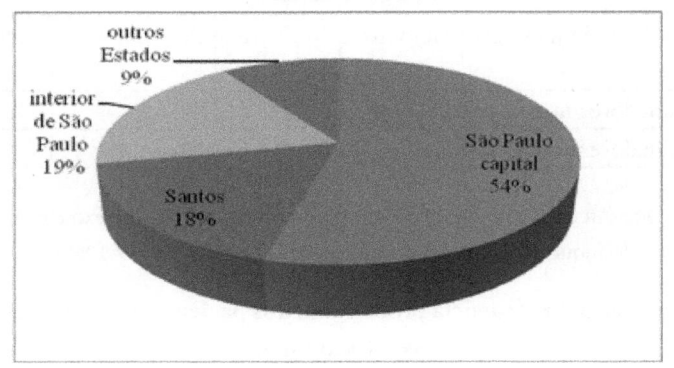

Arquivo Público do Estado de São Paulo (APESP).
Prontuários do Sanatório Pinel (1929-1939).

Gráfico 11. Domicílio dos pacientes lusos internados no Hospital do Juquery

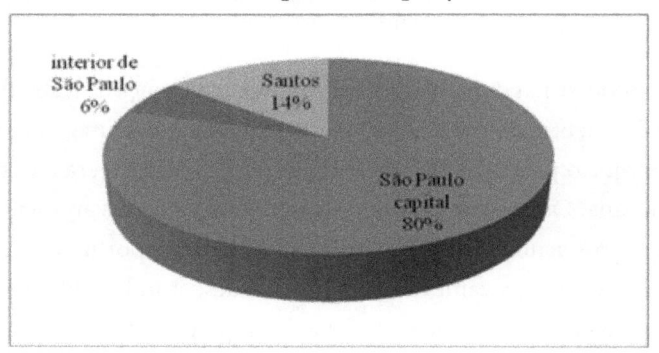

Não foram localizados pacientes de origem portuguesa procedentes de outros
estados brasileiros no Juquery.
Serviço de Atendimento Médico Estatístico – SAME – do Complexo Hospitalar
do Juquery. Prontuários do Hospital do Juquery (1929-1939).

A preferência dos imigrantes pelas cidades foi identificada quanto ao domicílio dos internos, predominando indivíduos residentes na

cidade de São Paulo, em especial no Juquery, que recebeu pacientes reclusos em cadeias da capital.

O fato de Santos não possuir na altura um hospital psiquiátrico e registrar uma sólida presença portuguesa na cidade, acarretou a transferência daqueles diagnosticados com algum tipo de transtorno psíquico para a capital. Do interior do estado provinham pacientes de Franca, Taubaté, Jaboticabal, Tabatinga, Bebedouro, Ribeirão Preto, Limeira, Araraquara e Timburi, mas como é possível perceber pelo gráfico apresentado, o interior não representou uma grande parcela das internações, que estiveram concentradas entre pacientes procedentes da capital. Apenas o Sanatório Pinel recebeu pacientes portugueses de outros estados como Goiás, Paraná e Rio de Janeiro, o que pode indicar boa reputação gozada por aquela instituição particular.

A relação entre os sexos mostrou uma clara prevalência de indivíduos do sexo masculino entre os portugueses, nas duas instituições:

Gráfico 12. Porcentagem de pacientes, discriminada por sexo, Hospital do Juquery

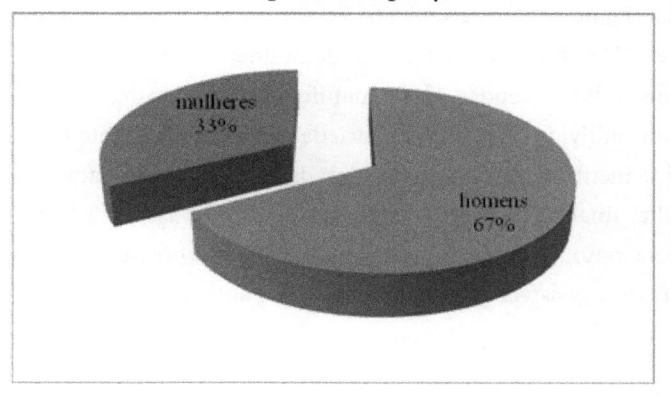

Serviço de Atendimento Médico Estatístico – SAME – do Complexo Hospitalar do Juquery. Prontuários do Hospital do Juquery (1929-1939).

Gráfico 13. Porcentagem de pacientes, discriminada por sexo, Sanatório Pinel

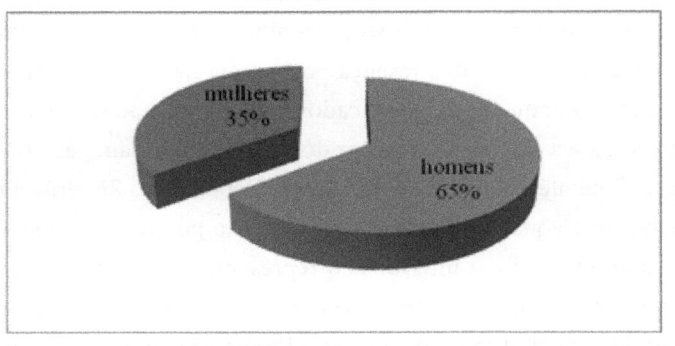

Arquivo Público do Estado de São Paulo (APESP).
Prontuários do Sanatório Pinel (1929-1939).

Comparando os dados da proporção entre os dois sexos com informações obtidas pelo Recenseamento brasileiro de 1920, percebeu-se que as mulheres portuguesas estiveram menos sujeitas à internação em hospitais psiquiátricos dos que os homens. Isto porque, a cidade de São Paulo contava com 36.685 portugueses e 28.002 portuguesas, ou seja, 57% homens contra 43% de mulheres.[41] A principal explicação defendida na época para a manifestação de transtornos psíquicos em um indivíduo era a hereditariedade, possuir um ente tido como doente mental poderia ser considerado uma vergonha para toda uma família, sinal de degenerescência familiar e, por isso, era tratado em sigilo. Como as mulheres imigrantes, em geral, possuíam ofícios domésticos, é possível que muitas delas, caso apresentassem sintomas de

---

41 DIRETORIA GERAL DE ESTATÍSTICA. *Recenseamento do Brasil* (1º de Setembro de 1920). População do Brazil por estados, municípios e districtos, segundo o sexo, o estado civil e a nacionalidade.Volume IV. Parte 1. Rio de Janeiro. p.547. Disponível <http://biblioteca.ibge.gov.br/visualizacao/monografias/GEBIS%20-%20RJ/Censode1920/RecenGeraldoBrasil1920_v4_Parte1_tomo2_Populacao.pdf > Acesso em: 17 ago .2014.

doença mental, fossem mantidas sob a guarda da família no lugar de serem conduzidas a algum hospital psiquiátrico.

Outro motivo apresentado pela psiquiatria para a inferioridade numérica feminina nos manicômios foram os diagnósticos de Paralisia Geral Progressiva, responsáveis pela condução de muitos pacientes ao Juquery ou ao Pinel, mas raros entre as mulheres. Pacheco e Silva ofereceu uma explicação do porque isto ocorria:

> A mulher brasileira ainda permanece em situação social mui particular. Cá, como na Grécia, as mulheres são em geral caseiras, levam vida calma, e não tomam parte na luta pela vida, – o que as torna menos expostas à syphillis e outras causas adjuvantes da paralysia geral.
>
> E como o feminismo vai infelizmente fazendo grandes progressos no Brasil, é de esperar que, quando as brasileiras conseguirem nivelação social com os homens, não distinga a paralysia geral a differença dos sexos para a escolha de suas vítimas.[42]

_____
42 PACHECO E SILVA, Antonio Carlos. *Da demência paralítica em São Paulo*. s/d. p. 12. Fundo PACHECO E SILVA do Museu Histórico "Carlos da Silva Lacaz" da FMUSP Procedeu-se na manutenção da grafia original.

Gráfico 14. Estado civil dos pacientes de origem portuguesa, Juquery

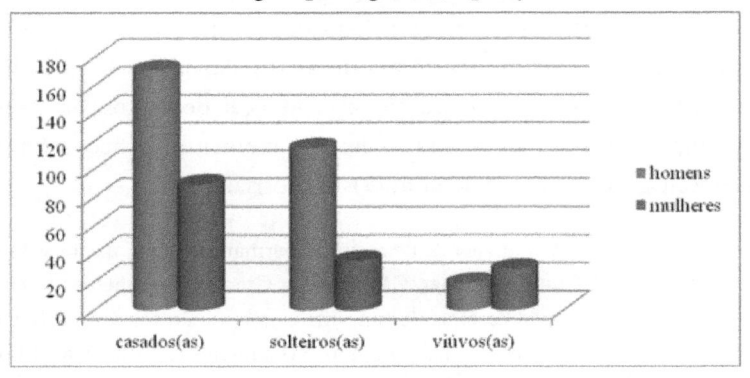

Serviço de Atendimento Médico Estatístico – SAME – do Complexo Hospitalar do Juquery. Prontuários do Hospital do Juquery (1929-1939).

Gráfico 15. Estado civil dos pacientes de origem portuguesa, Pinel

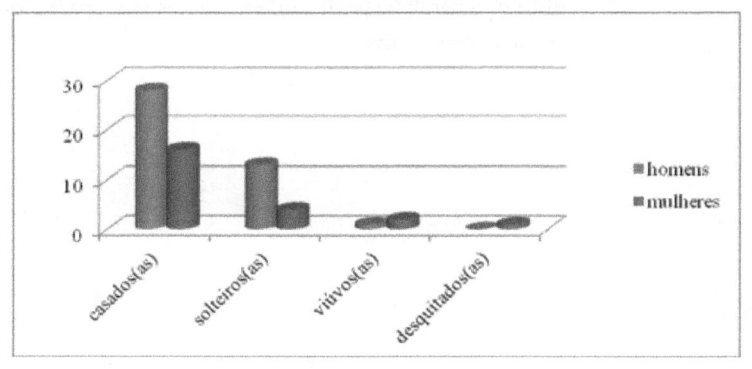

Arquivo Público do Estado de São Paulo (APESP).
Prontuários do Sanatório Pinel (1929-1939).

Nas duas instituições os casados predominaram sobre os solteiros, um dado bastante elucidativo, haja vista a predominância de solteiros entre lusos que desembarcaram no Brasil entre 1908 e 1936, com 55% do total de emigrantes.[43]

A maior frequência de pacientes casados sobre os solteiros, em ambos os sexos, destoa das informações obtidas por Zelinda Rosa Scotti em sua tese de Doutorado sobre os italianos internados no Hospício de São Pedro, em Porto Alegre, durante o primeiro quartel do século XX.[44] Neste estudo, o maior índice de internamentos, entre homens, recaiu sobre os celibatários, enquanto nas italianas o maior percentual atingiu as mulheres casadas. De acordo com a autora, a explicação reside no fato da importância do matrimônio para o homem na criação de um grupo afetivo de cooperação social, contribuindo para um maior controle e equilíbrio da vida psíquica, não garantido no celibato. Para a mulher, em contrapartida, o casamento pode ser traumático com a exigência de novas funções como educar os filhos e dirigir seu lar.[45]

O predomínio de pacientes casados, 57% no Juquery e 68% no Sanatório Pinel, sugere que a maioria dos internos residia no Brasil anos antes da internação, ou seja, não se tratava de recém-chegados. Em cerca de 40 prontuários, nas páginas do *exame psíquico* foi possível identificar o tempo de permanência destes imigrantes no Brasil, alguns deles com datas imprecisas como "chegou ao Brasil na época

---

43 KLEIN, Herbert S. A integração social e econômica dos imigrantes portugueses no Brasil nos finais do século XIX e no século XX. *Análise Social*, Lisboa, v. 28, n. 121, p. 235-265, 1993.

44 SCOTTI, Zelinda Rosa. *Que loucura é essa?: Loucas e loucos italianos no Hospício de São Pedro em Porto Alegre/RS (1900-1925)*. 283 f. Tese (Doutorado) – curso de História, Pontifícia Universidade Católica do Rio Grande do Sul. Porto Alegre, 2013. p. 109-110.

45 Batiste, Roger. *Sociologia das doenças mentais*. São Paulo: Editora Nacional, 1967 apud SCOTTI, Zelinda Rosa. *Que loucura é essa?* Loucas e loucos italianos no Hospício de São Pedro em Porto Alegre/RS (1900-1925). 283 f. Tese (Doutorado) – curso de História, Pontifícia Universidade Católica do Rio Grande do Sul. Porto Alegre, 2013. p. 110.

da guerra de Canudos".[46] Em média, estes pacientes portugueses já residiam no país há 20 anos quando foram internados, desembarcando entre os anos de 1868 e 1936. Tempo suficiente para contraírem um matrimônio.

A família teve um papel fundamental no processo de internamento, contribuindo para o fornecimento de informações quanto à conduta dos pacientes. Neste cenário, homens e mulheres casados quando apresentavam mudanças drásticas em seu comportamento anterior despertavam maior atenção do que os solteiros – que em muitos casos, residiam sozinhos. As principais mudanças comportamentais incidiam sobre o papel socialmente atribuído ao homem ou a mulher: Cândido trabalhava na limpeza de córregos da capital quando, por motivos de saúde, ficou impossibilitado de trabalhar e começou a impedir que seus familiares trabalhassem.[47] Manoel foi internado pelas mãos da polícia por abusar de bebidas alcoólicas, ter parado de trabalhar, ser sustentado pela esposa, matar animais, ameaçar assassinar esposa e filha e depois suicidar-se.[48] Nos dois casos, homens que deixaram de ser os provedores da família, desta forma, não se encaixavam no modelo comportamental ideal, e eugênico, de um indivíduo do sexo masculino.

Entre as mulheres, o internamento de Luiza M., por seu marido no Sanatório Pinel é um bom exemplo do controle sobre a conduta feminina, exercido pela família, e como a moral de uma época poderia interferir no diagnóstico psiquiátrico:

---

46 HOSPITAL DO JUQUERY. Prontuário. Júlio A, G., 57 anos, solteiro, branco, pintor, procedente de São Paulo e internado em 12 de setembro de 1932.

47 HOSPITAL DO JUQUERY. Prontuário. Cândido B. E., 48 anos, casado, branco, sem profissão declarada, procedente de São Paulo e internado em 7 de fevereiro de 1938.

48 HOSPITAL DO JUQUERY. Prontuário. Manoel F., 33 anos, casado, branco, operário, procedente de São Paulo e internado em 2 de dezembro de 1931.

Veio do interior em demanda de um especialista com quem pudesse consultar.

Indicaram-lhe então este Sanatorio onde veio trazida pelo marido.

Este conta que sua senhora foi sempre muito trabalhadeira, amiga de sua casa e bastante economica. Despida de qualquer sentimento de vaidade, nem mesmo pó de arroz usava.

Isso até há um mez e meio antes de dar entrada no Sanatorio.

Dessa epocha pra cá o seu temperamento foi se transformando de tal forma que logo as pessoas que a conheciam e que com ela privavam não tiveram duvida em afirmar que se tratava de um caso pathologico.

Não obedecia mais seu marido; já com 53 annos de idade, deu para ficar faceira; queria sempre passear, ter vestidos novos; se enfeitar.[49]

Gráfico 16. Pirâmide etária da população portuguesa internada, Juquery

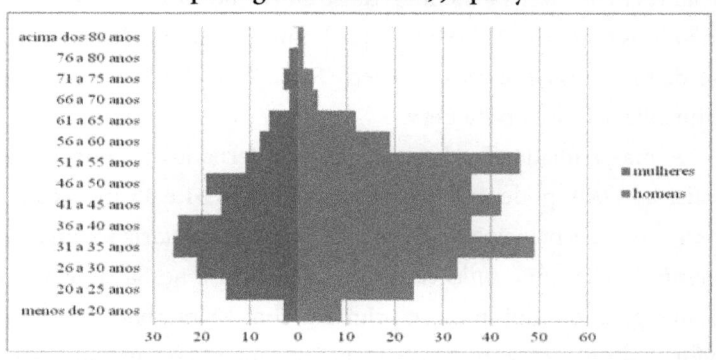

Serviço de Atendimento Médico Estatístico – SAME – do Complexo Hospitalar do Juquery. Prontuários do Hospital do Juquery (1929-1939).

---

49 SANATÓRIO PINEL. Prontuário. Luiza M., 53 anos, casada, branca, doméstica, procedente de Torrinha e internada em 12 de maio de 1931. Procedeu-se na manutenção da grafia original.

Gráfico 17. Pirâmide etária da população portuguesa
internada, Pinel

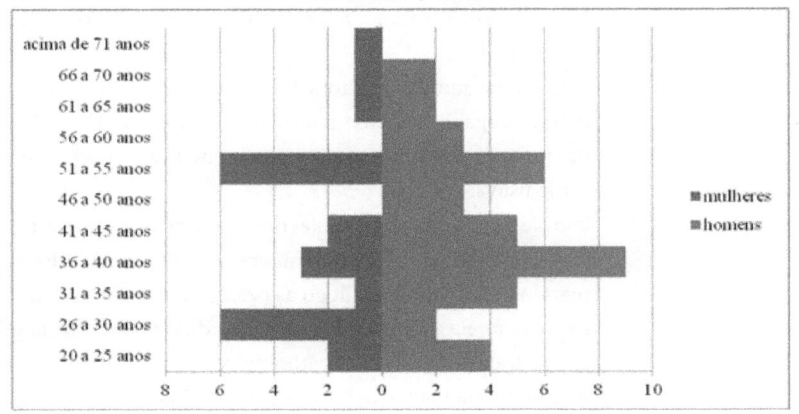

Arquivo Público do Estado de São Paulo (APESP).
Prontuários do Sanatório Pinel (1929-1939).

Pelas duas pirâmides etárias apresentadas, nota-se a presença de pacientes mais jovens – menores de 20 anos – no Hospital do Juquery, indivíduos entre os 11 e 19 anos que foram encaminhados para a Escola de Menores Anormais Pacheco e Silva,[50] localizada nos arredores do hospital central do Juquery.

A maior incidência de portugueses internados no hospital administrado pelo poder público ocorreu entre os 31 e 35 anos, com 75 internações. Os principais diagnósticos nesta faixa etária foram *esquizofrenia* (16 casos) e *sífilis cerebral* (10 casos). Já no Sanatório Pinel foram registrados dois picos, o primeiro, com 12 internações entre indivíduos de 36 e 40 anos de idade, predominando os diagnósticos de *sífilis cerebral* (4 casos) e *psicose maníaco depressiva* (3 casos) e entre

---

50 A Escola de Menores Anormais Pacheco e Silva foi fundada em 1929 para atender a pacientes de ambos os sexos menores de idade, que até aquele ano eram misturados aos adultos. Cf. Cunha, Maria Clementina Pereira. *O espelho do mundo: Juquery a história de um asilo*. 2.ed. Rio de Janeiro: Paz e Terra, 1988, p. 85.

enfermos de 51 e 55 anos, também com 12 internações, onde a *melancolia* ou *depressão* (6 casos) prevaleceu. Estas categorias nosográficas serão estudadas de forma pormenorizada mais adiante. A média de idade dos pacientes internados ficou em 41 anos para o Juquery e 43 anos para o Sanatório Pinel. O fato da maior jovialidade entre os pacientes do hospital pode estar relacionado à ação policial que conduziu centenas ao Juquery, no caso do Sanatório Pinel, em virtude de ser uma instituição particular, recebeu indivíduos mais velhos, em geral, com melhores condições financeiras.

O grau de instrução de cada paciente não é mencionado na ficha de identificação, no entanto, ao longo da leitura dos prontuários foi possível identificar menções quanto à instrução de determinados pacientes, como "pouca cultura" indicando a existência de analfabetos ou de pessoas com pouco tempo de estudo. Um prontuário narra a trajetória de um senhor de 65 anos que emigrou para o Brasil quando criança e estudou no colégio Pedro II no Rio de Janeiro, o funcionário que datilografou seu prontuário escreveu " senhor de cultura superior" e completou que casos assim eram raros entre os portugueses.[51] Outro indício do grau de instrução foi a atribuição da doença por alguns enfermos a feitiços e bruxarias e a tentativa de tratá-los através de benzeduras com azeite.[52] Mesmo com a afirmação da Psiquiatria no Brasil como ciência médica, muitas pessoas recorriam à magia para explicar e/ou combater os males da loucura, como indicou Georges Minois:

> Mais do que um "declínio da magia" que pretendeu despontar a mentalidade científica, seria melhor falar de uma

---

51 HOSPITAL DO JUQUERY. Prontuário. José L. C., 65 anos, solteiro, branco, profissão não declarada, procedente de São Paulo e internado em 17 de agosto de 1932.

52 HOSPITAL DO JUQUERY. Prontuário. Maria I. M. J., 46 anos, viúva, branca, profissão não declarada, procedente do Recolhimento das Perdizes e internada em 3 de janeiro de 1934.

diversificação: a atitude mágica permanece bem viva, mas só se limite à cultura popular.[53]

Com relação ao último domicílio dos emigrantes em Portugal, os prontuários pouco contribuem, mas menções a algumas localidades foram observadas: ilha da Madeira, Porto, Porto de Mós, Cantanhede, Quinta do Picado, Chaves, Santarém, Lisboa, Coimbra e Aveiro. Lugares localizados, com exceção da ilha da Madeira, nas regiões norte e centro de Portugal.

Gráfico 18. Duração das internações de pacientes portugueses, Sanatório Pinel

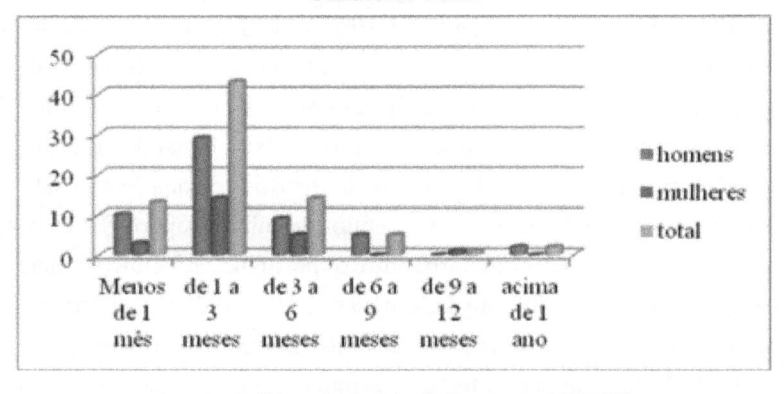

Arquivo Público do Estado de São Paulo (APESP).
Prontuários do Sanatório Pinel (1929-1939).

Bem raros foram os pacientes, no Sanatório Pinel, que permaneceram internados por mais de 1 ano, o imigrante deste estudo que mais tempo viveu em suas dependências ficou por 4 anos e dois meses hospitalizado entre 1936 e 1941 e foi diagnosticado com *paralisia geral progressiva*.[54] A grande maioria permaneceu no sanatório de 30

---

53 MINOIS, Georges. *História do futuro: dos profetas à prospectiva*. Tradução de Serafim Ferreira. Lisboa: Teorema, 2000, p. 507.
54 SANATÓRIO PINEL. Prontuário. José F. R., 36 anos, casado, branco, comercian-

a 90 dias. Em geral, estes pacientes recebiam alta ou eram retirados pela família por esta não suportar os encargos financeiros que a internação acarretava.

Gráfico 19. Duração das internações de pacientes portugueses no Juquery, com discriminação daquelas com menos de um ano

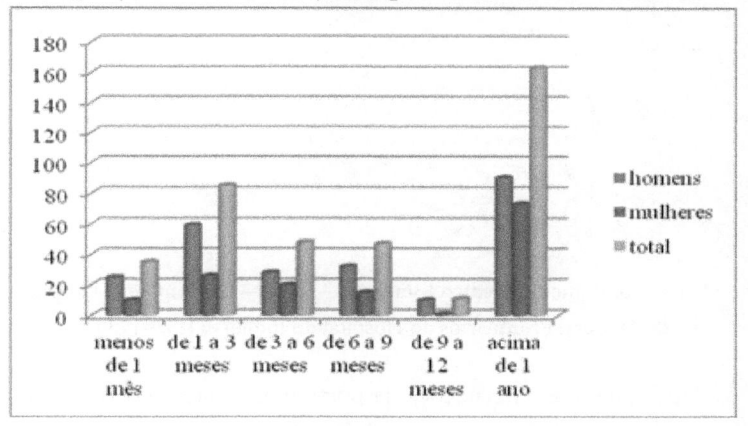

Serviço de Atendimento Médico Estatístico – SAME – do Complexo Hospitalar do Juquery. Prontuários do Hospital do Juquery (1929-1939).

te, procedente de São Paulo e internado 30 de novembro de 1936.

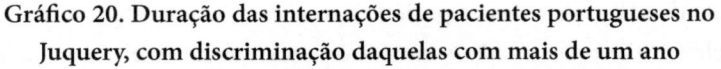

Gráfico 20. Duração das internações de pacientes portugueses no Juquery, com discriminação daquelas com mais de um ano

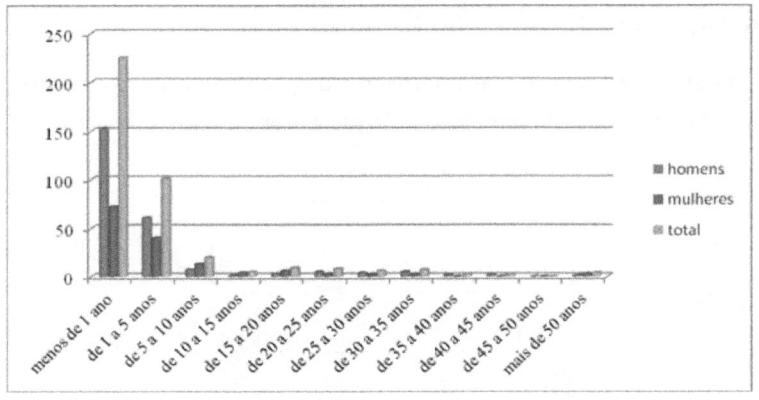

Serviço de Atendimento Médico Estatístico – Same – do Complexo Hospitalar do Juquery. Prontuários do Hospital do Juquery (1929-1939).

No Juquery as internações de portugueses que duravam menos de um ano concentraram-se entre os 30 e 90 dias, como no Pinel, mas, o motivo da alta geralmente era o óbito, mesmo os pacientes que lá permaneceram por menos de 30 dias tinham o hospital como última morada em vida. Os que conseguiam passar pelo primeiro ano de internação concentravam-se entre 1 e 5 anos de hospitalização e o número de pacientes diminuía constantemente de acordo com o passar dos anos, mas alguns permaneceram por décadas internados, como Laurinda que viveu no Juquery por mais de 54 anos.[55] Segundo seu prontuário, esta senhora foi internada aos 43 anos, portanto teria falecido aos 97 anos nas dependências do hospital. A idade apresentada deve ser encarada com cautela, visto que, em virtude da superlotação, alguns pacientes eram internados e só depois de alguns anos os funcionários da instituição procediam na identificação com a recolha de

---

55 HOSPITAL DO JUQUERY. Prontuário. Laurinda N., 43 anos, casada, branca, profissão não declarada, procedente do Recolhimento das Perdizes e internada em 17 de setembro de 1931.

impressões digitais e foto do mesmo e, neste caso, a idade registrada no prontuário era a idade que o paciente tinha no momento da identificação e não no momento da internação – em alguns prontuários as impressões digitais e a fotografia da identificação foram tiradas com o paciente já falecido.

Quadro 4. Relação das internações entre menos e mais de 1 ano no Juquery

Tempo de permanência	Porcentagem	Número absoluto
menos de 1 ano	58%	225
mais de 1 ano	42%	163

Os prontuários de 1929 a 1932 apresentam grande irregularidade quanto à informação da data de saída do paciente, a partir de 1933 as datas de alta começam a aparecer com maior regularidade. Por isso, em 95 casos aqui estudados não foi possível identificar o último dia de internação.
Serviço de Atendimento Médico Estatístico – SAME – do Complexo Hospitalar do Juquery. Prontuários do Hospital do Juquery (1929-1939).

Apesar da ocorrência de internações por décadas a fio, entre os portugueses, predominaram intervenções menores de um ano, com 58% dos casos aqui estudados, mas a grande causa da interrupção do internamento hospitalar nos casos de menos e mais de um ano foi o óbito, como apresento no gráfico abaixo:

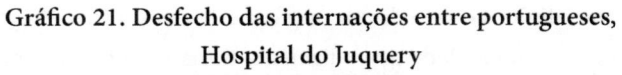

Gráfico 21. Desfecho das internações entre portugueses, Hospital do Juquery

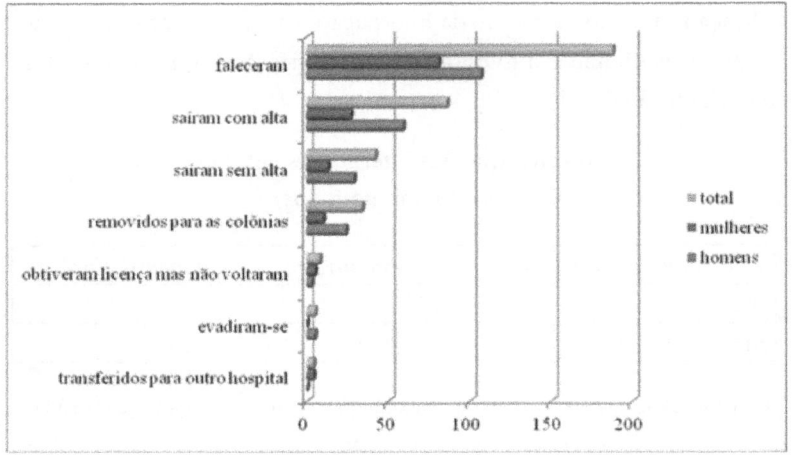

Serviço de Atendimento Médico Estatístico – SAME – do Complexo Hospitalar do Juquery. Prontuários do Hospital do Juquery (1929-1939).

Os prontuários do Juquery são bem concisos quando se referem ao desfecho da internação, alguns deles mencionam o quadro clínico do paciente, indicam seu diagnóstico e em seguida apresentam "saiu com alta" sem apresentar os motivos que levaram à melhora do estado de saúde do interno. Outros, considerados incuráveis, foram transferidos para as colônias agrícolas anexas ao hospital central para trabalhar nos pomares, nas hortas, nas culturas de eucaliptos, cereais e chá, no apiário e na criação de animais, a chamada *laborterapia* – terapêutica pelo trabalho – que parece ter sido dispensada aos pacientes pagantes.[56] Porém, as informações contidas em seus prontuários terminam no momento da transferência para as tais colônias. Poucos foram aqueles que conseguiram fugir do hospital ou receberam uma

---

56 CUNHA, Maria Clementina Pereira. *O espelho do mundo: Juquery a história de um asilo*. 2.ed. Rio de Janeiro: Paz e Terra, 1988. p. 87.

autorização para regressar por alguns dias ao convívio familiar, mas passados os dias da licença não retornavam ao hospital.

Gráfico 22. Desfecho das internações entre portugueses, Sanatório Pinel

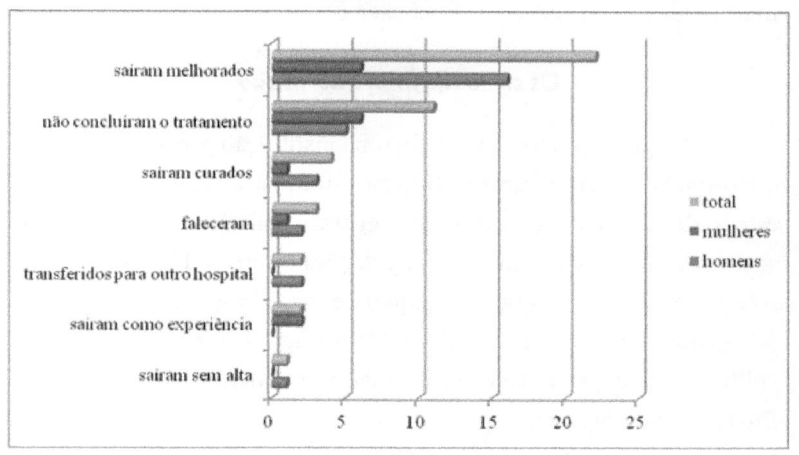

Arquivo Público do Estado de São Paulo (APESP).
Prontuários do Sanatório Pinel (1929-1939).

Nem mesmo no Sanatório Pinel, considerado na altura o mais moderno hospital psiquiátrico de São Paulo, os pacientes tidos por curados[57] constituíam a maioria das altas emitidas pela instituição, e sim, "os melhorados", ou seja, os casos de remissão.[58] Uma parcela bas-

---

57 A palavra *cura* tem uma forte associação com restabelecimento do estado anterior à doença, a epistemologia deste termo reside no radical *cur* derivado da palavra latina *curae* que significa cuidado, tratamento, guarda e vigia. Cf. JUCÁ, Vládia. A cura em saúde mental: história e perspectivas atuais. In: WADI, Yonissa; SANTOS, Nádia Maria Weber (Org). *História e loucura: saberes, práticas e narrativas*. Uberlândia: EDUFU, 2010. p. 307-331.

58 Ao contrário da cura, o conceito de remissão valoriza algumas evoluções pontuais no quadro mental e moral do paciente, passando pelo crivo ideológico, uma vez que objetiva reinserir o indivíduo na sociedade, favorecendo, para isso, determinados aspectos morais. Cf. TARELOW, Gustavo Querodia. Um tratamento de choque: a aplicação da malarioterapia no HOSPITAL DO JUQUERY (1925-1940). In: *Cadernos de História da Ciência*. (online). São Paulo: Institu-

tante significativa dos internos não conseguiu concluir o tratamento, em algumas ocasiões por falta de recursos financeiros, nestes casos, os pacientes poderiam retornar ao convívio familiar, procurar ajuda em outras instituições psiquiátricas particulares de São Paulo com preços mais modestos ou conseguir uma vaga no Juquery.

Os custos de uma internação

Visto que o Sanatório Pinel foi uma instituição privada até 1944 e o Hospital do Juquery uma instituição administrada pelo governo do estado de São Paulo, é necessário registrar a existência de diferenças socioeconômicas entre as duas populações internas. De acordo com o regulamento do Hospital do Juquery eram admitidos dois tipos de pacientes: *indigentes* e *pensionistas*. Os primeiros só poderiam ser re-colhidos nas dependências do hospital por ordem do Secretário do Interior ou do Secretário da Justiça e da Segurança Pública, median-te uma guia do paciente informando seu nome, idade, estado civil, sexo, filiação, cor e naturalidade do mesmo, dois atestados médicos de firma reconhecida e um atestado provando a indigência e a residên-cia do enfermo no estado de São Paulo. Já dos pacientes pensionis-tas, aqueles cujas famílias custeavam sua internação, eram exigidos: os dados do enfermo, atestado de firma reconhecida de dois médi-cos, um recibo de pagamento no Tesouro do Estado, correspondente ao trimestre adiantado, e uma declaração do requerente assumindo a responsabilidade pelo pagamento das diárias, no valor de 10$000, além do fornecimento do vestuário do enfermo.[59]

to Butantan, vol. 5, nº1, p.8-22, jun. 2009. Disponível<http://periodicos.ses.s p.bvs.br/scielo.php?script=sci_arttext&pid=S1809763420090001000002&lng= en&nrm=iso >. Acesso em: 27 set.2013.

59 SÃO PAULO. Decreto n. 3.869, de 3 de julho de 1925. Regulamento do Hos-PITAL DO JUQUERY. São Paulo,1925. Disponível em < http://www.al.s p.gov.br/ repositorio/legislacao/decreto/1925/decreto-3869-03.07.1925.html>. Acesso em: 20 jan. 2015.

Além dos atestados médicos, o Sanatório Pinel de Pirituba requeria o pagamento de diárias no valor mínimo de 20$000 – com direito a alojamento, alimentação, serviço de enfermagem e assistência médica –, mas nenhum documento com a discriminação pormenorizada dos valores cobrados pelo Sanatório para cada tratamento especializado disponível na época foi localizado.[60] No entanto, em uma comunicação apresentada por Pacheco e Silva durante a Semana de Neuropsiquiatria ocorrida em janeiro de 1940, em defesa da extensão aos doentes mentais do plano de assistência aos portadores de moléstias contagiosas, custeado pelas Caixas e Institutos de Aposentadorias e Pensões, foi proposto que os doentes mentais fossem internados em casas particulares que receberiam dos referidos institutos e caixas os seguintes valores por tratamento: Malarioterapia 200$000, Insulinoterapia 20$000 (cada choque), Cardiazolterapia 30$000 (cada choque), Reação de Wassermann 30$000, exame de urina 30$000 e lavagem de roupa 20$000 por mês.[61] Estes preços foram estabelecidos a partir de valores cobrados por casas particulares na época, como o Sanatório Pinel, aliás, propriedade de Pacheco e Silva na altura.

---

60 Através das terapias biológicas ou terapêuticas de choque, aplicadas nos manicômios brasileiros a partir da década de 1920, os psiquiatras pretendiam provocar choques no corpo do paciente visando à obtenção de alterações comportamentais nos mesmos. A Malarioterapia, introduzida no Juquery em 1925, consistia na inoculação do agente etiológico da Malária na corrente sanguínea do paciente atingido pela Sífilis Cerebral. A Insulinoterapia consistia na aplicação endovenosa de doses de insulina com intuito de levar esquizofrênicos ao coma. A convulsoterapia provocava convulsões em esquizofrênicos através de doses de Cardiazol e a Eletroconvulsoterapia levava pacientes à convulsões por meio de choques elétricos de 100 e 150 volts. TARELOW, Gustavo Querodia. *Entre comas, febres e convulsões. Os tratamentos de choque no HOSPITAL DO JUQUERY (1923-1937)*. Santo André: Universidade Federal do ABC, 2013, p. 72-91.

61 PACHECO E SILVA, Antonio Carlos. *Seguro social e doenças mentais.* Trabalho apresentado na Semana de Neuro-psiquiatria promovida pela Associação Paulista de Medicina, 1940. p. 150. Fundo PACHECO E SILVA do Museu Histórico "Carlos da Silva Lacaz" da FMUSP

Observando um caso registrado em prontuário e considerando que os valores cobrados pelas terapêuticas disponíveis no Sanatório Pinel eram os acima mencionados, espera-se apontar o custo, aproximado, de uma internação na referida instituição. Trata-se do caso de Antonio F., 24 anos, caixeiro-viajante e internado no Pinel entre julho e dezembro de 1938, conhecendo uma segunda internação entre dezembro de 1943 e janeiro de 1944. O jovem, que até então se mostrava interessado pelo trabalho e em busca de prosperidade financeira, passou a se desinteressar por seus negócios e seus familiares e a perder a iniciativa com sua alimentação e indumentária. As mudanças em seu comportamento determinaram a decisão familiar de interná-lo no Pinel. E com a autorização da mesma, o jovem recebeu 30 choques insulínicos e 26 aplicações de Cardiazol, apenas durante sua primeira internação – com duração de quatro meses.[62] Calculando estes custos, somados aos valores dos exames de urina, a Reação de Wassermann, para detectar a presença de sífilis no organismo, e o serviço de lavagem de roupas, sem contar os medicamentos – cobrados a parte – os familiares de Antonio desembolsaram uma importância próxima dos 4:000$000 (quatro contos de réis). Uma quantia significativa para a época, visto que o ordenado mensal do Diretor do Serviço de Assistência aos Psicopatas (SAP) equivalia a 3:000$000 ou 36:000$000 anuais.[63]

Quanto ao rendimento dos imigrantes, antes da internação, foi possível apurar apenas o caso de Aníbal G., um leiteiro que chegou a comprar um carro e três animais para seu negócio que lhe rendia em

---

62 SANATÓRIO PINEL. Prontuário. Antonio F., 24 anos, solteiro, branco, comerciante, procedente de Lins e internado em 30 de julho de 1938 com reinternação em 30 de dezembro de 1943.

63 SÃO PAULO. Decreto n. 9.358 de 30 de Julho de 1938. Organiza o serviço de Assistência aos Psicopatas, do Departamento de Saúde do Estado. Disponível em <http://www.al.s p.gov.br/repositorio/legislacao/decreto/1938/decreto-9358-30.07.1938.html >. Acesso em: 14 fev.2015.

torno de 600$000 a 700$000 mensais,[64] tal renda não lhe permitiria custear por muito tempo um tratamento no Pinel.

O valor do tratamento psiquiátrico em uma clínica particular era proibitivo para muitos, mesmo famílias que conseguiam internar seus entes no Sanatório Pinel, passados alguns meses, os retiravam por não suportarem os encargos financeiros que a internação acarretava. Em um universo de 65 prontuários, 12 pacientes não conseguiram terminar seus tratamentos e, em alguns deles, o motivo financeiro foi considerado o determinante para a sua interrupção. O curioso foi que apenas cinco destes pacientes deram entrada no Juquery após saírem do Pinel, os outros provavelmente ficaram sob a guarda de seus familiares ou foram encaminhados para outras clínicas particulares da capital. Portanto, apesar de só receber pagantes, o Sanatório de Pinel não atendeu apenas a elite da capital,[65] mas também pessoas que não dispunham de meios financeiros para arcar com um tratamento completo de um ente querido.

Os pacientes que conseguiram, antes da internação, amealhar alguma riqueza foram poucos, como Antonio V., 40 anos e encaminhado ao Pinel logo após sua inauguração em dezembro de 1929. Em seu prontuário consta que teve problemas pulmonares a partir de 1918, procurando tratamento em Portugal e retornando ao Brasil nos períodos de melhora. Dez anos depois retornou à sua terra para o tratamento de uma suposta úlcera duodenal e de lá partiu para a Ale-

64 HOSPITAL DO JUQUERY. Prontuário. Aníbal G., 50, casado, branco, leiteiro, procedente de São Paulo e internado em 28 de agosto de 1939.
65 Nem mesmo todos os membros da elite paulistana diagnosticados em alguma doença mental recorriam ao sanatório de Pirituba, foi o caso de dona Yayá – Sebastiana de Mello Freire – que após uma série de mortes trágicas em sua família tornou-se a única herdeira de um império formado por fazendas e imóveis urbanos, mas foi diagnosticada como portadora de doença mental e interditada, até sua morte em 1961, em uma de suas propriedades no bairro do Bexiga. Cf. LOURENÇO, Maria Cecília França (Org.). A casa de Dona Yayá. São Paulo: Edusp/Imprensa Oficial de São Paulo, 1999.

manha. Em solo germânico teve seu primeiro surto, quando julgou que os médicos queriam matá-lo, retornou a Portugal onde ficou internado na Casa de Saúde Portuense – clínica particular de assistência psiquiátrica na cidade do Porto. Retornou ao Brasil em finais de 1929 para ficar aos cuidados de sua família e foi encaminhado ao Sanatório Pinel, onde apresentou sinais de humildade, mantendo-se ajoelhado com as mãos unidas como se fosse rezar e, como penitência, recusava-se a comer, afirmando não precisar de alimentos. Os médicos no Brasil o diagnosticaram com *melancolia ansiosa delirante*, Antonio faleceu cinco meses depois, em maio de 1930.[66] Este foi o único caso, aqui pesquisado, de um português que retornou à sua terra para a realização de tratamento de saúde, o que conota uma confortável situação financeira.

No Juquery a esmagadora maioria dos portugueses era classificada como *indigentes*, raros os casos de *pensionistas* como Antonio C.C., comerciante de 55 anos. Este paciente, após vários anos de trabalho no Brasil, enfrentou sérias dificuldades financeiras seguidas pela morte de sua esposa que lhe causaram fortes abalos emocionais, sendo internado pela família no Natal de 1929. Os médicos do hospital o diagnosticaram com *crise melancólica transitória*, pois o mesmo apresentava uma "emotividade exagerada, chorando facilmente quando se lembrava do passado".[67] O português, ao demonstrar sensibilidade diante dos revezes em sua vida, transgredia o comportamento social esperado de um indivíduo do sexo masculino – controlar emoções e não chorar, mesmo com abalos, deveria suportá-los e superá-los. Antonio permaneceu internado no Juquery até março de 1930 quando recebeu "cura completa".

---

66 SANATÓRIO PINEL. Prontuário. Antonio V., 40 anos, casado, branco, profissão não declarada, procedente da capital e internado em 22 de dezembro de 1929.

67 HOSPITAL DO JUQUERY. Prontuário. Antonio C.C., 55 anos, viúvo, branco, comerciante, procedente da capital e internado em 25 de dezembro de 1929.

O sonho de "fazer a América" no Brasil

Entre 1855 e 1914 as estatísticas portuguesas registram cerca de 1,3 milhões de saídas para o exterior, o Brasil representou o destino de 89% desta corrente emigratória[68]. Portugal é um velho país de emigração, sendo esta tratada como uma constante na História portuguesa desde o século XV – um fenômeno histórico estrutural.[69] No entanto, a partir de meados de oitocentos, o país conheceu uma forte onda emigratória sem precedentes em sua história.

O continente europeu atravessou importantes transformações no decorrer do século XIX, nomeadamente, as revolucionárias invenções técnicas e o desenvolvimento do capital financeiro. Naturalmente, estas mudanças não foram sentidas da mesma forma em todos os Estados europeus. A noção de riqueza estava atrelada às reservas de ferro e carvão mineral, bem como ao desenvolvimento de estradas de ferro para o transporte de mercadorias. Portugal não dispunha em seu subsolo de reservas ferríferas nem carboníferas que pudessem alavancar seu desenvolvimento industrial. O país manteve-se, desta forma, dependente de uma fraca agricultura – mais de subsistência do que competitiva – incapaz de satisfazer suas necessidades internas. Ainda assim, a elevada taxa de natalidade (superior a 30 por mil) e a diminuição gradual da taxa de mortalidade (inferior a 20 por mil) garantiram – apesar de o país manter uma das mais altas taxas de emigração *per capita* da Europa[70] – o aumento populacional, com uma taxa de crescimento demográfico de 1% na virada do século. Portugal passou

68 Leite, Joaquim da Costa. O Brasil e a emigração portuguesa (1855-1914). In: Fausto, Boris (Org). *Fazer a América: a imigração em massa para a América Latina*.São Paulo: Edusp, 1999, p. 177.

69 Serrão, Joel. *Emigração portuguesa: sondagem histórica*. Lisboa: Livros Horizonte, p. 79.

70 Klein, Herbert S. A integração social e econômica dos imigrantes portugueses no Brasil nos finais do século XIX e no século XX. *Análise Social*, Lisboa, v. 28, n. 121, p. 235-265, 1993.

de 5.423.123 habitantes em 1900 para 5.960.056 em 1911.[71] Uma indústria incipiente e uma agricultura deficitária não foram capazes de absorver o excedente demográfico português, compelindo, desta forma, os filhos de Portugal – a "nação navio"[72] – a buscarem melhores condições laborais no exterior.

O Brasil, a ex-colônia americana, atraiu centenas de milhares de portugueses por seu desenvolvimento econômico e a consequente necessidade de braços para as lavouras da região sudeste, mas também pela imagem de "terra afortunada" que o jovem país despertava entre os portugueses, lendas sobre a "árvore das patacas" onde o dinheiro brasileiro estava pronto para ser colhido eram contatas nas aldeias portuguesas.[73]

A opção pela emigração surgia aos olhos do português com um mal necessário, que tinha como consolo a promessa de ser temporário, tratava-se de buscar no Brasil uma modificação em seu estatuto social, não permitida em Portugal[74]. Atingido o sucesso nesta empreitada sul-americana, o imigrante poderia regressar à sua aldeia natal.

Um juízo bastante arraigado em Portugal afiançava que apenas os mandriões não conseguiam enriquecer na antiga colônia americana, ainda famosa pelo ouro e pelos diamantes que enriqueceram a corte de D. João V. Aqueles que emigravam e não alcançavam o sucesso fi-

---

71 MIRANDA, Sacuntala de. A base demográfica. In: SERRÃO, Joel; MARQUES, António Henrique de Oliveira. *Portugal da monarquia para a república*. Lisboa: Editorial Presença,1991.v. 11 (Nova História de Portugal), p. 33.

72 JERÓNIMO, Helena Mateus. et al. A "nação-navio": apontamento sobre emigração portuguesa e a questão de identidade nacional . In: GARCIA, José Luís (Org.). *Portugal migrante: emigrantes e imigrados, dois estudos introdutórios*. Oeiras: Celta Editora, 2000, p. 11-14.

73 FRUTUOSO, Maria Suzel Gil. *Emigração portuguesa e sua influência no Brasil: o caso de Santos 1850-1950*. 258 f. Dissertação (Mestrado) - curso de História, Universidade de São Paulo. São Paulo, 1989, p. 33-34.

74 PEREIRA, Miriam Halpern. A política portuguesa de emigração (1850-1930). In: TENGARRINHA, José. *A historiografia portuguesa, hoje*. São Paulo: Hucitec, 1999. cap. 8, p. 183-208.

nanceiro preferiam esconder de parentes e amigos da aldeia seu fracasso, casos assim aparecem na literatura, como no romance *Emigrantes* (1928) de Ferreira de Castro, onde o personagem fictício Manoel da Bouça, ao encontrar um conhecido patrício, logo após desembarcar em Santos, percebeu a dura realidade em ganhar dinheiro no Brasil:

> — Mas tu não te tens dado bem?...
> — Eu? Eu, não. Estou cá vai para cinco anos e o único dinheiro que tenho juntado são estes cem mil réis que mando à minha mãe, pelo Natal e pela Páscoa.
> — Mas lá na terra todos te dão por estabelecido...
> Cipriano corou ligeiramente:
> — Isso fui eu que mandei dizer...Todos nós mandamos dizer que estamos aqui muito bem, que é para nossa família não se afligir e para não fazermos má figura junto dos conhecidos...[...]
> [...] E quanto ganhas tu?
> — Eu? Oitenta mil réis por mês.
> — Só?
> — E comida.
> — Oitenta mil réis e comida?
> — O quarto e a lavadeira pago-os eu. [...]
> [...] Mas assim não se pode juntar nada...
> — Nada! Eu só não volto para a terra porque tenho vergonha...[75]

Os emigrantes enfrentavam a dor da partida, a viagem de quinze dias rumo ao Brasil em acomodações precárias da terceira classe e percebiam nos primeiros dias após o desembarque as dificuldades em ganhar a vida nas cidades brasileiras e ainda remeter parte de suas poupanças para a família em Portugal. Muitos foram os que se entregaram a extenuantes jornadas de trabalho, residindo em precárias

---

75 FERREIRA DE CASTRO, José Maria. *Emigrantes*. Lisboa: Guimarães editores, s/d, p. 130-131. Procedeu-se na manutenção da grafia original.

acomodações e mal alimentados com o intuito de economizarem até o último centavo na esperança, cada vez menor, de retornarem triunfantes para a terra de origem. Esta situação poderia conduzir a um desgaste físico e mental no imigrante contribuindo para abalar sua saúde e, em alguns casos, favorecer a manifestação de transtornos mentais. A psiquiatria do período considerava que a *cerebração* – maior esforço na atividade cerebral – exigida pela agitação do mundo moderno poderia conduzir a uma estafa física e psíquica, o que tornaria o corpo mais vulnerável a proliferação de doenças. Estas, por sua vez, atingiriam com mais facilidade os pontos com menor resistência do organismo e, se este fosse o sistema nervoso, poderiam surgir perturbações psíquicas.[76]

A leitura dos prontuários clínicos evidencia este paralelo entre o trabalho árduo abraçado pelo imigrante em busca de seu sonho de enriquecimento e o desgaste provocado em sua saúde:

> Conta que deve ter 38 ou 39 anos, mas aparenta mais do que isso porque de uns annos para cá tem trabalhado exaustivamente, em serviços pesados, com o fito de ajuntar alguma "cousita".[77]

A associação entre o trabalho exaustivo e a manifestação de transtornos mentais parece ser compartilhada pelos familiares dos pacientes, nos questionários respondidos por algum parente ou amigo do interno aparece a pergunta: "quais são, no vosso pensar, as causas da moléstia atual?" e a resposta, muitas vezes, é "esgotamento nervoso por excesso de trabalho" ou, mais frequentemente

---

76 Pacheco e Silva, Antonio Carlos. *A neuro-sífilis no Brasil*. s/d. 4 p. Fundo Pacheco e Silva do Museu Histórico "Carlos da Silva Lacaz" da FMUSP
77 Sanatório Pinel. Prontuário. José C.L., 40 anos, casado, branco, ferroviário, procedente de São Paulo e internado em 29 de abril de 1935. Procedeu-se na manutenção da grafia original.

nos prontuários de pacientes do Sanatório Pinel, "contrariedade nos negócios" e "causas financeiras".

Além do trabalho duro, reveses financeiros que pudessem ameaçar as conquistas do imigrante também foram apontados como agentes desencadeadores de desordens psíquicas. Carlota L.A., depois de anos de trabalho no Brasil conseguiu dinheiro suficiente para a aquisição de uma quitanda em São Paulo, porém foi vítima de um ato pouco honesto no momento da compra adquirindo um imóvel inexistente. Depois do golpe apresentava-se "nervosa em excesso", chorando pelo dinheiro perdido e lamentando a Deus por ter recebido tal castigo sem o merecer.[78]

Em alguns casos os pacientes manifestavam desejos de alta do hospital com o objetivo de retornar ao trabalho e continuar sua luta por melhores condições sociais no Brasil. Procedente do Recolhimento das Perdizes, o madeirense, Júlio N.F., diagnosticado com *demência precoce* aceitou responder às perguntas dos médicos que "depois de muitas insistências" conseguiram contornar seu mutismo: "quer voltar para São Paulo? Quero. Pra quê? Trabalhar. E o que mais? E ganhar dinheiro para guardar".[79] O mesmo pretendeu outro paciente quando solicitava dos médicos algum remédio que pudesse curar seu alcoolismo, pois precisava voltar a trabalhar.[80] Portanto, a preocupação com o trabalho e o projeto de enriquecimento, que marcam a emigração portuguesa para o Brasil, surgiram, também, na documentação prontuarial. Alguns pacientes chegavam a contar que realizaram várias viagens transatlânticas entre Portugal e o Brasil, como José que

---

78 HOSPITAL DO JUQUERY. Prontuário. Carlota L.A., 28 anos, solteira, branca, cozinheira, procedente de São Paulo e internada em 27 de dezembro de 1937.

79 HOSPITAL DO JUQUERY. Prontuário. Júlio N. F., 19 anos, solteiro, branco, sem profissão declarada, procedente do Recolhimento das Perdizes e internado em 26 de novembro de 1930. Procedeu-se na manutenção da grafia original.

80 HOSPITAL DO JUQUERY. Prontuário. Manoel M., 48 anos, casado, branco, pedreiro, procedente de São Paulo e internado em 29 de dezembro de 1936.

quando foi inquirido no Hospital do Juquery sobre o motivo de tantas viagens para a América do sul, respondeu: "pobre tem que andar".[81]

Os diagnosticados com *delírio de grandeza* ou *megalomania* oferecem um bom exemplo do alcance das frustrações naqueles que viam seus sonhos de riqueza se esvaecer em terras estrangeiras. Segundo Pacheco e Silva, um delirante é "Todo o indivíduo que imagina coisas contrárias à evidencia ou a realidade dos factos" e o megalomaníaco, tipo particular de delirante, "um psychopatha que diz ser millionario, que affirma ter vastas propriedades, quando não passa de um pobre operario, sem vintém, é uma victima de idéas delirantes de grandeza".[82]

O delírio[83] foi percebido como a forma clássica da loucura, e esta, concebida essencialmente como uma vontade de insurreição e ilimitada, a vontade do louco de afirmação do delírio foi o principal alvo de combate do regime psiquiátrico. Desta forma, o psiquiatra posicionou-se como um agente intensificador do real, impondo sua verdade – detida por um poder sob o nome de ciência médica – sobre o louco. Este poder pelo qual o real foi imposto à loucura Michel Foucault chamou de *poder psiquiátrico*.[84]

Em contrapartida, a historiadora Laure Murat, conterrânea de Foucault, entendeu o delírio como um refúgio, com a virtude da consolação. A loucura seria o último reduto contra o horror de um des-

---

81 HOSPITAL DO JUQUERY. Prontuário. José S. G., 63 anos, viúvo, branco, sem profissão declarada, procedente de São Paulo e internado em 13 de dezembro de 1939.

82 PACHECO E SILVA. Antonio Carlos. *Cuidados aos psychopathas*. 2.ed. Rio de Janeiro: Editora Guanabara, s/d. p.17-18. Procedeu-se na manutenção da grafia original.

83 O termo *Delírio* deriva de *Lira*, sulco, desta forma, *deliro* significa sair, afastar-se do sulco, do caminho da razão. Cf. FOUCAULT, Michel. *História da loucura: na idade clássica*. Tradução de José Teixeira Coelho Neto. São Paulo: Perspectiva, 2010. p. 237.

84 FOUCAULT, Michel. *O poder psiquiátrico: curso dado no Collège de France (1973-1974)*. Tradução Eduardo Brandão. São Paulo: Martins Fontes, 2006. p. 165-218.

tino sem saída.[85] Entre os prontuários examinados nesta pesquisa, os chamados *delírios megalomaníacos* acometiam com mais frequência pacientes internados no Juquery como indigentes, ou seja, aqueles imigrantes que não conseguiram atingir seus sonhos de riqueza. Neste caso, os mais pobres reagiam diante da pobreza que os cercava e diante do fiasco de seus projetos de ascensão social através de atitudes oníricas: o paciente exteriorizaria seus desejos de riqueza e status social que foram frustrados no processo imigratório.

Entre todos os portugueses taxados de *megalomaníacos* pelos médicos, o caso de João D. M., foi o que mais se aproximou do ideal do imigrante de fortuna e retorno para a Europa: "diz ter uma fortuna de mais de 500 contos e mandou fazer ceroulas com bolsos apropriados para levá-la a Portugal".[86] Outras histórias também aparecem nas páginas dos prontuários, como o homem que afirmava ouvir o espírito de Pedro Álvares Cabral lhe informando onde havia ouro,[87] a mulher que antes do Brasil tentou a vida na França e nos Estados Unidos e começou a exigir joias caras do marido falido,[88] o jovem que "comprou" o edifício Martinelli[89] e o guitarrista de fado que começou a sonhar em enriquecer e viajar com sua "modesta profissão".[90]

---

85 MURAT, Laure. *O homem que se achava Napoleão:* por uma história política da loucura. Tradução Paulo Neves. São Paulo: Três Estrelas, 2012, p. 273.

86 HOSPITAL DO JUQUERY. Prontuário. João D. M., 43 anos, viúvo, branco, carroceiro, procedente de São Paulo e internado em 30 de outubro de 1933. Procedeu-se na manutenção da grafia original.

87 HOSPITAL DO JUQUERY. Prontuário. José p., 50 anos, solteiro, branco, sem profissão declarada, procedente de São Paulo e internado em 13 de dezembro de 1933.

88 HOSPITAL DO JUQUERY. Prontuário. Maria J. M., 51 anos, casada, branca, doméstica, procedente de São Paulo e internada em 21 de setembro de 1935.

89 HOSPITAL DO JUQUERY. Prontuário. Manoel L. S., 33 anos, solteiro, branco, profissão não declarada, procedente de São Paulo e internado em 10 de fevereiro de 1934.

90 SANATÓRIO PINEL. Prontuário. Manuel G. S., 39 anos, casado, branco, guitarrista, procedente de São Paulo e internado em 5 de dezembro de 1931.

A busca pelo prestígio político e status social também ficou evidenciada nestes *delírios de grandeza*. Com forte "sotaque lusitano", Antonio F. M., chegou ao Juquery na qualidade de "dono" do edifício Martinelli e da Royal Mail[91] e ainda, de acordo com seu prontuário:

> Foi internado pela filha porque essa ofendia o Sr. Getúlio Vargas, estranhamos tal zelo por nossas autoridades, e ele afirmou que não tolera desrespeito. Fora nomeado pelo presidente Vargas para o governo de São Paulo e espanta-se em saber que nós doutores não sabemos disso! É um assunto corriqueiro devido à sua excelente administração.[92]

A proximidade manifesta no discurso do paciente português com o então presidente da República não deixa de chamar atenção. Janis Cassília, em sua Dissertação de mestrado sobre a doença mental durante o Estado Novo (1937-1945), argumentou que o mito do presidente, como aquele a quem se pode falar, repercutiu nos manicômios, através de discursos de pacientes que afirmavam manter algum tipo de contato direto com o mandatário da nação.[93]

É importante frisar que da mesma forma que um doente não perde totalmente a saúde, o louco não perde totalmente a razão, existindo uma lógica dentro de seu discurso.

---

91 A companhia britânica de navegação Royal Mail foi a primeira a inaugurar, em 1851, uma linha de paquetes ligando o porto de Lisboa aos principais portos brasileiros e tornou-se a maior companhia marítima de transporte de portugueses para a América do Sul. Cf. LEITE, Joaquim da Costa. Os negócios da emigração (1970-1914). *Análise Social*, Lisboa, v. 31, n. 136, p. 381-396, 1996.

92 HOSPITAL DO JUQUERY. Prontuário. Antonio F. M., 52 anos, viúvo, branco, profissão não declarada, procedente de São Paulo e internado em 28 de abril de 1939. Procedeu-se na manutenção da grafia original.

93 CASSÍLIA, Janis Alessandra Pereira. *Doença mental e Estado Novo: a loucura de um tempo*. 2011.200 f. Dissertação (Mestrado) – curso de História, Casa de Oswaldo Cruz. Rio de Janeiro, 2011, p. 139.

A maravilhosa lógica dos loucos, que parece zombar da dos lógicos, pois assemelha-se a esta, ou melhor, porque é exatamente a mesma e porque, no recanto mais secreto da loucura, na base de tantos erros, de tantos absurdos, de tantas palavras e gestos sem sequência, finalmente se descobre a perfeição, profundamente oculta, de um discurso.[94]

Quando determinado paciente afirmava ter sido nomeado interventor federal, ele sabia que os estados na época eram dirigidos por interventores nomeados pelo presidente, o outro não ignorava que a posse do edifício Martinelli e da Royal Mail eram sinais de riqueza, e o homem que apregoava possuir uma ceroula especial para carregar 500:000$000 sabia que portando tal fortuna para a época poderia retornar a seu país e, receando ser roubado, pretendia manter o dinheiro consigo e em lugar de difícil acesso.

"Sotaque" e identidade no interior dos manicômios

Erving Goffman utilizou o termo *instituição total* para se referir ao funcionamento de manicômios, conventos e prisões, pois nestas instituições ocorria um corte irrestrito do contato entre o indivíduo preso no interior de seus muros e o mundo exterior. Uma instituição total regulamentava todos os aspectos da vida de seus internos e suas atividades diárias eram rigorosamente estabelecidas em horários impostos pela direção da instituição. Tal controle não se limitou à rotina dos internos, mas também tangenciou a aparência dos mesmos, por exemplo, pela imposição de um corte único de cabelo e pela proibição do uso de maquiagens e acessórios. Durante o processo de admissão, o indivíduo era despojado de seus pertences pessoais e alguns deles, como a indumentária, substituídos por itens

94 FOUCAULT, Michel. *História da loucura: na idade clássica*. Tradução de José Teixeira Coelho Neto. São Paulo: Perspectiva, 2010, p. 233-234.

de propriedade da própria instituição, o que conduziu ao artifício da padronização e mutilação do eu.[95]

Roupas próprias eram substituídas por uniformes, homens tinham seus cabelos e barbas raspados, mulheres eram proibidas de utilizar adornos e maquiagem, quartos coletivos com horários determinados para dormir e acordar, e até mesmo os atos mais banais, como acender um cigarro, requeriam autorização. Dentro dos muros de um manicômio, os internos reagiam contra a imposição da mutilação de sua individualidade com as armas que possuíam, como guardar bitucas de cigarros nos bolsos, amarrar um barbante preso a uma caneca em volta do pescoço ou um lenço amarrado em volta da cabeça. Resistiam, também, às normas impostas pela instituição à sua rotina quando se recusavam a trabalhar ou a comer nos refeitórios.[96]

A nacionalidade também pôde ter sido utilizada como uma espécie de escudo contra os efeitos nocivos à individualidade que a padronização hospitalar produziu. A população estrangeira respondeu por 23% do total dos internos nas duas instituições abordadas nesta pesquisa e, em especial no Juquery, uma verdadeira torre de Babel, existiu uma farta diversidade de nacionalidades: italianos, portugueses, espanhóis, alemães, japoneses, sírios, libaneses, franceses, russos, ingleses, irlandeses, gregos, belgas, lituanos, judeus, búlgaros, húngaros, poloneses, armênios, turcos, suíços, sérvios, austríacos, tchecos, suecos, cubanos, argentinos, chilenos, uruguaios, paraguaios e chineses. Neste universo, a nacionalidade, a língua e a religião foram utilizados como mecanismo de afirmação frente ao processo de padronização.

A pronúncia de um português – trocando consoantes, suprimindo ou acrescentando vogais e colocando os pronomes com muita corre-

---

95 GOFFMAN, Erving. *Manicômios, prisões e conventos*. Tradução Dante Moreira Leite. São Paulo: Perspectiva, 2010, p. 21-29.
96 SILVA, Mary Cristina Barros. *Repensando os porões da loucura: um estudo sobre o hospital colônia de Barbacena*. Belo Horizonte: Argvmentvm, 2008. p. 36.

ção[97] – era o primeiro indício para a sua identificação e o curioso foi que mesmo vivendo vários anos no Brasil, muitos continuavam se expressando da mesma forma que faziam em Portugal. Como no caso do padre Bento G. Q., 70 anos, internado no Pinel, sem diagnóstico definido, na sequência de suas constantes mortificações para a humilhação de Lúcifer. Logo no início de seu prontuário, um comentário foi registrado pelo médico que o examinou: "É de nacionalidade portugueza, mas ha muitos anos reside no Brasil, sendo que mal se percebe pelo 'sotaque' que é d'além-mar".[98] No Juquery em virtude da superlotação e a consequente produção de prontuários telegráficos, o "sotaque" de alguns pacientes era utilizado como justificativa para a não compreensão dos "delírios" que o imigrante exteriorizava, "forte sotaque lusitano o que dificulta a compreensão",[99] porém isto não impediu que o paciente fosse taxado de *megalomaníaco* pelos psiquiatras.

Obviamente a língua utilizada pelo paciente era indispensável para comunicação com os médicos e enfermeiros, mas também foi usada como subsídio para a elaboração do diagnóstico psiquiátrico, visto que a linguagem, seus gestos, repetições de termos e neologismos, eram observados pelo alienista.[100] O idioma foi importante, mas não determinante para a internação de um estrangeiro. No Hospício de São Pedro, em Porto Alegre, por exemplo, mulheres de origem alemã, não falantes do português, eram diagnosticadas com algum tipo

---

97 ELLIS JÚNIOR, Alfredo. *Populações paulistas*. São Paulo: Companhia Editora Nacional, 1934, p. 173.

98 SANATÓRIO PINEL. Prontuário. Bento G. Q., 70 anos, solteiro, branco, padre, procedente de Timburi e internado em 21 de novembro de 1935. Procedeu-se na manutenção da grafia original.

99 HOSPITAL DO JUQUERY. Prontuário. Antonio G. p., 45 anos, casado, branco, sem profissão declarada, procedente da capital e internado em 1 de agosto de 1939.

100 PACHECO E SILVA, Antonio Carlos. *Exame do doente mental*. São Paulo: Oficinas gráficas da Assistência a Psicopatas – Juquery, 1948. Fundo PACHECO E SILVA do Museu Histórico "Carlos da Silva Lacaz" da FMUSP

de doença mental mesmo quando os funcionários do hospital não compreendiam o teor dos "delírios" em alemão que exteriorizavam.[101] Possivelmente houve, entre os pacientes do Juquery e Pinel, casos de italianos, alemães e japoneses que desconheciam a língua portuguesa, expressando-se apenas em seus idiomas maternos. Esta realidade pode ter facilitado a formação de grupos no interior dos manicômios baseados na identidade étnica.

O imigrante lusitano, por compartilhar da mesma língua com os brasileiros, supostamente poderia escapar desta tendência, mas o "sotaque" o identificava e este, em busca de uma pronúncia e idioma compreensíveis, pôde cercar-se de conterrâneos, indivíduos que passaram por experiências imigratórias semelhantes à sua e, desta forma, diminuir a nostalgia provocada pela distância geográfica de sua terra natal. Ao ser inquirida sobre sua interação com outras pacientes do Juquery, Júlia afirmou que se relacionava melhor com algumas internas do pavilhão feminino porque "tinham a alma de Portugal".[102]

Sentimentos de aversão nutridos por portugueses contra indivíduos de outras nacionalidades também foram percebidos. No prontuário de Arnaldo consta, "afirma só prestar informações em seu torrão (Portugal). Tem certo ódio dos brasileiros que o foram tirar da cama e o levaram para a cadeia".[103] Animosidades deste tipo direcionadas a outros estrangeiros, como "em São Paulo existem só 'bandalhos' ita-

---

101 SCOTTI, Zelinda Rosa. *Loucas mulheres alemãs: a loucura visitada no Hospício de São Pedro (1900-1925)*. 212 f. Dissertação (Mestrado) – curso de História, Pontifícia Universidade Católica do Rio Grande do Sul. Porto Alegre, 2002.

102 HOSPITAL DO JUQUERY. Prontuário. Júlia C., 42 anos, casada, branca, sem profissão declarada, procedente de São Paulo e internada em 13 de abril de 1939.

103 HOSPITAL DO JUQUERY. Prontuário. Arnaldo S. A., 31 anos, casado, branco, sem profissão declarada, procedente de Santos e internado em 17 de março de 1939. Procedeu-se na manutenção da grafia original.

lianos e de outras nações"[104] e "já matou 25 italianos",[105] podem estar relacionadas a conflitos sociais acirrados por disputas por vagas trabalhistas entre os imigrantes que poderiam ter sido recriados dentro dos hospitais psiquiátricos. Assim, a nacionalidade apareceu como um fator de diferenciação entre os internos do Juquery que poderia conduzir a reações de antipatia ou de afeição entre pacientes.

Não se pretende aqui afirmar que os portugueses apenas se relacionavam entre si no interior do manicômio e nem que foram os únicos estrangeiros que assim agiram. Mas, que em um espaço onde pessoas provenientes de diferentes partes do mundo foram concentradas por terem em comum um diagnóstico de insanidade mental e foram submetidas a um processo de mutilação de suas individualidades, a nacionalidade pôde funcionar como reação – voluntária ou não – diante deste processo. Indivíduos que tinham uma história de vida antes do momento da internação e mesmo depois de perderem objetos pessoais, adornos e suas próprias indumentárias, apegavam-se à memória como último recurso para afirmar sua identidade.

Observando a descrição dos "delírios" que os pacientes portugueses exteriorizavam, chamou atenção o uso que fizeram das lembranças que tinham do seu país, quando afirmavam ser "duques de Bragança" e "presidentes da República Portuguesa" ou então, no caso de Maria E. C. G., que se orgulhava de descender dos frades que rezaram a primeira missa neste "Portugal novo" – referindo-se ao Brasil – e, por isso, determinara que "de agora em diante só médicos formados em Coimbra poderão exercer a medicina".[106] Ao apregoar o uso

---

104 HOSPITAL DO JUQUERY. Prontuário. Maria E. C. G., 75 anos, casada, branca, profissão não declarada, procedente de São Paulo e internada em 15 de junho de 1939.

105 HOSPITAL DO JUQUERY. Prontuário. Thiago A. A., 49 anos, casado, branco, operário, procedente de São Paulo e internado em 3 de dezembro de 1931.

106 HOSPITAL DO JUQUERY. Prontuário. Maria E. C. G., 75 anos, casada, branca, profissão não declarada, procedente de São Paulo e internada em 15 de junho de 1939. Procedeu-se na manutenção da grafia original.

exclusivo da medicina por profissionais formados em Portugal, Maria desafiava a autoridade dos médicos do Juquery, formados em instituições superiores brasileiras.

Principais diagnósticos atribuídos

A psiquiatria encorajada com a relevância científica que ganhara na passagem do século XIX para o XX multiplicou sua nosografia – cada grande tratado psiquiátrico apresentava uma nova classificação de doenças mentais – e aprofundou suas certezas na epilepsia, paralisia geral, degenerescência e histeria. Ao determinar um diagnóstico, o alienista, resolvia duas angústias: a primeira era a loucura como algo desconhecido, ao atribuir um diagnóstico de doença mental ele a tornava familiar, autônoma e com quadro sintomático definido. A segunda angústia era a relação com o alienado, se a evolução da doença já estava conhecida pela atribuição de um diagnóstico, não seria necessário um contato direto e permanente com o doente.[107]

Diante da imensa diversidade de diagnósticos existentes, a Société Royal de Médecine de Belgique tentou, sem sucesso, unificar as classificações psiquiátricas usadas em vários países em um de seus congressos organizado em 1885.[108] Como a psiquiatria europeia, particularmente a francesa e alemã, influenciou fortemente os alienistas brasileiros, estes diagnosticaram com os mais diferentes termos seus pacientes como: *automatismo mental, loucura moral, psicose tóxico infecciosa, síndrome confusional , oligofrenia, psicose post-partum , desagregação mental, psicose de involução , excitação maníaca* e *bradipsiquia.*

No entanto, no seio desta diversidade, algumas classificações imperavam, como *esquizofrenia, sífilis cerebral, melancolia* e *psicose*

---

107 QuÉTEL, Claude. *História da loucura: do alienismo aos nossos dias.* Tradução de Marcelo Felix. Lisboa: texto & grafia, 2014. v. 2, p. 115.

108 CAPONI, Sandra. *Loucos e degenerados: uma genealogia da psiquiatria ampliada.* Rio de Janeiro: Fiocruz, 2012, p. 99.

maníaco-depressiva. Os principais diagnósticos atribuídos aos portugueses em São Paulo serão descritos, pormenorizadamente, nas páginas que seguem. Diferenças significativas entre as doenças mentais diagnosticadas nos portugueses internados no Pinel e no Juquery foram observadas, na instituição privada predominavam os portadores de *sífilis cerebral* e *melancolia* e no Juquery os casos de *esquizofrenia* e *sífilis cerebral*.

Gráfico 23. Classificação nosográfica de pacientes de origem portuguesa, Sanatório Pinel

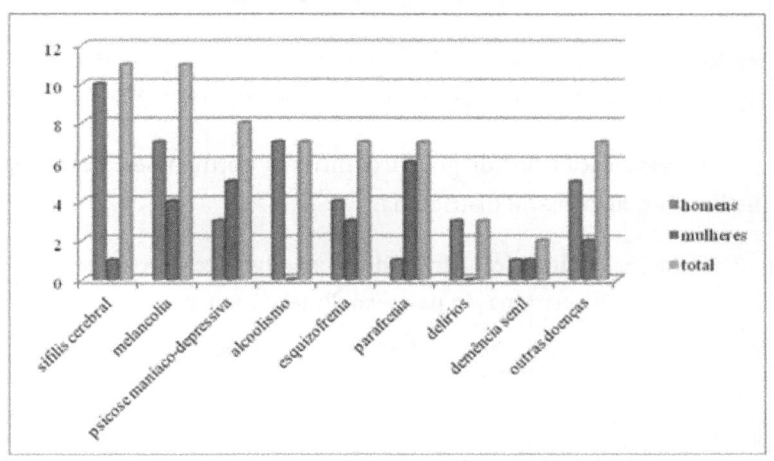

Arquivo Público do Estado de São Paulo (APESP).
Prontuários do Sanatório Pinel (1929-1939).

Gráfico 24. Classificação nosográfica de pacientes de origem portuguesa, Hospital do Juquery

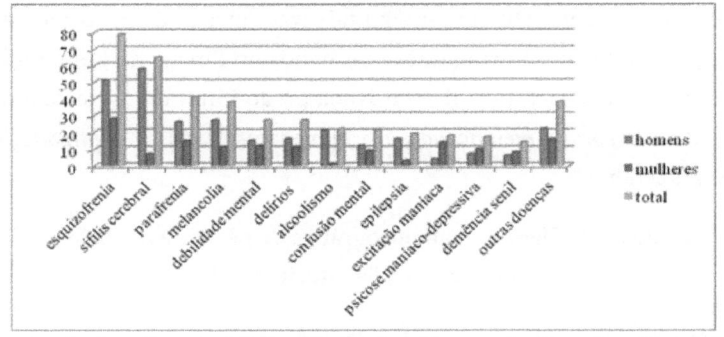

Serviço de Atendimento Médico Hospitalar – SAME – do Complexo Hospitalar do Juquery. Prontuários do Hospital do Juquery (1929-1939).

A classificação por diagnóstico entre os portugueses, das duas instituições, ficou assim distribuída:

Gráfico 25. Diagnósticos atribuídos aos imigrantes portugueses, discriminação por sexo, Pinel e Juquery

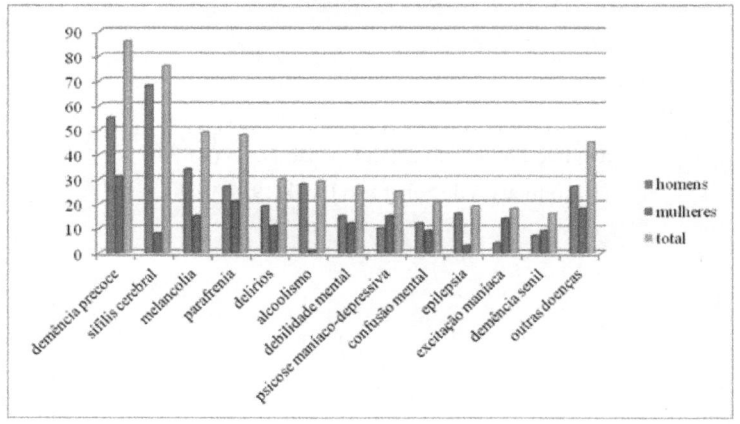

Arquivo Público do Estado de São Paulo (APESP). Prontuários do Sanatório Pinel (1929-1939). Serviço de Atendimento Médico Estatístico – SAME – do Complexo Hospitalar do Juquery.
Prontuários do Hospital do Juquery (1929-1939).

Quadro 5. Diagnósticos atribuídos por porcentagem, Pinel e Juquery

Diagnósticos	Porcentagem	Total
demência precoce/esquizofrenia	18%	86
sífilis cerebral	16%	76
melancolia	10%	49
parafrenia	10%	48
delírios	6%	30
alcoolismo	6%	29
debilidade mental	5%	27
psicose maníaco-depressiva	5%	25
confusão mental	4%	21
epilepsia	4%	19
excitação maníaca	4%	18
demência senil	3%	16
outros diagnósticos	9%	45

Arquivo Público do Estado de São Paulo (APESP). Prontuários do Sanatório
Pinel (1929-1939). Serviço de Atendimento Médico Estatístico – SAME – do
Complexo Hospitalar do Juquery.
Prontuários do Hospital do Juquery (1929-1939).

Havia ainda importantes diferenças entre os pacientes internados no Sanatório Pinel e aqueles enviados para o Juquery que influenciavam no diagnóstico atribuído. No sanatório particular não ocorria superlotações, pessoal hospitalar menos sobrecarregado e maior acompanhamento dos pacientes – patente em boletins informativos sobre seu estado remetidos semanalmente ao responsável pela internação e com cópias anexadas aos prontuários. O hospital do Juquery funcionou de outra maneira, superlotado, com funcionários sobrecarregados e coisificação do paciente que ficaram claras através da demora, muitas vezes de anos, entre uma observação médica e outra, sem contar os pacientes que foram identificados já falecidos.

Por estas razões, somadas à deficiência alimentar, a letalidade no hospital de Franco da Rocha era maior do que a apresentada no Pinel em todos os diagnósticos aqui arrolados. Mas quanto à terapêutica proposta, havia diferenças nas duas instituições? Embora com mais detalhes nos prontuários do Pinel – porque estes tinham uma ficha discriminando as reações corporais do paciente quando submetido à insulinoterapia – as duas instituições aplicavam as mesmas terapêuticas biológicas como a convulsoterapia, malarioterapia e eletroconvulsoterapia, sendo esta última técnica aplicada pela primeira vez no Brasil nas dependências do Sanatório Pinel.[109]

Os maiores índices de letalidade encontrados no Juquery justificam-se pelos precários cuidados médicos e higiênicos, deficiências alimentares, pela condução por parte da polícia de pacientes com a saúde bastante debilitada que faleciam pouco tempo depois da entrada no Juquery e pelo fato de muitos pacientes terem sido retirados pela família do Pinel por falta de condições financeiras.

Demência precoce ou esquizofrenia

O diagnóstico de esquizofrenia foi o mais comum entre os imigrantes portugueses deste estudo, com 18% do total de internações. Observados separadamente, os casos de *demência precoce* ou *esquizofrenia* foram mais modestos no Sanatório Pinel e no Juquery predominavam entre homens de 26 a 30 anos. O tempo médio de internamento destes pacientes no Pinel foi de três meses e sete anos no Juquery.

O termo *demência precoce* foi proposto por Emil Kraepelin (1856-1926) em 1893 quando observou pacientes jovens que sofriam de "enfraquecimento psíquico". De acordo com o psiquiatra alemão as duas grandes síndromes que caracterizavam a *demência precoce* eram:

---

109 Pacheco e Silva, Antonio Carlos. *Sanatório Pinel*, s/d. Acervo do Museu Histórico da FMUSP, p. 8.

o enfraquecimento das atividades emocionais e a perda da unidade interna das atividades do intelecto, emoção e volição.[110] Em 1908, Eugen Bleuler (1857-1939) propôs o termo *esquizofrenias* (no plural em virtude de seus subtipos) como um conceito mais aperfeiçoado do que o de Kraepelin, com a dilatação da idade de início do quadro – incorporando indivíduos com idades mais avançadas – e uma ênfase não no processo evolutivo, mas na observação de alguns sintomas fundamentais para a atribuição do diagnóstico: distúrbios das associações do pensamento, autismo, ambivalência, embotamento afetivo, distúrbios de atenção e avolição.[111]

A *esquizofrenia* de Bleuler não substituiu a *demência precoce* de Kraepelin, pelo contrário, as duas designações conviveram por alguns anos em artigos científicos e nos prontuários dos hospitais psiquiátricos.

Baseado nos maiores nomes da psiquiatria europeia, Pacheco e Silva, definiu a *esquizofrenia* em 1940 como:

> A esquizofrenia é uma afecção climatérica, que se instala de preferência na juventude, caracterizada por profundas desordens nas faculdades intelectuais, afetivas e morais, que se desagregam,si bem que nem sempre se mostrem, isoladamente, totalmente desaparecidas.
>
> Foi sempre preocupação dos psiquiatras o explicar porque certos indivíduos, após se terem revelado possuidores de inteligência brilhante, apresentarem, depois da puberdade, perturbações do caráter, da conduta e, sobretudo,

---

110 Kraepelin, Emil apud Elkis, Helio. A evolução do conceito de esquizofrenia neste século. *Revista Brasileira de Psiquiatria*, Rio de Janeiro, v. 22, supl. 1, p. 23-26, 2000. Disponível em: <http://www.scielo.br/pdf/rbp/v22s1/a09v22s1.pdf>. Acesso em: 07 abr. 2015.

111 Bleuer, Eugen apud Elkis, Helio. A evolução do conceito de esquizofrenia neste século. *Revista Brasileira de Psiquiatria*, Rio de Janeiro, v. 22, supl. 1, p. 23-26, 2000. Disponível em: <http://www.scielo.br/pdf/rbp/v22s1/a09v22s1.pdf>. Acesso em: 07 abr. 2015.

desordens afetivas, que os conduziriam a um estado psíquico comparável àquele da idiotia, conquanto a análise
apurada dos fátos demonstrasse diferenças fundamentais
entre a idiotia congênita e a idiotia adquirida, também denominada idiotia acidental.[112]

Como a doença apresentava uma grande heterogeneidade sintomática, foi dividida em quatro formas: simples, hebefrênica, paranóide e catatônica. A forma simples era caracterizada pela lenta decadência psíquica do indivíduo sem se fazer acompanhar de alucinações
ou delírios, a forma hebefrênica particularizava-se por apresentar
alucinações, delírios, variações intensas de humor e gesticulações de
maneira acentuada. Os indivíduos portadores de esquizofrenia catatônica eram propensos a repetições de gestos – estereotipia – e, muitas
vezes, permaneciam imóveis na posição em que eram colocados. A
forma paranóide caracterizava-se por uma forte desagregação psíquica, alimentada por ideias delirantes de perseguição e revolta contra o
meio e, em especial, contra os familiares.[113]

Entre os vários casos de esquizofrenia, observou-se a ocorrência
de pacientes que tiveram um histórico de internação em Portugal antes
da emigração para o Brasil. No primeiro caso, Palmyra, filha de pai
alcoolista, foi internada em seu país por apresentar "atos de desatino"
como fugas à noite, sem destino, e uma tentativa de suicídio jogando-se
de uma sacada onde quebrou uma perna. Recebeu alta do manicômio
em Portugal para emigrar com a família para o Brasil onde, pouco
tempo depois do desembarque, teve um novo surto que não resultou em
internação. Melhorou e regressou para Portugal, de onde, novamente,

112 PACHECO E SILVA, Antonio Carlos. *Terapêutica moderna da esquizofrenia*. São
   Paulo, 1940. p. 13. Fundo PACHECO E SILVA do Museu Histórico "Carlos da
   Silva Lacaz" da FMUSP Procedeu-se na manutenção da grafia original.
113 PACHECO E SILVA, Antonio Carlos. *Terapêutica moderna da esquizofrenia*. São
   Paulo, 1940. p. 13. Fundo PACHECO E SILVA do Museu Histórico "Carlos da
   Silva Lacaz" da FMUSP

retornou para o Brasil e passou a trabalhar em casas de família. Quando, em 1930, em virtude de um novo surto, foi conduzida pela polícia ao Recolhimento das Perdizes e de lá ao Juquery. No hospital, em princípio, apresentou um quadro de *psicose maníaco-depressiva* (constituída pela reunião da mania e da melancolia que apareciam por acessos periódicos) que mudou para torpor psíquico, indiferença afetiva e pelo meio e descuido pelo hábito – rasgava e urinava nas próprias roupas.[114] No segundo caso, Felicidade esteve internada no Manicômio Bombarda, em Lisboa, onde foi retirada pela família para emigrar para o Brasil. Quando chegou a São Paulo, em 1933, conseguiu uma vaga no Juquery onde se mostrava "agressiva, risos e choros sem necessidade e indiferente aos seus".[115]

O decreto 3010 de 20 de agosto de 1938, que impôs uma rigorosa seleção aos estrangeiros desembarcados no Brasil, contribuiu para a redução da entrada de imigrantes portadores de doenças mentais. Porém, desde 1921, existia uma lei federal que impedia o ingresso no país de todo o estrangeiro mutilado, aleijado, cego, louco, mendigo, portador de moléstia incurável ou de moléstia contagiosa grave.[116] No entanto, a proibição ficava por ser cumprida devido às dificuldades de fiscalização e identificação de tais doenças no imigrante, em especial a mental.[117]

---

114 Hospital do Juquery. Prontuário. Palmyra L., 27 anos, solteira, branca, profissão não declarada, procedente de São Paulo e internada em 21 de março de 1932.

115 Hospital do Juquery. Prontuário. Felicidade M., 27 anos, solteira, branca, profissão não declarada, procedente de São Paulo e internada em 9 de junho de 1933. Procedeu-se na manutenção da grafia original.

116 Brasil. Decreto n.4247 de 6 de janeiro de 1921. Regula a entrada de estrangeiros no território nacional. Disponível em < http://www2.camara.leg.br/legin/fed/decret/1920-1929/decreto-4247-6-janeiro-1921-568826-publicacaooriginal-92146-pl.html> Acesso em: 15 ago.2014.

117 Antunes, Eleonora Haddad. Raça de gigantes: a higiene mental e a imigração no Brasil. In: Antunes, Eleonora Haddad; Barbosa, Lúcia Helena Siqueira; Pereira, Lygia Maria de França (Org.). *Psiquiatria loucura e arte: fragmentos da história brasileira*. São Paulo: Edusp, 2002, cap. 4, p. 81-104.

As terapias biológicas, tratamento por meio de choques fisiológicos visando alterações comportamentais, foram prescritas pelos psiquiatras para o tratamento da esquizofrenia. Em meados da década de
1930, a Insulinoterapia e a Convulsoterapia eram aplicadas em grande
escala no Hospital do Juquery e no Sanatório Pinel.

O método insulínico, desenvolvido pelo neuro-psiquiatra austro-
-húngaro, Manfred Joshua Sakel, com seus resultados publicados em
1935, consistia na aplicação de doses crescentes de insulina visando
provocar um coma hipoglicêmico de duração de 15 minutos a 8 horas, os pacientes eram tirados do coma com a administração de doses
de glicose por meio de uma sonda ligada ao estômago, o tratamento
exigia uma série de 20 a 30 comas em cada paciente.[118]

O psiquiatra húngaro Laudislau Von Meduna foi considerado o fundador da Convulsoterapia, divulgada em 1936. Consistia
na aplicação endovenosa de 3 ccs. de Cardiazol, nome comercial do
pentametileno-tetrazol, com uma agulha calibrosa em paciente preso
em uma cama com lençóis torcidos e com chumaços de algodão em
sua boca, pois, em questão de segundos, uma forte crise convulsiva
dominava o enfermo. A Convulsoterapia ou Cardiazolterapia e a Insulinoterapia eram vistas como terapêuticas bastante promissoras no
tratamento da esquizofrenia.[119]

Sífilis Cerebral

A paralisia geral progressiva, PGP, foi o grande trunfo da psiquiatria organicista nos séculos XIX e XX, após Bayle ter conseguido

118 PEREIRA, Lygia Maria de França. Os primeiros sessenta anos da terapêutica psiquiátrica no estado de São Paulo. In: ANTUNES, Eleonora Haddad; BARBOSA, Lúcia Helena Siqueira; PEREIRA, Lygia Maria de França. Psiquiatria loucura e arte:
fragmentos da história brasileira. São Paulo: Edusp, 2002, cap. 2, p. 35-53.
119 PACHECO E SILVA, Antonio Carlos. Terapêutica moderna da esquizofrenia. São
Paulo, 1940.13.p Fundo PACHECO E SILVA do Museu Histórico "Carlos da Silva
Lacaz" da FMUSP.

estabelecer, em sua tese divulgada em 1822, as correlações entre os sintomas da paralisia geral e as lesões cerebrais que a mesma provocava. Ao longo do século XIX, a etiologia das lesões cerebrais ainda não era consenso entre os alienistas que admitiam tanto o etilismo quanto a sífilis como agentes causadores daquela afecção. Apenas no início do século XX, com a invenção do teste serológico de Bordet e Wassermann em 1906, e a descoberta do *Treponema pallidum* no encéfalo dos paralíticos gerais em 1913, a tese da sífilis como a causadora da paralisia geral deixou de ser contestada.[120]

Com a identificação da sífilis como a causadora de uma das moléstias que mais fornecia doentes aos hospitais, a psiquiatria procurou promover campanhas para a prevenção e controle da doença nos centros urbanos visando, desta forma, garantir a formação de uma raça forte e saudável: "os povos que não cuidam de prevenir e combater a sífilis, sob as suas múltiplas formas, estão fadados à degeneração e à decadência física, mental e moral".[121]

O aumento de ocorrências de paralisia geral progressiva era atribuído à civilização e à sifilização. Nesta ótica, o crescimento urbano acarretava um viver mais acelerado e agitado, exigindo de seus habitantes maior *cerebração* que poderia conduzir a estafa psíquica, tornando o organismo suscetível à ação danosa da sífilis.

A espiroqueta *Treponema pallidum* – agente etiológico da PGP – era contraído através de relações sexuais, adentrava no organismo através das mucosas ou pele machucada, atingindo a circulação e infiltrando-se nos tecidos, gerando várias formas de sífilis como cutânea, óssea, visceral e nervosa. Em geral, os portadores de sífilis descuidavam do tratamento nos primeiros anos e, de forma silenciosa, o

---

120 QUÉTEL, Claude. *História da loucura: do alienismo aos nossos dias*. Tradução de Marcelo Felix. Lisboa: texto & grafia, 2014. v. 2, p. 116.

121 PACHECO E SILVA, Antonio Carlos. *A sífilis e as psicopatias*. São Paulo, 1938. 5. p. Fundo PACHECO E SILVA do Museu Histórico "Carlos da Silva Lacaz" da FMUSP Procedeu-se na manutenção da grafia original.

Treponema pallidum alcançava o sistema nervoso central, provocando delírios (grandeza e desalento), disartria, alucinações, deformações pupilares, paralisia facial e distúrbios de mobilidade com um caminhar característico quando o paciente lançava as pernas com demasiada força para frente, batendo os calcanhares no chão.[122] O quadro evoluía para o óbito do enfermo.

Quando um paciente dava entrada no hospital apresentando tais sintomas era submetido à reação de Wassermann, um exame para identificar a presença do treponema no organismo. Caso o diagnóstico de PGP – a forma mais grave de sífilis cerebral – fosse confirmado, o interno era submetido à Malarioterapia. O método, desenvolvido pelo médico austríaco Von Jauregg em 1917, consistia na inoculação intramuscular de sangue de portadores de malária visando introduzir o *Plasmodium vivax* – agente etiológico da malária – em pacientes com PG p. Argumentava-se que os picos febris provocados pela doença agiriam para conter a ação do treponema causador da paralisia, o procedimento padrão previa de 10 a 12 acessos febris entre 39º C e 41º C.[123]

Entre os portugueses, os casos de sífilis cerebral ocupavam o segundo lugar entre os diagnósticos mais frequentes, no Sanatório Pinel os casos diagnosticados eram proporcionalmente mais elevados que no Juquery. Muitos admitiam ter contraído a sífilis ainda em Portugal ou em suas colônias africanas anos antes da emigração para o Brasil, descuidando do tratamento, e como os primeiros sintomas de PGP apareciam, em geral, dez anos depois da entrada do treponema no organismo a doença apenas se tornava evidente quando o imigrante já estava estabelecido no país. Outros adquiriam a doença em viagens

---

122 PACHECO E SILVA, Antonio Carlos. *A neuro-sífilis no Brasil.* s/d. 4 p. Fundo PACHECO E SILVA do Museu Histórico "Carlos da Silva Lacaz" da FMUSP
123 TARELOW, Gustavo Querodia. *Entre comas, febres e convulsões. Os tratamentos de choque no HOSPITAL DO JUQUERY (1923-1937).* Santo André: Universidade Federal do ABC, 2013, p. 73-74.

que seus ofícios exigiam pelas terras brasileiras, como era o caso de alguns comerciantes. A média das internações decorreu em dois anos no Juquery e sete meses no Pinel.

O avanço da sífilis pelo sistema nervoso comprometia seriamente a dedicação ao trabalho, inviabilizando o projeto de ascensão social alimentado pelo imigrante. O pedreiro João trabalhava em uma obra quando, ao perder o equilíbrio, caiu de uma altura de nove andares, depois de alguns meses retornou ao trabalho e começou a perder eficiência, apresentando sintomas da doença, como o comprometimento da mobilidade, e sendo por isso demitido.[124] Em 1931 um lavrador deu entrada no Juquery e confessou ter adquirido sífilis na juventude, passados os anos, não conseguia mais trabalhar por sentir dificuldades em andar e na visão.[125]

Um dos principais sintomas da paralisia geral era a manifestação de uma "tristeza profunda" ou, pelo contrário, uma "alegria ruidosa", como os delírios de grandeza.[126] Como Antonio que, aos 36 anos, foi internado no Sanatório Pinel declarando-se santo, amigo de Deus e que Ele morava em sua boca.[127]

Os *delírios de caráter místico* apareciam, em geral, em portadores de PGP e evidenciam a origem religiosa dos imigrantes oriundos de Portugal, predominantemente católicos: João G.S. dizia se chamar São João Baptista da Ribeira do Natal Jesus Cristo do Altar, esteve em jejum por 14 dias a fim de atender a lei Divina e estava muito feliz porque finalmente conseguiu chegar ao Calvário (representado pelo Hospital do Juquery). Este caso é bastante interessante para pensar o efeito que o

---

124 HOSPITAL DO JUQUERY. Prontuário. João F., 46 anos, casado, branco, pedreiro, procedente de São Paulo e internado em 3 de julho de 1938.
125 HOSPITAL DO JUQUERY. Prontuário. João S. M., 43 anos, casado, branco, lavrador, procedente de São Paulo e internado em 17 de dezembro de 1931.
126 PACHECO E SILVA, Antonio Carlos. *A sífilis e as psicopatias,*1938. 5 p. Fundo PACHECO E SILVA do Museu Histórico "Carlos da Silva Lacaz" da FMUSP
127 SANATÓRIO PINEL. Prontuário. Antonio L.S., 36 anos, casado, branco, carroceiro, procedente de Santos e internado em 15 de setembro de 1930.

manicômio poderia provocar em um paciente. A noção de hospital psiquiátrico, enquanto lugar de diagnóstico e classificação de doenças,[128] não era compartilhada por muitos de seus pacientes. As privações, o isolamento e o processo de mortificação da individualidade, sofridos pelos internos, transformavam-se no "calvário" para muitos. O hospital deixava, assim, de ter a função de "elaboração da verdade científica" para ser o lugar da "prova da verdade" do paciente. O sofrimento de vida que estes enfrentavam dentro dos muros da instituição reforçava a ideia de que não eram "doentes mentais" e sim "mártires". Portanto, não estariam em um hospital, mas sim no Calvário.

Melancolia

> Na melancolia, ao contrário da mania, o doente se apresenta deprimido, pessimista, movimentando-se lentamente.
>
> Mostra-se, além disso, triste, acabrunhado, desanimado. Julga-se incapaz de tudo, responsavel por todas as desgraças do mundo queixa-se de sensações extranhas pelo corpo, julga-se desgraçado, perdido. Nessas fórmulas não raro surgem ideias de suicídio, podendo-se verificar assassinatos.[129]

O termo *melancolia* deriva do grego *melas* (negro) e *kholé* (bílis), conceito utilizado desde os tempos de Hipócrates (460 a. C – 370 a. C) para designar uma tristeza profunda provocada pelo excesso da bílis negra – um dos quatro humores – no organismo.[130]

---

128 FOUCAULT, Michel. *O poder psiquiátrico: curso dado no Collège de France (1973-1974).* Tradução Eduardo Brandão. São Paulo: Martins Fontes, 2006. p. 445-446.

129 PACHECO E SILVA, Antonio Carlos. *Cuidados aos psychopathas.* 2.ed. Rio de Janeiro: Editora Guanabara, s/d. p. 40. Procedeu-se na manutenção da grafia original.

130 TEIXEIRA, Marco Antônio Rotta. Melancolia e depressão: um resgate histórico

Philippe Pinel (1745-1826) definiu a melancolia como uma das quatro formas de alienação mental, junto da mania, demência e idiotia. Mas, de acordo com o "pai da psiquiatria", a melancolia não estava ligada, necessariamente, à paixão triste, e sim, ao delírio parcial entendido como uma ideia fixa sobre determinado objeto. Seu discípulo, Jean-Etienne Esquirol (1772-1840), em uma tentativa de distanciar o saber psiquiátrico emergente da literatura, que havia desgastado o termo melancolia, propôs o diagnóstico *lipemania* (do grego *lype* = tristeza + mania)[131], para designar uma forma de alienação que provocava uma profunda tristeza em seu portador, e o termo *monomania* para nomear o delírio sobre um objeto ou ideia.[132]

No início do século XX o verbete *depressão* passou a ser utilizado pelos psiquiatras, mas na maioria dos prontuários do Juquery e Pinel, era por *melancolia* que os médicos designavam as paixões tristes de alguns de seus internos.

No que tange à experiência e/imigratória, uma forte tristeza acompanhada de angústia que poderia acometer o indivíduo, foi denominada *nostalgia*.[133] Na França este mal era conhecido por *maladie du pays* e no Brasil – o *banzo* – acometia os escravos africanos. Tais termos referiam-se a uma melancolia profunda despertada em indivíduos ausentes da terra de origem, esta tristeza transformava-se em

e conceitual na psicanálise e na psiquiatria. In: *Revista de Psicologia da UNES* p. Assis: Periódico do Programa de Pós-Graduação e do curso de Psicologia da FCL, v. 4, n. 1, p. 41-56, 2005.

131 COSER, Orlando. *Depressão: clínica, crítica e ética* [e-book]. Rio de Janeiro: Fiocruz, 2003. p. 170.

132 PESSOTI, Isaias. *Os nomes da loucura*. São Paulo: Ed. 34, 1999. p. 57-63.

133 O verbete nostalgia, utilizado em obras médicas a partir do século XVII, formado pelos radicais gregos *nóstos* (regresso) e álgos (dor física ou moral), foi cunhado em 1678 por Johannes Hofer para descrever as aflições sentidas pelos soldados suíços que serviam no exterior. Cf. ODA, Ana Maria Galdini Raimundo. Escravidão e nostalgia no Brasil: o banzo. In: MONTEIRO, Yara Nogueira; CARNEIRO, Maria Luiza Tucci (Org.). *As doenças e os medos sociais*. São Paulo: Editora Fap-Unifesp, 2012. p. 111.

enfermidade quando os pensamentos e sentimentos se fixavam no desejo de regresso, tornando o enfermo sombrio e indiferente ao mundo. Os sinais de tal enfermidade eram: tristeza profunda, ansiedade, insônia, inapetência, palpitações cardíacas, emagrecimento e febre, podendo, posteriormente, conduzir o indivíduo ao óbito.[134] Este comportamento atraiu a atenção de médicos e estudiosos que buscavam uma explicação para tal enfermidade. Foi aventada a possibilidade de a nostalgia ser mais intensa em grupos isolados como camponeses estritamente ligados aos seus costumes e ao lugar de nascimento. Em 1705, Johann Jakob Scheuchzer propôs uma explicação física para a manifestação dos sintomas, segundo ele, os suíços ao descerem dos Alpes para servirem no exterior, eram vítimas da mudança de ares, pois se dirigiam para áreas de ar mais pesado, o que exigia maior esforço para respirar e, consequentemente, maior lentidão nas funções mentais.

Outras explicações para as causas da nostalgia também foram propostas, relacionando o mal ao mundo das ideias – esta última alternativa parece ter prevalecido sobre as concepções organicistas. Desta forma, a enfermidade era despertada por recordações passadas, como, por exemplo, quando o som de uma velha cantiga trazia à memória a dor da distância da pátria – entendida, nesta época, como o lugar de nascimento. Apenas a partir do século XIX, contexto da grande onda emigratória europeia, a noção de pátria ficou atrelada ao Estado-nação.[135] O principal remédio prescrito pelos médicos para combater os sintomas da nostalgia era o retorno à pátria ou, pelo me-

---

134 ODA, Ana Maria Galdini Raimundo. Escravidão e nostalgia no Brasil: o banzo. In: MONTEIRO, Yara Nogueira; CARNEIRO, Maria Luiza Tucci (Org.). *As doenças e os medos sociais*. São Paulo: Editora Fap-Unifesp, 2012. p. 111.

135 BENEDUZI, Luís Fernando. *Mal di paese: as reelaborações de um vêneto imaginário na ex-colônia de Conde D'Eu (1884-1925)*. 2004, 364f. Tese de Doutorado (História). Universidade Federal do Rio Grande do Sul, 2004. p. 249-257.

nos, a promessa de retorno. Gradualmente a nostalgia, pelas emoções tristes que despertava, foi encarada no âmbito da melancolia.

No início do século XX, por sua vez, a nostalgia foi banida dos manuais médicos, e mesmo na psiquiatria perdeu importância nosográfica, o que se traduz em poucos escritos médicos sobre o tema. Esta atitude esteve relacionada aos rumos organicistas assumidos pela psiquiatria naquele século, a nostalgia encontrava-se no plano das emoções e não conseguia ser suficientemente explicada por alterações fisiológicas. Tanto é que o tratamento indicado pelos médicos não consistia no retorno ao país de origem, mas sim na aplicação de drogas como o láudano de Sydenham – uma tintura de ópio com açafrão, cravo e canela – destinado a combater os sintomas de melancolia.

Poucos foram os psiquiatras brasileiros, como Xavier de Oliveira, que reconheciam que os imigrantes poderiam sofrer de descompensações psíquicas, principalmente nos primeiros seis meses após o desembarque. O que ocorria, provavelmente, devido à mudança de clima, profissão, meio, alimentação, costumes e hábitos.[136] De acordo com Jurandir Freire Costa, os membros da Liga Brasileira de Higiene Mental subestimavam a importância da patologia da transplantação e preferiam acreditar em indivíduos pré-dispostos biologicamente para desenvolverem doenças mentais.[137]

Na edição de fevereiro de 1929, a revista Lusitania publicou a história de um jovem imigrante português, Agostinho Martins, que mesmo após anos de trabalho no Brasil não conseguiu realizar seus sonhos de riqueza, e como a saudade da terra natal era cada vez mais intensa, acabou consumido por ideias delirantes, sendo internado em um manicômio no Rio de Janeiro. Seu pai precisou buscá-lo no Brasil,

---

136 OLIVEIRA, Xavier apud. COSTA, Jurandir Freire. *História da psiquiatria no Brasil*: um corte ideológico. 5. ed. Rio de Janeiro: Garamond,2007. p.131.

137 COSTA, Jurandir Freire. *História da psiquiatria no Brasil*: um corte ideológico. 5. ed. Rio de Janeiro: Garamond, 2007, p.131-132.

e quando o jovem retornou à sua terra, seus males desapareceram.[138] Segundo a revista da comunidade portuguesa no Rio de Janeiro o jovem enlouquecera de saudades, porém, para o saber médico-científico, o termo *saudade* por seu muito vago e demasiado poético, não configurou como classificação nosográfica.

Comumente entende-se *saudade* como um estado da pessoa que está solitária e, deste isolamento, derivam a ausência, o abandono e a carência não só de pessoas, mas também de coisas necessárias e lugares desejados.[139] Tema recorrente na literatura, música, escultura e artes plásticas portuguesas, a saudade foi encarada como portadora da identidade lusitana, talvez por isso o caso de Agostinho Martins ganhou tanta projeção na revista Lusitania.

Por séculos, e ainda com reflexos na atualidade, os portugueses foram considerados um povo de marinheiros, país sede de um vasto império colonial e, principalmente, um povo disperso geograficamente pelos cinco continentes deste mundo. Por sua vez, a diáspora lusitana pelo planeta foi constituída, em grande medida, pela sangria da emigração, uma das constantes na História de Portugal desde o século XV.[140] Desta forma, emigração e experiência da saudade caminhavam juntas.[141]

Como não foi encontrado em artigos científicos do período explicações para a relação entre a experiência do processo imigratório e os transtornos psíquicos, buscou-se subsídios na obra *Psicoanalisis de*

---

138 OLIVEIRA, Carla Mary da Silva. *Saudades d'além mar: um estudo sobre a imigração portuguesa no Rio de Janeiro através da revista Lusitania (1929-1934).* 2003, 162 f. Tese (Doutorado) – curso de Sociologia, Universidade Federal da Paraíba. João Pessoa, 2003, p.46-47.

139 VASCONCELOS Carolina Michaëlis. *A saudade portuguesa.* Porto: Renascença Portuguesa, 1914, p. 61-62.

140 SERRÃO, Joel (Dir). *Dicionário de História de Portugal.* Porto: Figueirinhas, 1971. p. 363-364.

141 SERRÃO, Joel. *Emigração portuguesa: sondagem histórica.* Lisboa: Livros Horizonte, p. 129.

la migración y del exílio (1984) de León e Rebeca Grinberg. De acordo com estes autores, o processo e/imigratório foi potencialmente traumático para o indivíduo por conduzi-lo a situações de angústia, desencadeada pelas mudanças e pelo medo do desconhecido, dor, em virtude da separação com o país de origem e sentimento de desamparo em terras estrangeiras. A angústia despertada pela emigração pôde provocar pânico e desespero frente às mudanças exigidas no país de destino.[142]

Um caso impressionante, que pode estar relacionado ao pânico vivenciado pelo imigrante, foi o de Maria que embarcou sozinha em Portugal com destino a Santos, a mando de seu esposo já estabelecido no Brasil. Durante a viagem transatlântica apresentou os primeiros sintomas de perturbação mental que não foram especificados em seu prontuário, mas como a paciente recordou que "ficou trancada em um compartimento no vapor" deve ter apresentado um comportamento agressivo a bordo. Quando o navio atracou foi entregue aos cuidados do marido e, quando este a internou no Hospital do Juquery, sua esposa apresentava-se "agressiva, rasgando suas roupas, gritando e debatendo-se".[143] Uma situação muito parecida ocorreu cinco anos antes com outra paciente que se comportava "agitada e agressiva no interrogatório, chegava a chorar",[144] seu marido atribuiu tal comportamento à recusa de sua esposa em embarcar da Europa para o Brasil.

Comparando os números percentuais entre as internações no Juquery e Pinel com os dados aferidos em Portugal, nota-se que em um período de 10 anos – 1929 a 1939 –, 10% dos portugueses que foram encaminhados para as instituições psiquiátricas paulistas receberam

---

142 GRINBERG, León; GRINBERG, Rebeca. *Psicoanalisis de la migración y del exilio.* Madri: Alianza Editorial, 1984, p. 163-176.

143 HOSPITAL DO JUQUERY. Prontuário. Maria O. L. C., 28 anos, casada, branca, sem profissão declarada, procedente do Recolhimento das Perdizes e internada em 13 de agosto de 1938. Procedeu-se na manutenção da grafia original.

144 HOSPITAL DO JUQUERY. Prontuário. Maria M., 35 anos, casada, branca, sem profissão declarada, procedente de São Paulo e internada em 8 de janeiro de 1931. Procedeu-se na manutenção da grafia original.

o diagnóstico de melancolia, sendo a terceira causa mais frequente de internação desta nacionalidade. Contrastando com estes dados, o movimento de entrada nos hospitais psiquiátricos portugueses para o período de 1929 a 1936 aponta a melancolia entre os diagnósticos menos frequentes com 4,5% do total de 21.775 internações[145] e em um estudo sobre o Manicômio Bombarda para o período de 1912 a 1937 apenas 4% do total das internações correspondia a casos de melancolia.[146] Estes dados podem apontar para a presença da nostalgia entre imigrantes portugueses no Brasil.

Em julho de 1935, os familiares de José decidiram interná-lo no Sanatório Pinel e o motivo apresentado foi "quer vender as propriedades no Brasil e ir a Portugal".[147] O paciente era carpinteiro e sentia-se radicado em terras brasileiras, mas com o tempo passou a nutrir um desejo, segundo a família "sem motivo", de retornar ao país natal. José foi diagnosticado com *melancolia pré-senil* e permaneceu internado até o mês de outubro de 1935 quando saiu com "alta". Deste modo, a autoridade psiquiátrica interveio, a pedido da família, para que o imigrante perdesse seu desejo de retorno – que supostamente justificou sua doença mental, aceitando permanecer no Brasil e abandonando sua intenção de regresso, o paciente estava

---

145 Os anuários estatísticos de Portugal apontam os casos de melancolia em diferentes classificações nosográficas que variam ao longo dos anos examinados: 1929 e 1930 ela aparece nos casos de *psicose afetiva* e *loucura periódica melancólica*, de 1931 a 1936 os casos de melancolia foram incorporados em *psicoses de involução* e *psicose maníaco depressiva predominantemente melancólica* e de 1937 a 1939 não houve especificação para os casos de melancolia. Por isso, a porcentagem apresentada foi calculada a partir do número de pacientes internados até 1936. Cf. DIREÇÃO GERAL DE ESTATÍSTICA. *Anuário estatístico de Portugal*. Lisboa: Imprensa Nacional, anos de 1929 a 1939.

146 SUBSECRETARIA DE ESTADO DA ASSISTÊNCIA SOCIAL. *Centenário do hospital Miguel Bombarda antigo hospital de Rilhafoles 1848-1948*. Lisboa: edição do hospital Miguel Bombarda, 1948, p. 283-286.

147 SANATÓRIO PINEL. Prontuário. José L. M., 52 anos, casado, branco, carpinteiro, procedente de Guarulhos e internado em 17 de julho de 1935. Procedeu-se na manutenção da grafia original.

"curado". Maria, quando foi internada no Juquery em fevereiro de 1933, queixava-se pela forte tristeza que sentia desde que emigrou para o Brasil na presença de seu único filho.[148] Nem mesmo a companhia de um ente tão próximo inibia a insatisfação com as dificuldades de adaptação em uma terra estrangeira.

O desejo de regresso ao país de origem não pareceu ligado apenas aos mais jovens ou recém-chegados, imigrantes residentes há anos no Brasil e, supostamente, adaptados, também nutriam o sonho de retornar a Portugal, e quando este objetivo não era alcançado, com o passar dos anos poderia desencadear algum tipo de transtorno:

> Una explicación acerca del porqué aparecen estos padecimientos "postergados" puede residir en el hecho de que surgen cuando se pierde la fantasía de la migración transitoria, con la esperanza de un pronto retorno, y se va adquiriendo paulatinamente la convicción profunda, y para algunos desgarradora, de que la pérdida y el desprendimiento son definitivos y irreversibles.[149]

As supostas facilidades de adaptação encontradas pelo português no Brasil devem ser relativizadas. Em seu estudo, Herbert Klein mostrou que quando contraiam matrimônio no Rio de Janeiro no limiar do século XX, os lusos procuravam mulheres conterrâneas, sendo sua tendência para endogamia apenas superada pelos japoneses. O que surpreendeu aquele autor, considerando a identidade

---

148 Hospital do Juquery. Prontuário. Maria R. R., 36 anos, viúva, branca, profissão não declarada, procedente de São Paulo e internada em 16 de fevereiro de 1933.

149 Uma explicação sobre o porquê aparecem estes padecimentos "adiados" pode residir no fato de surgirem quando a fantasia da migração transitória é perdida, com a esperança de um retorno rápido, e se vai adquirindo gradualmente a profunda convicção, e para alguns devastadora, que a perda e o desprendimento são definitivos e irreversíveis. Grinberg, León; Grinberg, Rebeca. *Psicoanalisis de la migración y del exilio.* Madri: Alianza Editorial, 1984, p.175.

linguística com os brasileiros e a forte predominância de indivíduos masculinos entre os imigrantes.[150] No caso de São Paulo a endogamia foi menor, de acordo de Ellis Júnior, 60,4% dos portugueses se casaram com paulistas, uma proporção de exogamia inferior à apresentada pelos italianos – 69,3%.[151]

As razões para imigração portuguesa no Brasil residiam, essencialmente, no foro econômico. Os imigrantes contemplavam o enriquecimento rápido na rica e afamada ex-colônia, mas quando este doce sonho era substituído pela amarga realidade da pobreza, muitos se arrependiam da decisão de ter emigrado e acalentavam, muitas vezes desesperadamente, o desejo de regresso a Portugal. Jacob considerava-se um herói de guerra por ter servido no Corpo Expedicionário Português durante a participação de seu país nos campos de batalha da Bélgica e norte da França (1917-1918), terminado o conflito, emigrou para o Brasil para "ganhar dinheiro" desembarcando em Santos e "subindo a pé a serra até São Paulo". Como não conseguiu melhorar de vida, escreveu para a esposa em Portugal lhe enviar dinheiro, mas sua carta não foi respondida, desesperado foi pedir ajuda ao cônsul de seu país, sendo-lhe recusado qualquer auxílio. Quando a polícia o encaminhou ao Juquery, afirmou aos médicos querer sair do hospital para não morrer no Brasil, seu último desejo foi recusado.[152]

Francisco deixou Portugal em 1907 e trabalhou durante anos em uma fábrica de vidros em São Paulo, acumulando recursos para um dia poder retornar. Mas uma série trágica de acontecimentos comprometeram seus planos: o falecimento de sua filha moça, a perda de

150 KLEIN, Herbert S. A integração social e econômica dos imigrantes portugueses no Brasil nos finais do século XIX e no século XX. *Análise Social*, Lisboa, v. 28, n. 121, p. 235-265,1993.

151 ELLIS JÚNIOR, Alfredo. *Populações paulistas*. São Paulo: Companhia Editora Nacional, 1934, p. 236-237.

152 HOSPITAL DO JUQUERY. Prontuário. Jacob R., 45 anos, casado, branco, profissão não declarada, procedente do Recolhimento das Perdizes e internado em 25 de novembro de 1930.

seu emprego e a necessidade de enviar dinheiro à Europa para cobrir as dívidas de sua esposa. Para responder ao desespero tentou cometer suicídio atirando-se ao trem na estação Água Branca, tendo por isso sua mão decepada. Após atentar contra a própria vida foi conduzido ao Juquery.[153]

O delírio foi considerado a forma clássica da loucura e esta concebida como uma vontade em insurreição, uma vontade ilimitada, que o poder psiquiátrico visou subjulgar com a imposição de uma realidade,[154] delirar era afastar-se, fugir, da realidade. Refletir sobre o delírio exteriorizado pelo imigrante pode ser relevante para compreender a relação tecida por este com seu país natal e geograficamente distante.

Pessoas muito pobres imaginavam-se grandes magnatas – o chamado *delírio megalomaníaco* –, este delírio poderia ser um consolo, um refúgio, diante da extrema pobreza que cercava estes indivíduos, se a realidade era dura demais para ser encarada alguns se abrigavam em um mundo onde, pelos menos nele, conseguiam alcançar o sucesso desejado. Imigrantes portugueses que foram internados por julgarem-se "duques de Bragança", "reis de Portugal" e "presidentes da República Portuguesa" foram diagnosticados como *megalomaníacos* pelos médicos. Mas, não é possível ver nestes delírios, para além dos sonhos frustrados de riqueza, uma tentativa de preenchimento do vazio representado pela pátria distante? Os que se apregoavam duques ou reis eram justamente os mais pobres – internados no Juquery como indigentes –, indivíduos que viam suas chances de retorno a

---

153 HOSPITAL DO JUQUERY. Prontuário. Francisco B., 50 anos, casado, branco, profissão não declarada, procedente de São Paulo e internado em 21 de dezembro de 1932.

154 FOUCAULT, Michel. *O poder psiquiátrico: curso dado no Collège de France (1973-1974)*. Tradução Eduardo Brandão. São Paulo: Martins Fontes, 2006, p. 217-219.

Portugal cada vez mais distantes e, talvez pelo delírio, buscassem uma relação de proximidade à longínqua terra natal.

Parafrenia

Esta doença também era conhecida por *delírio sistematizado alucinatório crônico*, as desordens psíquicas que ela acarretava foram assim descritas:

> O paciente torna-se irritadiço, insociável, pessimista, sem ser acometido de grande tristeza.
>
> Pouco a pouco vão surgindo idéas de perseguição, desconfiança, falsas interpretações: o doente diz estar sendo observado, attribue os actos mais naturaes como sendo manifestações hostis à sua pessoa: um indivíduo que passa e olha é um inimigo; outro que apregôa uma mercadoria visa também aborrecel-o; um terceiro que, distrahidamente, lhe tocou no braço ao cruzal-o na rua, o fez para provocal-o.
>
> Surgem depois as allucinações do ouvido, do gosto, do olfacto; o paciente ouve vózes que o offendem, sente gosto de veneno na comida e cheiro de gazes, recursos de que lançam mão os seus inimigos para o matarem. Toma então meios de defesa – queixa à polícia, protesto junto às autoridades, mudança frequente de domicílio, aggressões e, não raro, o assassinato.[155]

As fortes e constantes ideias de perseguição presentes na parafrenia, por vezes, aproximavam-se dos casos de paranoia, mas estes últimos diferiam por não apresentarem frequentemente alucinações em seus quadros sintomáticos.

---

155 PACHECO E SILVA. Antonio Carlos. *Cuidados aos psychopathas*. 2.ed. Rio de Janeiro: Editora Guanabara, s/d. p. 37. Procedeu-se na manutenção da grafia original.

Os *parafrênicos* representavam 10% das internações de imigrantes portugueses nos hospitais escolhidos para esta pesquisa e, no Sanatório Pinel, os casos de internações de mulheres prevaleciam sobre os homens para esta doença.

Artur trabalhava em uma casa comercial como subgerente, destacava-se no emprego quando começaram a surgir as primeiras manifestações da doença mental em 1938, passou a desconfiar que seus patrões pretendessem demiti-lo e como desleixou de seu serviço, foi despedido. Depois encontrou emprego como varredor em um cinema e passava as madrugadas ouvindo o rádio e fumando, decidiu realizar experiências com o aparelho depositando os fios em uma bacia com seus pés dentro e, quando a esposa o repreendia, dizia para esta falar baixo, pois o rádio fazia com que toda a cidade os ouvisse.[156] O mesmo desespero em ser observado por algum aparelho tecnológico que colhesse informações íntimas apareceu no prontuário de Antonia que afirmava que seus "inimigos políticos" estavam utilizando "aparelhos de falar, ver e ouvir a distância" no intuito de recolher informações sobre sua intimidade para depois chantageá-la.[157]

Uma das formas prescritas para o tratamento da parafrenia era a Eletroconvulsoterapia – método desenvolvido em 1938 pelos médicos italianos Ugo Cerletti e Lucio Bini e que consistia na aplicação de uma descarga elétrica de 110 Volts por 50 segundos. Diferente da Insulinoterapia e da Convulsoterapia, o eletrochoque cobria um leque maior de condições clínicas, sendo indicado para o tratamento de esquizofrenia, psicose maníaco-depressiva, sífilis cerebral, confusão mental, oligofrenia, epilepsia e parafrenia.[158]

---

156 HOSPITAL DO JUQUERY. Prontuário. Artur C.C., 30 anos, casado, branco, profissão não declarada, procedente de São Paulo e internado em 22 de julho de 1939.

157 SANATÓRIO PINEL. Prontuário. Antonia L.M., 63 anos, casada, branca, doméstica, procedente de Bebedouro e internada em 21 de maio de 1931.

158 PEREIRA, Lygia Maria de França. Os primeiros sessenta anos da terapêutica psiquiátrica no estado de São Paulo. In: ANTUNES, Eleonora Haddad; BARBO-

A primeira aplicação da Eletroconvulsoterapia em pacientes de nacionalidade portuguesa no Juquery ocorreu com uma mulher *parafrênica* que acusava, com base em "ideias delirantes", seus irmãos de terem-na roubado "papeis que garantiam certos valores que foram trazidos de Portugal"[159] e seu passaporte. A paciente recebeu alta depois de 18 anos de internação, mas em seu prontuário não constam maiores detalhes.

Alcoolismo

Embora as internações provocadas diretamente pelo consumo excessivo de álcool representassem apenas 6% do total, nos prontuários de portugueses mesmo quando o diagnóstico atribuído era outro, os médicos mencionam que o paciente fazia grande uso de bebidas alcoólicas.

O álcool, ao lado da sífilis e da hereditariedade, era considerado um dos grandes causadores da alienação mental[160] e alvo das campanhas preventivas capitaneadas pela psiquiatria nas primeiras décadas do século XX. Diferentemente do modelo assistencial do século XIX, centrado no manicômio e no doente mental, a psiquiatria dos primórdios de novecentos buscou outros mecanismos de intervenção – hospício, colônias agrícolas e manicômio judiciário – para atuar não apenas sobre o doente mental, mas em todos aqueles considerados doentes em potencial, ou "agentes degeneradores da raça", como os

---

SA, Lúcia Helena Siqueira; PEREIRA, Lygia Maria de França (Org.). *Psiquiatria loucura e arte: fragmentos da história brasileira.* São Paulo: Edusp, 2002, cap. 2, p. 35-53.

159 HOSPITAL DO JUQUERY. Prontuário. Izilda A. p. p., 40 anos, solteira, branca, profissão não declarada, procedente de Guaratinguetá e internada em 26 de setembro de 1930.

160 PACHECO E SILVA, Antonio Carlos. *Principais fatores determinantes das desordens psíquicas. Classificação das moléstias mentais.* s/d. p. 6. Fundo PACHECO E SILVA do Museu Histórico "Carlos da Silva Lacaz" da FMUSP

alcoolistas, sifilíticos e epilépticos.[161] Desta forma, o alcoólatra não foi considerado um alienado, mas um "produtor de loucos":

> O total de alcoolistas recolhidos ao Hospício, em 12 annos, subiu a 362, ou 12% dos três mil pacientes recolhidos nesse espaço de tempo. A estatística, sem explicação, dá uma falsa idéa da perniciosa acção de alcool; ela está muito áquem da realidade. Esse numero (362) só se refere aos que soffreram a acção directa, immediata do alcool. Os que estão no Hospício a pagar peccados dos paes são em muito maior numero. A acção indirecta do alcool é muito mais vasta do que a acção directa. A prova é simples: um alcoolista pode produzir dois, quatro ou mais loucos. A embriaguez é uma das fontes de degeneração hereditaria.[162]

Em Portugal, se o alcoolismo crônico era raro, a embriaguez era frequente em especial aos domingos e dias santificados, principalmente o consumo de vinho e aguardente. Tradicionais produtores vinícolas, os habitantes de Portugal, não desconheciam o velho chavão lusitano: "beber vinho é dar de comer a um milhão de portugueses". A bebida era aconselhada no combate às infecções "visto que aumenta a resistência do organismo", como um valioso complemento à alimentação, e mesmo as crianças tomavam contato com a "bebida nacional" em decorrência do hábito, comum nas zonas rurais, das mães em mastigar parcialmente os alimentos, como broas e sardinhas, e colocá-los, por vezes, misturados ao vinho na boca das crianças.[163] De

161 PORTOCARRERO, Vera. Arquivos da loucura: Juliano Moreira e a descontinuidade histórica da psiquiatria [e-book]. Rio de Janeiro: editora Fiocruz, 2002.
162 ROCHA, Francisco Franco da. Alcoolismo e loucura. O Estado de São Paulo. São Paulo, p. 3-3. 17 ago. 1918. Disponível em: <http://acervo.estadao.com. br/pagina/#!/19180817-14476-nac-0003-999-3-not>. Acesso em: 7 jan. 2014. Procedeu-se na manutenção da grafia original.
163 CASCÃO, Rui. À volta da mesa: sociabilidade e gastronomia. In: MATTOSO, José (Dir.). História da vida privada em Portugal. A época contemporânea. Lisboa: Temas e debates, 2011. p.60-85.

acordo com os dados apresentados por Bento Carqueja, o consumo de vinho pelos portugueses era o segundo mais alto da Europa em 1900, 106 litros por habitante.[164]

Ao chegar a São Paulo, os imigrantes tinham à disposição inúmeros botequins que acompanhavam o crescimento da malha urbana da cidade. O álcool muitas vezes servia como um paliativo frente às dificuldades e obstáculos encontrados pelo imigrante no Brasil, e para amenizar a falta sentida da aldeia natal e de parentes e amigos em Portugal. João chorava quando foi internado no Juquery, "casa de loucos", afiançava ser um trabalhador honesto e ciente dos efeitos nocivos que o uso do álcool acarretava, seus amigos conseguiram providenciar sua passagem para retornar a Portugal e os médicos lhe concederam alta.[165] O jovem Felipe usava o álcool para esquecer uma "paixão por uma mulher",[166] quando excedia no consumo do vinho, o comerciante tornava-se violento tendo sido preso algumas vezes, mas o motivo imediato de sua internação ocorreu na sequência de um descontrole quando, julgando enxergar um vulto tentando entrar em seu quarto, disparou cinco tiros com seu revólver.

Também contribuía para a explicação dos casos de alcoolismo a profissão exercida por alguns imigrantes portugueses radicados em cidades paulistas, como o caso de Joaquim. Seu prontuário o descrevia como "homem de ambição e portador de constituição robusta, trabalhava valentemente no seu negocio vendendo com inteligência aos seus fregueses os 'secos', e com eles repartindo o consumo dos

---

164 CARQUEJA, Bento. *O povo português. Aspectos sociais e econômicos*. Porto: Livraria Chardron, 1916. p. 263.

165 HOSPITAL DO JUQUERY. Prontuário. João J. G., 40 anos, casado, branco, empregado na companhia de gás, procedente de São Paulo e internado em 3 de setembro de 1931.

166 SANATÓRIO PINEL. Prontuário. Felipe R. S., 20 anos, solteiro, branco, comerciante, procedente de São Paulo e internado em 30 de maio de 1930 com segunda internação em 2 de maio de 1933. Procedeu-se na manutenção da grafia original.

'molhados'".[167] O comerciante ingeria grandes quantidades de cacha-
ça, irritando-se facilmente com seus familiares e descuidando de seus
negócios. Com o passar o tempo, começou a sofrer de intolerância
gástrica e decidiu parar, bruscamente, de beber. Durante a noite, em
um momento de alucinação auditiva, tentou cometer suicídio tendo
ferido o braço com um pedaço de vidro, o que motivou a família a
interná-lo. Recebeu um tratamento desintoxicante durante um mês
e vinte dias, sendo retirado pela família contra os conselhos médicos.
O tratamento de desintoxicação etílica era feito por meio de soro.
No início do século XX, na vigência do tratamento moral de Franco
da Rocha no Juquery, o consumo de 3 a 4 litros de leite – desintoxicante por excelência – era prescrito para os casos de delírios alcoólicos.[168]

Notas sobre a Beneficência Portuguesa de São Paulo e sua relação com à assistência aos doentes mentais[169]

Imigrantes portugueses residentes em São Paulo, reagindo à precariedade dos serviços de saúde disponíveis, com a iniciativa de Luís
Semeão Ferreira Viana e Joaquim Rodrigues Salazar, fundaram a Sociedade Portuguesa de Beneficência em 1859. De acordo com seu estatuto,
a Sociedade buscava oferecer auxílio a seus sócios em caso de enfer-

---

167 SANATÓRIO PINEL. Prontuário. Joaquim C.M., 34 anos, casado, branco, comerciante, procedente de Limeira e internado em 2 de julho de 1936. Procedeu-se na manutenção da grafia original.

168 PEREIRA, Maria de França. Os primeiros sessenta anos da terapêutica psiquiátrica no estado de São Paulo. In: ANTUNES, Eleonora Haddad; BARBOSA, Lúcia
Helena Siqueira; PEREIRA, Lygia Maria de França. Psiquiatria loucura e arte:
fragmentos da história brasileira. São Paulo: Edusp, 2002, cap. 2, p. 35-53.

169 Encontrei uma significativa resistência em perscrutar os arquivos da Beneficência Portuguesa de São Paulo em busca de maiores subsídios sobre a passagem
de doentes mentais na instituição. Aliás, creio, que esta dificuldade talvez explique a concentração de trabalhos historiográficos sobre o papel institucional
da Benemérita, em detrimento de uma história sobre os pacientes que por lá
passaram. Mesmo não tendo encontrado muitos dados sobre a presença de doentes mentais na instituição, localizei significativos indícios na documentação
consultada e, por isso, julgo necessário expor os resultados nesta dissertação.

midade, desemprego e amparo aos familiares na eventualidade de falecimento, mas também propunha auxiliar portugueses desvalidos não sócios, desde que provassem, perante a Diretoria, não dispor de meios financeiros para contribuírem com a Beneficência anteriormente.[170]

Com recursos amealhados das mensalidades pagas pelos sócios, a Sociedade iniciou a construção do Hospital de São Joaquim em 1873, sendo inaugurado três anos depois. Os bons serviços prestados pela instituição foram reconhecidos em Portugal quando o rei D. Carlos I conferiu o título de *Real e Benemérita* à Sociedade em 1901.

Partindo da relevância que a Real e Benemérita Sociedade Portuguesa da Beneficência prestou aos serviços de saúde na cidade de São Paulo, o que ela fez com os portugueses tidos como doentes mentais? A consulta à documentação disponível permitiu colher algumas referências dispersas entre os anos de 1871 e 1942, como o extrato da ata de sessão de diretoria de 29 de outubro de 1878:

> O Sr. Presidente fez ver os Snrs. membros presentes, o fim da presente sessão, que é para demonstrar quais os deveres da directoria que precisam ser sancionados pelo conselho.
>
> Submetteu a approvação as obras feitas no hospital, constantes de um quarto mortuário, de um quarto para dementes, um dito para banhos e alguns concertos nos tanques, dispendendo-se com as obras cerca de um conto e quatrocentos mil réis, – que foi approvado.[171]

170 NOBRE, Antonio de Goes. *Esboço histórico da real e benemérita sociedade portugueza de beneficência: 1859-1889*. São Paulo: Cia, Paulista de "papeis e Artes Gráficas", 1919, p. 52-53.

171 NOBRE, Antonio de Goes. *Esboço histórico da real e benemérita sociedade portugueza de beneficência: 1859-1889*. São Paulo: Cia, Paulista de "papeis e Artes Gráficas", 1919. p. 390. Procedeu-se na manutenção da grafia original.

E no relatório apresentado à Sociedade por seu presidente, Bernardino Monteiro de Abreu, em 1º de maio de 1892, a descrição das obras concluídas:

> As obras contractadas com os srs. Calcagno & Irmão foram: dois grandes puchados no fundo do Hospital, ficando assim augmentados os commodos e removidos do centro do predio a cozinha e suas dependencias; um "quarto forte" cuja falta era muito sentida [Grifo meu]; a remoção do Necroterio, que era junto ao muro da rua da Beneficencia, logar improprio por ser desagradavel a quem alli passava; mais um commodo para creados, junto a um dos puchados; uma varanda por fóra, ligando os dois puchados, para facilitar o serviço; a remoção do Banheiro e Dispensa para o pavimento superior, por ser inconveniente a sua permanência no pavimento terreo; uma platibanda em todo o edifício ; a refórma da fachada, com aspecto mais moderno e elegante,muro e calçada na rua Beneficência .
> Tudo isto foi contratado por rs. 27:796$840.[172]

Em 1871, Lourenço Domingues Martins, um dos sócios fundadores da Beneficência foi acometido de enfermidade mental e conduzido ao hospício de alienados à custa da Sociedade,[173] já que a mesma ainda não dispunha de um hospital próprio e muito menos acomodações para alienados. Talvez em virtude desta e outras demandas a falta de um "quarto forte" era muito sentida.

Apesar de ter outras preocupações que tangenciavam a estrutura do hospital e seu melhor funcionamento, os casos de alienação mental também foram alvo de inquietações por parte da administração da Beneficência. Mesmo não sendo uma instituição psiquiátrica, o Hospital São Joaquim poderia recolher em suas dependências alguns alienados oriundos de Portugal? Ou isto apenas ocorreu enquanto

172 Ibid., p. 714. Procedeu-se na manutenção da grafia original.
173 Ibid., p. 225.

a cidade ainda não possuía um asilo regido por preceitos alienistas como o Juquery? – visto o Asilo Provisório de Alienados, fundado em 1852, ser considerado na época um "depósito de loucos" da cidade e sem proporcionar um tratamento "científico" aos enfermos. Desta forma, é possível sugerir que a Beneficência funcionou como um hospital de recolha de alienados da cidade, assim como o Asilo de Alienados, até a inauguração de um hospital controlado e regido pela psiquiatria? A consulta aos prontuários e aos relatórios da Beneficência nega esta hipótese. Durante o biênio de 1907-1908, em pleno funcionamento hospitalar do Juquery, a Benemérita recolheu: 4 casos de alcoolismo, 3 de epilepsia, 5 de neurastenia e 1 de sífilis cerebral.[174]

Em meados da década de 1930, ainda recebia doentes mentais para tratamento em suas dependências: Artur, diagnosticado com *síndrome demencial*, esteve internado na Real e Benemérita até apresentar "ameaças aos demais pacientes", quando foi transferido para o Juquery.[175] Estes dados sugerem que a Sociedade mantinha alguma estrutura para o abrigo de doentes mentais, mas quando os mesmos demonstravam comportamentos muito agressivos eram remetidos aos psiquiatras e seus hospitais na cidade. Além de pequenas internações, a Beneficência realizava também testes laboratoriais como o de urina e a reação de Wassermann de muitos pacientes portugueses internados no Juquery ou Pinel.

---

174 NOBRE, Antonio de Goes. *Esboço histórico da real e benemérita sociedade portugueza de beneficência: 1859-1889*. São Paulo: Cia, Paulista de "papeis e Artes Gráficas", 1919. p. 532-533. Procedeu-se na manutenção da grafia original.

175 HOSPITAL DO JUQUERY. Prontuário. Artur p. p., 54 anos, solteiro, branco, profissão não declarada, procedente de São Paulo e internado em 11 de outubro de 1939.

Quadro 6. Nacionalidade dos sócios graduados na Beneficência
Portuguesa (1859-1942)

Nacionalidade	Porcentagem	Total
Portuguesa	51%	520
Brasileira	45%	462
Italiana	2%	21
Espanhola	1%	7
Francesa	1%	5
Inglesa	0%	1
Iugoslava	0%	1

ANTONIO SILVA PARADA. Real e Benemérita Sociedade Portuguesa de
Beneficência em São Paulo. *Relatório do biênio 1941-1942:* apresentado à assembleia geral em 28 de março de 1943. São Paulo: Empresa Gráfica da "revista
dos Tribunais",1943. p.111-138.

Apesar do nome, a Sociedade não foi constituída exclusivamente de imigrantes portugueses, mantendo uma considerável presença
de brasileiros em seu quadro de sócios, mas também italianos e espanhóis. O quadro acima foi elaborado tendo como base a lista de
sócios da Real e Benemérita do ano de sua fundação até a década de
1940. Confrontando esta lista com a relação de pacientes portugueses
internados nos hospitais psiquiátricos, o resultado foi a identificação
de apenas uma pessoa internada no Sanatório Pinel que também era
sócio da Beneficência: Alberto J.A.S., um comerciante bem-sucedido,
muito dedicado à sua mãe, contraiu sífilis em uma de suas viagens de
negócios e como descuidou do tratamento, a doença evoluiu atingindo o sistema nervoso. Passou a sentir grande fraqueza nas pernas e,
na Beneficência Portuguesa, foi diagnosticado com sífilis cerebral. O
estado de seus membros inferiores melhorou após tratamento, mas
o paciente começou a exteriorizar forte tristeza, acreditando que seu
fim estava próximo e começou a buscar compradores para vender os
bens que possuía, foi internado em maio de 1935 permanecendo no

Sanatório Pinel até finais de outubro do mesmo ano, não existe menção no prontuário sobre seu estado no término da internação.[176] A despeito de se ter encontrado apenas um paciente sócio da Beneficência não invalida o esforço de comparação da lista de sócios com a relação de internos dos hospitais psiquiátricos deste estudo, pelo contrário, evidencia que a Benemérita atendia necessitados não sócios em suas dependências o que corrobora o ideal beneficente da Sociedade.[177] Este dado também permite aludir para a falta de recursos financeiros da grande maioria dos portugueses deste estudo, que foram internados como *indigentes* no Hospital do Juquery e por isso não dispunham de meios para arcar com as obrigações pecuniárias de um sócio da Benemérita.

Em um anteprojeto, premiado em 1943, do que seria a nova sede do Hospital de São Joaquim – inaugurada em 1956 na presença de Francisco Craveiro Lopes e Juscelino Kubitschek, respectivamente os presidentes de Portugal e do Brasil – previa a construção de três pavilhões isolados, um para doentes mentais, havendo ainda a preocupação em protegê-los com vegetação alta de ventos frios oriundos do sudeste, poeiras e do excesso de barulho que viria com a abertura da avenida Itororó.[178]

Por fim, alguns dados sobre os valores estimativos dos diversos socorros prestados pela Sociedade são dignos de nota. De acordo com o relatório referente ao biênio 1941-1942 apresentado à Assembleia Geral em março de 1943, a Beneficência desembolsou, em 1941, a quantia de Cr$ 389.739,20 em socorros, deste valor Cr$ 6.933,80, ou seja ape-

---

176 SANATÓRIO PINEL. Prontuário. Alberto J.A.S., 45 anos, solteiro, branco, comerciante, procedente de São Paulo e internado em 30 de maio de 1935.

177 MORAES, António Ermírio de. O papel da "Beneficência Portuguesa" e o problema da saúde no Brasil. *Revista Comunidades de Língua Portuguesa: os 125 anos da Beneficência Portuguesa de São Paulo,* São Paulo, p. 9-15. 1984.

178 BADRA JÚNIOR, Miguel. *Hospital São Joaquim.* Acervo do Museu Histórico da FMUSP, 1943, p. 6.

nas 0,56%, foi gasto com a rubrica "moléstias contagiosas e mentais" e, no ano seguinte, quando o valor total dos serviços prestados atingiu a cifra de Cr$ 394.623,90, os gastos com doenças contagiosas e mentais alçaram Cr$ 4.948,50, 0,79% do total.[179] Os valores dispensados a esta categoria só foram maiores que a ajuda prestada aos funerais.

Desta forma, embora não fosse sua prioridade, a Benemérita ofereceu seus préstimos à assistência a doentes mentais em São Paulo, no entanto, pelo que a leitura da documentação sugere, este auxílio foi realizado em pequena escala, acarretando a transferência de doentes agitados e "perigosos aos demais" para os hospitais psiquiátricos da capital.

179 ANTONIO SILVA PARADA. Real e Benemérita Sociedade Portuguesa de Beneficência em São Paulo. *Relatório do biênio 1941-1942*: apresentado à assembleia geral em 28 de março de 1943. São Paulo: Empresa Gráfica da "revista dos Tribunais", 1943.

III
O outro lado da loucura: os funcionários portugueses no Juquery

Sou casada, não ligo para médicos nem para o doutor Pacheco e Silva. Não gosto de médicos nem da medicina, bandidos querem abusar![1]

Idalina C.,1930.

Ainda não dei em ninguém, por enquanto, mas pode ser que dê no meu marido e até mesmo no senhor.[2]

Clarisse C., 1936.

1 HOSPITAL DO JUQUERY. Prontuário. Idalina C., 19 anos, solteira, branca, operária, procedente do Recolhimento das Perdizes e internada em 15 de dezembro de 1930.
2 HOSPITAL DO JUQUERY. Prontuário. Clarisse C., 33 anos, casada, branca, profissão não declarada, procedente de São Paulo e internada em 29 de janeiro de 1936.

O serviço de funcionários portugueses no Juquery

O Serviço de Atendimento Médico e Estatístico – SAME – do atual Complexo Hospitalar do Juquery possui em seus arquivos dezenas de livros com os registros de identificação dos funcionários da Assistência Geral aos Psicopatas do estado de São Paulo – constituída na época pelo Hospital Central do Juquery e suas colônias agrícolas, Manicômio Judiciário, Escola de Menores Anormais e os hospitais psiquiátricos das Perdizes e da Penha. Esta documentação foi produzida a partir de 1937 e, como a maior parte dos leitos disponíveis pela Assistência aos Psicopatas estava no Juquery e suas colônias,[3] a maioria dos empregados pela Assistência servia nestes dois lugares.

Ao longo de suas páginas foram identificadas fichas individualizadas dos contratados, contendo nome, data de nascimento, filiação, estado civil, naturalidade, instrução, profissão, o cargo desempenhado no hospital, data da admissão e, em alguns casos, a data de demissão. A perscrutação das fontes possibilitou confrontar as informações obtidas com as proposições encontradas na bibliografia selecionada para esta dissertação de mestrado sobre a admissão de imigrantes portugueses em hospitais psiquiátricos paulistas, em especial as obras: *O espelho do mundo* (1986) de Maria Clementina Pereira Cunha e *O cemitério dos vivos* (1921) de Afonso Henriques de Lima Barreto escritor brasileiro internado por duas vezes no Hospital Nacional de Alienados, a primeira vez em 1914 e a segunda em 1919, com o diagnostico de alcoolismo.

---

3 Em meados da década de 1930, a Assistência Geral aos Psicopatas do estado de São Paulo comportava até 3.950 leitos, assim distribuídos: 1.469 no Hospital Central do Juquery, 1.687 em suas colônias agrícolas, 339 no Manicômio Judiciário, 65 na Escola de Menores Anormais, 130 no Hospital Psiquiátrico das Perdizes e 270 no Hospital Psiquiátrico da Penha. Cf. PACHECO E SILVA. *O que se tem feito em São Paulo pela assistência aos psicopatas. O que é preciso fazer.* Acervo do Museu Histórico da FMUSP, s/d. 4 p.

Maria Clementina destacou a predominância de portugueses como encarregados de seção, em geral guardas ou enfermeiros de serviço, cargo responsável pela manutenção da disciplina nos pavilhões com atribuições para decidir, por exemplo, quais internos poderiam repetir a ração, os que infringiam os regulamentos e aqueles que recebiam pequenas gratificações.

De acordo com a autora, os "portugas" tinham má fama entre os pacientes pelos seus excessos de violência com estes, e citou uma carta de um ex-interno escrita em 1910 e endereçada ao então diretor do Asilo do Juquery, Francisco Franco da Rocha, denunciando os abusos dos empregados portugueses:

> Lendo n' O *Estado de São Paulo* de 1 do corrente mês o vosso artigo sobre os paranoicos, não pude deixar de sorrir quando deparei com as seguintes asserções: "tivemos um doente desse gênero que não tomava remédio de espécie alguma; era inútil procurar convencê-lo da tolice de sua prevenção". Sim, porque (e deveis estar lembrado de mim) eu, que aí achei-me internado de março a setembro de 1903, presenciei, por mais de uma vez, de que modo certos portugueses grosseiros, boçais, propiciavam os medicamentos aos infelizes que, receosos de serem envenenados, não queriam engolir os ditos remédios. Derrubavam o paciente, punham um pé (uma pata) sobre o pescoço do mesmo, apertavam-lhe o nariz, etc.
>
> Naquele tempo (e quiçá agora), na vossa presença e na de outros médicos, a maioria daqueles empregados mercenários mostrava-se humilde, comedida; quando se achavam a sós com os infelizes reclusos, que triste (...) reverso da medalha. Não haverá brasileiros que sirvam de empregados no Juquery? Pobre Brasil e pobres brasileiros.
>
> Deveis compreender, Dr., que há uma certa razão para que os pavilhões do Juquery sejam considerados, principalmente pelos que já sentiram os acúleos, uma Bastilha

(...) e uma lúgubre Bastilha bem fortificada, que "portu-gas" têm muque![4]

A hipótese aventada por Clementina para explicar o porquê da quase totalidade dos cargos de encarregados de seção serem ocupados por imigrantes portugueses reside no estereótipo de broncos, rústicos e bajuladores que os médicos alimentavam daqueles imigrantes. Desta forma, os portugueses eram ideais para servirem como os olhos e os ouvidos dos alienistas dentro das paredes do hospício.

Outro retrato, bastante diferente, foi apresentado por Lima Barreto a respeito dos empregados do Hospital Nacional de Alienados, no Rio de Janeiro:

> O guarda rondante, aquêle que vigia os doentes, à noite, é um velho português paciente e enérgico, que não tem nenhuma espécie de mau humor, para trazê-lo, duas, três e mais vêzes para a cama.
>
> O que assombra nestes portuguêses é que, sendo homens humildes, camponeses em geral, de fraca educação e quase nenhuma instrução, se possam conter, abafar os ímpetos do mau humor, de cólera, de raiva, que o procedimento dos doentes provoca.
>
> V. de O., outro dia, chamou o enfermeiro de todos os nomes que há no português do Brasil e de Portugal; o F. p., tôda a hora, todo o instante, de envolta com as mais torpes injúrias, decompõe os guardas na sua nacionalidade: galegos, etc. Daí a pouco, está a mimá-los e pedindo-lhes favores. O substituto do chefe dos enfermeiros é uma vítima dêle. É um português, novo, doce, simpático [...]
>
> Os enfermeiros, na secção em que estou, são em geral bons. Há, porém, uma casta dêles que não presta. São os tais particulares. Êstes são aqueles que os doentes abasta-

---

4   CUNHA, Maria Clementina Pereira. *O espelho do mundo: Juquery a história de um asilo.* 2.ed. Rio de Janeiro: Paz e Terra, 1988, p. 91-92.

dos das primeiras classes são autorizados a trazer. Nem todos são assim, mas com dois eu implico solenemente; [...]
Êsses dous enfermeiros são absolutamente insuportáveis. Um, pela conversa que ouvi dele, é chucro português, sem as qualidades dos portuguêses em geral, mas fátuo dos seus namoros e da sua irresistibilidade como homem, em face das mulheres.[5]

Através do trecho apresentado por Lima Barreto, uma espécie de diário de sua segunda passagem pelo primeiro hospício do Brasil entre 1919 e 1920, nota-se uma imagem diametralmente oposta àquela apresentada por Clementina: de grosseiros e boçais para doces e simpáticos. Além disso, o imigrante apresentado no *O espelho do mundo* é o encarregado de seção, enquanto no *Cemitério dos vivos* é possível encontrar guardas e enfermeiros de origem portuguesa.

O exame dos livros de registro dos funcionários foi realizado até o ano de 1939 – embora o Serviço de Identificação tenha começado a produzir este material em 1937, os funcionários contratados anteriormente que na altura ainda estavam empregados no serviço do hospital também foram registrados, sendo possível localizar empregados admitidos em 1912, por exemplo. O resultado desta consulta apresentou 1.301 funcionários: 1.137 brasileiros e 164 estrangeiros, destes, 108 eram de nacionalidade portuguesa, ou seja, 66% do total de imigrantes.

5 LIMA BARRETO, Afonso Henriques. *O cemitério dos vivos*. 2.ed. São Paulo: Brasiliense, 1961, p. 64-65. Procedeu-se na manutenção da grafia original.

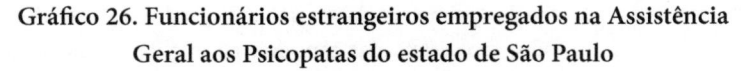

Gráfico 26. Funcionários estrangeiros empregados na Assistência Geral aos Psicopatas do estado de São Paulo

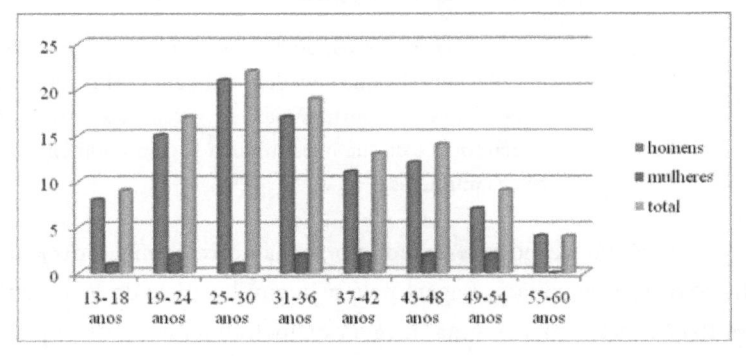

SERVIÇO DE ATENDIMENTO MÉDICO ESTATÍSTICO DO HOSPITAL DO JUQUERY. Assistência Geral a Psicopatas do estado de São Paulo. Serviço de identificação (livros de registro de funcionários, números 01- 100 até 1301-1400).
*outros correspondem a: três argentinos, dois russos, dois romenos, dois austríacos, um paraguaio, um tcheco, um polonês e um húngaro.

O total de imigrantes portugueses recrutados para prestação de serviços na Assistência Geral aos Psicopatas ficou distribuído desta forma: 104 no Hospital do Juquery; duas guardas no Hospital Psiquiátrico da Penha; e, no Manicômio Judiciário, o enfermeiro chefe e um estoquista. Esta distribuição não foi aleatória, visto o Juquery necessitar de mais pessoal em virtude de sua capacidade de leitos.

Os dados encontrados realmente justificam as menções aos "portugas" por Maria Clementina. No entanto, um exame mais detalhado das funções desempenhadas por aqueles imigrantes permite discutir algumas afirmações da autora. Em relação à nacionalidade dos encarregados de seção, que Maria Clementina afirmou ser um cargo ocupado quase que exclusivamente por funcionários imigrantes de origem portuguesa,[6] foi identificado o oposto: dos 46 encarregados, 35 eram brasileiros, 9 portugueses, 1 argentino e 1 italiano.

Mesmo entre os guardas do hospital – cargo assumido pela maioria dos portugueses – localizou-se 248 contratados: 212 brasileiros, 24 portugueses, 3 espanhóis, 3 italianos, 2 argentinos, 1 polonês, 1 lituano, 1 paraguaio e 1 austríaco. Desta forma, pelo menos nos registros de funcionários, não parece que os portugueses foram admitidos preferencialmente para assumir o serviço sujo – expressão utilizada pela autora para se referir ao exercício direto e imediato da violência contra pacientes por funcionários de origem portuguesa.

Mas, por que os lusos predominavam entre os estrangeiros contratados? A explicação aqui proposta reside na língua em comum com os brasileiros e no papel das relações de solidariedade entre os imigrantes, como mostrou o médico Leopoldino Passos:

> [...] os empregados não eram muito numerosos, mas os portugueses eram em número proporcionalmente grande; vinham de Vila Nova de Gaia, na ilha da Madeira [...]. Os portugueses mandavam vir outros parentes e parecia que estes vinham, chamados pelos primeiros, já vinham para trabalhar no hospital.[7]

Ana Silvia Scott também ressaltou a importância da rede informal de solidariedade e amizade entre estes imigrantes, como mecanismo de inserção social do português no Brasil. Os conterrâneos que já estavam integrados à sociedade de acolhimento, mantinham contato

---

6 CUNHA, Maria Clementina Pereira. *O espelho do mundo: Juquery a história de um asilo*. 2.ed. Rio de Janeiro: Paz e Terra, 1988. p. 91.

7 Depoimento de Leopoldino Passos, psiquiatra do Juquery desde 1918, in: SÁ, Evelyn Naked de Castro. *Análise de uma instituição pública complexa no setor saúde*: o conjunto Juquery no estado de São Paulo. São Paulo: Tese de Doutorado apresentada à Faculdade de Saúde Pública da Universidade de São Paulo, 1983. apud CUNHA, Maria Clementina Pereira. *O espelho do mundo: Juquery a história de um asilo*. 2.ed. Rio de Janeiro: Paz e Terra, 1988. p. 91.

com parentes e amigos em Portugal. Quando estes imigravam, conta-vam com o auxílio dos patrícios na busca das primeiras acomodações e oportunidades de trabalho.[8] No cruzamento de informações reali-zado a partir da leitura dos registros de empregados foi identificada a presença de pais, irmãos e filhos entre os admitidos pelo hospital.

O Juquery, além de oferecer vagas de trabalho, também abrigava, em suas dependências, alguns de seus empregados. Interessante notar que, para além de túmulo dos sonhos de "fazer a América" daqueles que foram para lá como doentes mentais, o hospital representava o abrigo e o ganha pão de outros imigrantes que também acalentavam um sonho de vida melhor no Brasil.

Outro dado importante para defender a relevância das redes de solidariedade foi a naturalidade dos portugueses contratados, já que a incidência de muitos funcionários de uma mesma localidade ou de localidades próximas pode indicar a existência de contatos antes da emigração para o Brasil.

8   Scott, Ana Sílvia Volpi. "As duas faces da imigração portuguesa para o Brasil (décadas de 1820-1930)". *Paper apresentado ao Congreso de Historia Econó-mica de Zaragoza,* 2001. Disponível <http://www.unizar.es/eueez/cahe/volpis-cott.pdf.> Acesso em 13. Ago 2012.

Mapa 1. Procedência dos imigrantes portugueses empregados no Hospital do Juquery, por distrito e ilhas

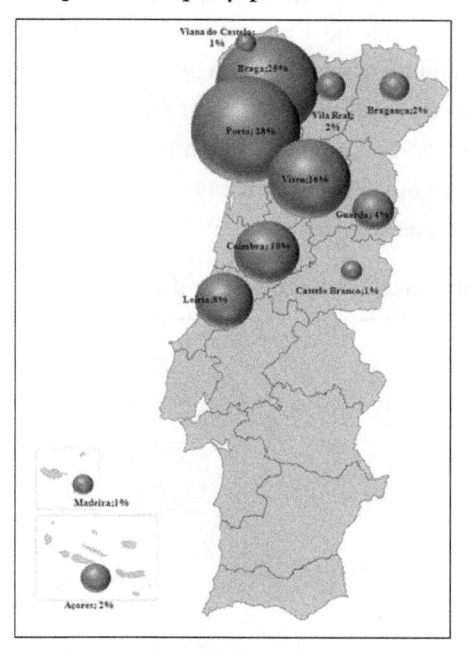

SERVIÇO DE ATENDIMENTO MÉDICO ESTATÍSTICO DO HOSPITAL DO JUQUERY. Assistência Geral a Psicopatas do estado de São Paulo. Serviço de identificação (livros de registro de funcionários, números 01- 100 até 1301-1400).

Como é possível perceber pelo mapa apresentado, 53% da totalidade dos empregados portugueses do Juquery era procedente de apenas dois distritos: Porto e Braga. Em especial dois concelhos limítrofes – Póvoa de Varzim, Porto, com 18 empregados e Esposende, Braga, com sete funcionários. Portanto, em uma amostra com 108 admitidos, 25 eram oriundos de apenas dois municípios. Infelizmente, não foi possível apurar a origem concelhia de todos os imigrantes, pois muitos deles informavam proceder de lugares pouco específicos como, por exemplo, "Porto" que poderia tanto ser a "cidade invicta" ou o distrito homônimo, ou então, "Trás-os-montes" nome de uma antiga província correspondente aos distritos de Bragança e Vila Real. Acredita-se que os resultados apresentados quanto à procedência dos imigrantes portugueses corroboram o argumento em favor do peso das relações de solidariedade para explicar o porquê do número, proporcionalmente elevado entre os estrangeiros, de lusos empregados no Juquery. Para ficar mais claro, apresenta-se aqui outro mapa com a indicação da distribuição total da emigração portuguesa entre 1910 e 1929.

Mapa 2. Emigração portuguesa por distrito e ilhas (1910-1929)

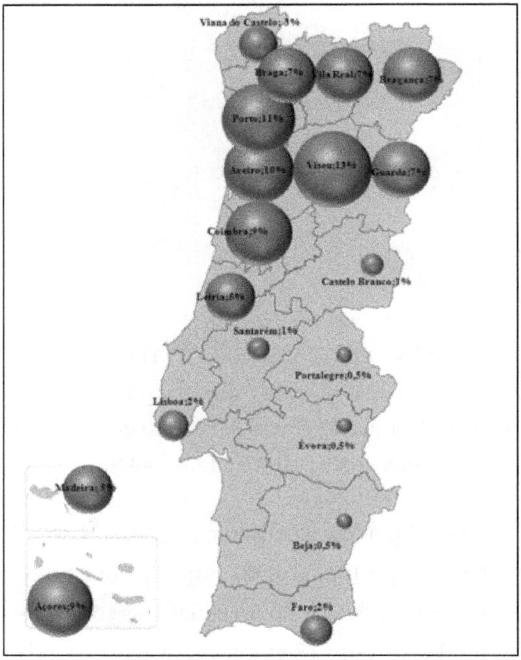

MIRANDA, Sacuntala de. A base demográfica. In: SERRÃO, Joel; MARQUES, António Henrique de Oliveira. *Portugal da monarquia para a república*. Lisboa: Editorial Presença, 1991, v.11 (*Nova História de Portugal*). p. 29.

O peso do fenômeno emigratório não esteve distribuído geograficamente de maneira homogênea pelo território português, pelo contrário, concentrou-se nas áreas setentrionais litorâneas e interioranas do país e em detrimento das terras meridionais, em especial o Alentejo – distritos de Portalegre, Évora e Beja. Isto ocorreu devido à maior densidade demográfica nortenha – o Minho, distritos de Braga e Viana do Castelo, representava 8% do território e 20% da população portuguesa – e ao predomínio da pequena e média propriedade naquela região na contramão da realidade alentejana, onde predominavam latifúndios. Os campesinos nortenhos, em geral, insatisfeitos com a pequena produção de suas *courelas*[9] poderiam hipotecá-las ou vendê-las para pagar as passagens para o Brasil. Porém, os trabalhadores alentejanos, em sua maioria, não dispunham de bens a vender e eram proletários mal remunerados dos grandes proprietários de terras.[10]

Apesar da predominância nortenha, os distritos do Porto e de Braga foram responsáveis por 18% do total da emigração portuguesa entre 1910 e 1929, mas no universo dos imigrantes admitidos pelo hospital do Juquery os dois distritos correspondem a 53%.

Os cargos desempenhados

A oportunidade de trabalho poderia se transformar em exploração: jornadas estendidas das 7 às 22 horas, salários modestos, serviço

---

9 Propriedades fundiárias de pequena dimensão de 1 a 5 hectares. Em meados do século XIX uma lei de sucessões suprimiu os antigos morgados que asseguravam apenas ao primogênito a herança dos bens da família, com a fim da remota prática as pequenas propriedades fundiárias do norte foram sucessivamente divididas culminando em seu esfacelamento, este fenômeno caminhou a par do fenômeno emigratório português. Cf. OLIVEIRA MARQUES, Antonio Henrique. A propriedade. In: SERRÃO, Joel; OLIVEIRA MARQUES, António Henrique. *Portugal da monarquia para a república*. Lisboa: Editorial Presença, 1991, v. 11 (Nova História de Portugal). p. 37-64.

10 LEITE, Joaquim Costa. O Brasil e a emigração portuguesa (1855-1914). In: FAUSTO, Boris. *Fazer a América: a imigração em massa para a América Latina*. São Paulo: Edsup, 1999, p. 177-200.

extenuante e condições de alta insalubridade – sobretudo pelas doenças contagiosas como tuberculose e infecções gastrointestinais – que contribuíam para a elevação das taxas de mortalidade no hospital.[11] De acordo com o regulamento do Juquery de 1925 caberia ao Diretor a contratação e a demissão de todos os funcionários não nomeados pelo Governo, entre eles estavam os enfermeiros-chefe, os outros enfermeiros e os guardas.[12] A proporção destes últimos era de um para cada dez pacientes.

Os funcionários que trabalhavam na lida direta com os pacientes serviam como os olhos e os ouvidos dos médicos e auxiliavam na vigilância daqueles. De acordo com Michel Foucault, o *panopticon* de Bentham – modelo de prisão constituído por celas individuais e posicionadas em forma circular com uma torre central onde os detentos seriam observados – foi transplantado para a vida asilar, pois o paciente era observado em seus gestos,atitudes, reações motoras e psíquicas por vigias, guardas e enfermeiros, que passavam informações uns aos outros seguindo a via hierárquica que culminava no médico-chefe, a maior autoridade dentro de um asilo, informado por seus subordinados sobre a rotina do hospício e a conduta dos pacientes.[13] Em um hospital com as proporções do Juquery, os internos não tinham um contato frequente com os psiquiatras, mas sim, com empregados responsáveis pela manutenção da ordem e informantes do médico. Desta forma, através de um sistema de vigilância constante dos internos e a centralização de informações em torno do clínico, sua autoridade

---

11 CUNHA, Maria Clementina Pereira. *O espelho do mundo: Juquery a história de um asilo.* 2.ed. Rio de Janeiro, Paz e Terra, 1988, p. 93.

12 SÃO PAULO. Decreto n. 3.869, de 3 de julho de 1925. *Regulamento do HosPITAL DO JUQUERY.* São Paulo,1925. Disponível em < http://www.al.s p.gov.br/ repositorio/legislacao/decreto/1925/decreto-3869-03.07.1925.html>. Acesso em: 20 jan. 2015.

13 FOUCAULT, Michel. *O poder psiquiátrico: um curso dado no Collège de France (1973-1974).* Tradução de Eduardo Brandão. São Paulo: Martins Fontes, 2006, p. 96-129.

era estendida a todas as dependências do hospital. Pacheco e Silva inclusive prescreveu a forma correta de fazer a vigilância dos internos:

> Durante os primeiros dias de observação, cumpre vigiar attentamente o doente, prestando attenção às suas palavras, annotando suas attitudes,seus atos, seus propósitos.
>
> A vigilância deverá ser feita, porém, com discreção, para que o paciente não se irrite, sobretudo quando se tratar de perseguidos, os quaes, ao descobrirem que estão sendo observados, julgam-se logo víctimas dos seus supostos inimigos.[14]

O mesmo psiquiatra dedica algumas linhas de seu livro *Cuidados aos Psychopathas* (1930) ao trabalho do enfermeiro, cabendo-lhe, em contato direto com os doentes, colocar em prática os recursos terapêuticos, confortar e distrair os pacientes em seus momentos de angústia e sempre garantir que as prescrições médicas fossem cumpridas à risca. Portanto, um funcionário empenhado, disciplinado e diligente.[15] Uma profissão espinhosa, mas nobre. No entanto, a prática seguida no Hospital do Juquery não era, exatamente, a prescrita pelo iminente psiquiatra. Prova disto foram as constantes denúncias de maus tratos presentes na instituição, sobretudo após 1940, na sequência de um decreto do interventor Ademar de Barros, que transferia os "alienados" das cadeias para o Juquery contribuindo para sua superlotação e, ainda, nas primeiras décadas do século XX, o hospital carecia de enfermeiros formados.

No século XIX eram os hospitais que forneciam, pela prática cotidiana, a formação dos enfermeiros. No entanto, as transformações operadas na medicina no final daquele século e nas primeiras décadas de novecentos, como o uso do clorofórmio – que possibilitou opera-

---

14 PACHECO E SILVA. *Cuidados aos psychopathas.* São Paulo: Oficinas Gráficas do Juquery, 1930. p. 55-56. Procedeu-se na manutenção da grafia original.

15 Ibid., p. 12-13.

ções cirúrgicas menos dolorosas – e os testes laboratoriais – que tornaram mais precisos os diagnósticos– exigiram maior conhecimento dos profissionais da área da saúde, levando à fundação das primeiras escolas de enfermagem no Brasil.[16]

Os enfermeiros formados nestas instituições eram mais valorizados em detrimento daqueles que aprendiam o ofício pela prática hospitalar, que, aliás, começaram a ser taxados de exploradores, causadores de malefícios e até de morte de pacientes. Vangloriados eram os hospitais que possuíam todo o corpo de enfermeiros formados – indício de que muitos estabelecimentos careciam deste tipo de pessoal.[17] O hospital do Juquery parece integrar este último grupo: os sete enfermeiros portugueses identificados – três deles como encarregados de pavilhões – tinham apenas instrução primária e idades entre os 28 e os 47 anos, dentre eles estava o enfermeiro-chefe Leonel Gaspar, de 40 anos, admitido em dezembro de 1930. Além da baixa instrução de todos os enfermeiros de origem portuguesa, a ausência de mulheres chama atenção, já que contrariava uma tendência do início do século XX em empregar mulheres neste ofício – em virtude de seu papel social de esposa e mãe, as mulheres seriam mais bem indicadas para cuidar e tratar dos doentes do que os homens. A baixa incidência de contratações de portuguesas no Juquery e uma imigração predominantemente masculina ajudam a compreender o porquê da ausência de mulheres lusas como enfermeiras.

16 MOTT, Maria Lúcia. Revendo a história da enfermagem em São Paulo (1890-1920). *Cadernos Pagu*. Campinas, n. 13, p. 327-355, 1999, p. 337.
17 MOTT, Maria Lúcia. Revendo a história da enfermagem em São Paulo (1890-1920). *Cadernos Pagu*. Campinas, n. 13, p. 327-355, 1999, p. 337-339.

Gráfico 27. **Profissões dos portugueses no Hospital do Juquery, discriminados por sexo**

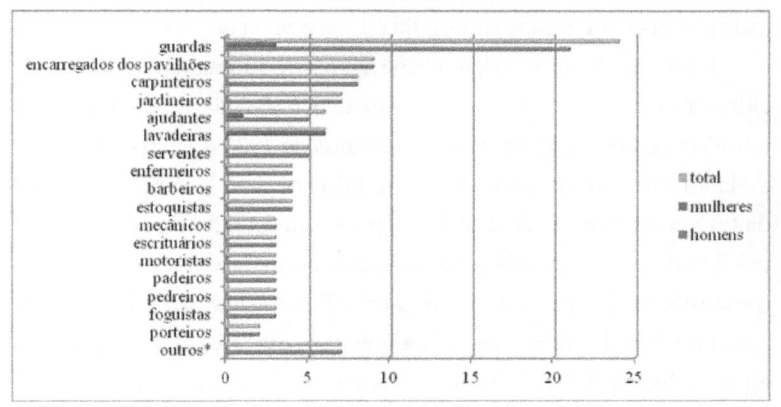

*outros: um pintor, um extrator de areia e cinco lavradores.

SERVIÇO DE ATENDIMENTO MÉDICO ESTATÍSTICO DO HOSPITAL DO JUQUERY. Assistência Geral a Psicopatas do estado de São Paulo. Serviço de identificação (livros de registro de funcionários, números 01- 100 até 1301-1400).

Embora os guardas, enfermeiros e encarregados de seção constituíssem o grande "motor" da instituição, o Juquery necessitava de empregados de diversas áreas para garantir sua manutenção – em especial após a organização e ampliação da laborterapia com a instauração do Serviço de Ergoterapia. A maior parte dos portugueses identificados nesta pesquisa não desempenhou funções diretamente relacionadas com a disciplina nos pavilhões ou mesmo nas colônias agrícolas anexas ao hospital, mas sim na prestação de serviços ao Juquery, como carpintaria, barbearia, lavanderia e padaria. Os cargos assumidos dependiam do grau de instrução e da experiência anterior do candidato. No quesito instrução, os imigrantes foram assim distribuídos: 31 analfabetos (23 homens e 8 mulheres), 50 com instrução rudimentar ou preliminar (49 homens e 1 mulher), 22 com instrução primária (21 homens e 1 mulher) e apenas um homem com o curso secundário completo. Desta forma, os analfabetos corresponderam a 30% do total de portugueses empregados, um número menor do que a porcentagem de analfabetos destes imigrantes desembarcados no porto de Santos entre 1908 e 1936 que foi de 52%.[18] Havia médicos de origem estrangeira no Juquery, o mais conhecido entre eles foi Constantino Nicolaevich Trétiakoff, anátomo-patologista russo, que exerceu entre os anos de 1923 e 1926 o comando do laboratório de anatomia patológica do hospital. No entanto, apesar da língua em comum com os brasileiros, não foi identificado nenhum médico de origem portuguesa. Yvone Avelino desenvolveu uma pesquisa sobre médicos lusitanos na Real e Benemérita Sociedade Portuguesa de Beneficência e identificou apenas cinco esculápios entre os anos de 1859 e 1944. A baixa frequência de médicos portugueses no corpo clínico do Hospital de São Joaquim em relação aos brasileiros, e até mesmo a outros estrangeiros, como italianos, foi atribuída pela autora ao avanço do saber científico em países como Inglaterra, França e Alemanha, e a facilidade de entrada no Brasil encontrada por médicos de origem italiana através de acordos legislativos de e/imigração entre os dois governos.[19] Apesar da admiração que Pacheco e Silva nutria por Portugal e pelos psiquiatras portugueses,[20] não houve nenhum in-

18 KLEIN, Herbert S. A integração social e econômica dos imigrantes portugueses no Brasil nos finais do século XIX e no século XX. *Análise Social*, Lisboa, v. 28, n. 121, p. 235-265, 1993.

19 AVELINO, Yvone Dias. Mobilidade e cidade: médicos portugueses na Real e Benemérita Beneficência Portuguesa de São Paulo (1895-1944). In: *XXII Encontro Estadual de História da ANPUH-S* p. Santos, 2014.Disponível<http://www.encontro2014.s p.anpuh.org/resources/anais/29/1405094655_ARQUIVO_ArtigoYvoneANPUH2014MobilidadeeCidadeMedicosPortuguesesnaRealeBenemeritaBeneficenciaPortuguesadeSaoPaulo_18591944_.pdf> Acesso em 17 Nov. 2014.

20 PACHECO E SILVA publicou um artigo na Revista Paulista de Medicina intitulado "Contribuição dos psiquiatras portugueses à medicina do espírito" onde ele discorre sobre os frutos do trabalho de quatro lusitanos: Padre Faria (1756-1819) com seus estudos sobre o magnetismo e hipnose; Miguel Bombarda (1851-1910) diretor do primeiro manicômio português – Hospital de Rilhafoles – e importante líder do movimento republicano português; Júlio de Matos (1856-1922) um dos mais conceituados alienistas portugueses nas primeiras décadas do século XX e Magalhães Lemos (1855-1931) diretor do Hospital

dício da passagem de médicos lusitanos pelo hospital do Juquery no período aqui trabalhado.

Pacheco e Silva mantinha contato com os maiores expoentes da medicina portuguesa da época, tendo inclusive colaborado para a atribuição do Prêmio Nobel de Medicina a Egas Moniz (1874-1955) em 1949 pelo desenvolvimento da Leucotomia pré-frontal – intervenção cirúrgica cerebral.[21]

Gráfico 28. Profissões desempenhadas pelos portugueses antes da admissão no hospital

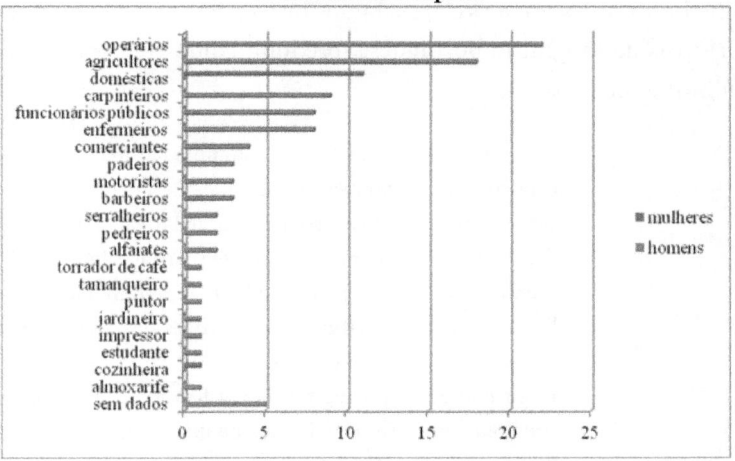

SERVIÇO DE ATENDIMENTO MÉDICO ESTATÍSTICO DO HOSPITAL DO JUQUERY. Assistência Geral a Psicopatas do estado de São Paulo. Serviço de identificação (livros de registro de funcionários, números 01- 100 até 1301-1400).

do Conde de Ferreira, no Porto, e cofundador, junto com Júlio de Matos, da Casa de Saúde Portuense. Cf. PACHECO E SILVA. Contribuição dos psiquiatras portugueses à medicina do espírito. *Revista Paulista de Medicina*. Suplemento Cultural, n. 2, mar/abr. 1980. Acervo do Museu Histórico da FMUSP

21 CORREIA, Manoel; MARINHO, Maria Gabriela S. M. C. A 1ª conferência internacional de psicocirurgia e a influência dos cientistas brasileiros na atribuição do prêmio Nobel a Egas Moniz. In: MOTA, André; MARINHO, Maria Gabriela S. M. C (Org). *História da Psiquiatria: ciência, práticas e tecnologias de uma especialidade médica*. 1 ed. São Paulo : Faculdade de Medicina USP, UFABC: CD.G Casa de soluções e editora, 2012, v. 2, p. 11-29.

Através do gráfico acima, nota-se o predomínio de ofícios urbanos, como – operários, padeiros, carpinteiros e alfaiates. Isto ocorreu em virtude da preferência dos portugueses, apesar de suas origens campesinas, pelas cidades, atitude facilitada pela língua em comum, pela maior oferta de empregos e melhores serviços de saúde e educação, se comparados ao interior, e pela presença de portugueses no comércio varejista brasileiro e sua preferência em contratar conterrâneos. A mesma tendência, como apresentada anteriormente, foi encontrada entre os pacientes de origem portuguesa. Alfredo Ellis Júnior associou a preferência dos lusos pelas cidades às características da imigração portuguesa, predominando elementos masculinos e solteiros:

> Com um lar mal constituído, com uma família provisoria, o portuguez lacrimoso de saudades de Portugal, não se sente attrahido pelo nosso meio rural, tão fagueiro, convidativo e promissor, para os que têm famílias bem solidamente formadas, na paz, e no labutar remunerativo, que lhes dá a vida nos latifundios cafeeiros das zonas velhas ou nos sítios das zonas novas.
> É por isso que o portuguez não se fixa muito no interior. Prefere os misteres provisorios de que se pode desvencilhar quando os recursos se fazem pingues para uma volta a Portugal.[22]

Como observado pelo *gráfico n° 12 porcentagem de pacientes portugueses, discriminada por sexo, hospital do Juquery* do capítulo anterior, as mulheres representavam 33% das internações entre os portugueses, mas como empregadas sua importância decresceu significativamente se comparada aos homens: foram 96 portugueses, 89%

---

22 ELLIS JÚNIOR, Alfredo. *Populações paulistas*. São Paulo: Companhia Editora Nacional, 1934, p. 171-172. Procedeu-se na manutenção da grafia original.

do total, e 12 portuguesas, 11%. As vagas disponibilizadas para o trabalho no hospital contemplavam sobretudo os homens.

Havia uma divisão bastante clara de tarefas a partir do gênero:[23] as mulheres desempenhavam funções principalmente como lavadeiras, um serviço bastante necessário em virtude do número de pacientes internados, alguns deles defecando na própria roupa, mas também havia uma ajudante de cozinha, e, nos pavilhões femininos, devido à exigência de separação por sexo, as guardas eram mulheres.

Aqueles que desempenhavam ofícios de carpintaria, barbearia, padaria e condução de veículos automotores, em geral, tendiam a prestar o mesmo serviço no Juquery. Prova disso, foi a relevante presença de carpinteiros – necessários para a fabricação de móveis, portas e janelas que o hospital requeria. Tais ofícios eram úteis ao Juquery desde sua fundação, mas as reformas para ampliação e reorganização dos serviços hospitalares empreendidos pela direção de Pacheco e Silva contribuíram para aumentar a demanda por profissionais qualificados nestes misteres.

Grau de instrução e experiências profissionais determinavam o cargo a ser ocupado no serviço do hospital. Por exemplo, as vagas de guardas nos pavilhões, cargo que a maioria dos portugueses desempenhou, eram preenchidas por indivíduos com pouca ou nenhuma instrução, entre os 24 e 58 anos e, na maioria das vezes, agricultores. Portanto, o emprego de portugueses nestas funções não esteve totalmente relacionado aos seus estereótipos de boçais e broncos, mas sim, às suas origens socioeconômicas e seu grau de instrução. Aliás, estes dois aspectos aproximavam, para além da nacionalidade em comum, o português enquanto funcionário do português como paciente, como mostrado no *gráfico nº 8 Profissões declaradas pelos*

---

23 Definição de gênero conforme proposto por Joan Scott: como elemento constitutivo das relações sociais fundadas sobre diferenças percebidas entre os sexos. Cf. SCOTT, Joan. Gênero: uma categoria útil para análise histórica. *Educação & Realidade*. Porto Alegre, v. 15, n. 2, p. 5-22, jul./dez. 1990.

internos, sexo masculino, no momento da internação no segundo capítulo desta Dissertação.

O Serviço de Ergoterapia

As diversas funções para a manutenção hospitalar iam muito além de médicos, guardas, enfermeiros ou encarregados de seção. O Hospital foi concebido para ser um asilo-colônia, um lugar para o internamento e também para o trabalho dos pacientes – a chamada ergoterapia. Esta, nos tempos em que Francisco Franco da Rocha foi diretor da instituição, era sinônimo de trabalho agrícola e criação de animais. A produção de tais gêneros alimentícios contribuía para o sustento da população internada e o excedente era vendido em pequenos mercados circunvizinhos.

O então recém-fundado Asilo do Juquery acompanhou as transformações sentidas na cidade de São Paulo no início do século XX, em especial o forte aumento da população internada: dos 80 pacientes no ano de fundação a população do hospital ultrapassou a cifra dos 1.000 internos em meados da década de 1930.[24] Para acompanhar seu crescimento novas instalações foram construídas e sua área foi ampliada para 2.500 hectares. O hospital estava localizado a 30 km da capital do estado e servido pela estrada de ferro *São Paulo Railway*.

As grandes proporções do nosocômio paulista exigiram a ampliação da prática da laborterapia imposta aos pacientes, como forma de aproveitar a mão de obra disponível para o fornecimento de itens, gêneros e serviços necessários para o funcionamento hospitalar. No entanto, a complexidade dos ofícios exigidos para sua manutenção levou à contratação de pessoal com experiência para executá-los, além do uso da mão de obra dos pacientes, fato que gerou oportunidades de emprego.

---

24 PACHECO E SILVA. *O que se tem feito em São Paulo pela assistência aos psicopatas. O que é preciso fazer.* Acervo do Museu Histórico da FMUSP, s/d. 4 p.

O serviço de Ergoterapia, instituído em 1927 para responder às necessidades do Juquery, constituiu-se como um departamento autônomo, dirigido por um técnico – o engenheiro Ralph Pompêo de Camargo – sendo responsável pelos serviços de conservação, abastecimento de água, energia elétrica, transportes, oficinas e pequenas indústrias. O serviço de Ergoterapia estava dividido em dezesseis seções: escritório central, oficina mecânica, oficina de marcenaria e carpintaria, seção de obras, proteção e distribuição de energia elétrica, oficina de pintura, transportes, parques e jardins, turmas volantes, estradas, sapataria, tipografia, olaria, colchoaria, saboaria e apiário.

Um aspecto essencial foi o fornecimento de água potável, antes da criação do Serviço de Ergoterapia a água era canalizada para o hospital a partir de vertentes, algumas localizadas dentro da mata e contaminadas com excrementos de animais, o que gerava intermináveis epidemias de febre tifoide e disenteria. Para remediar o problema a água passou a ser clorada nos reservatórios, mas não filtrada. No final da década de 1930 houve um projeto de captação de água na barragem da represa da usina elétrica do Juquery e a construção de uma estação para tratamento desta água, mas o plano ficou engavetado por décadas.[25]

Outro aspecto fundamental era o fornecimento de energia elétrica, neste quesito, o Juquery era abastecido por uma usina construída na 4ª colônia, composta por duas turbinas hidráulicas acopladas em dois geradores de corrente alternada em 3800 volts. Como a região sofria com estiagens, a administração do hospital adquiriu um motor a diesel de fabricação alemã, acoplado a um dos geradores. Com o aumento da demanda de energia elétrica pelo hospital – que ainda abastecia com iluminação pública a estação de trens do Juquery – o motor precisou trabalhar dia e noite causando danos às suas peças. Este motor era assistido por uma empresa alemã sediada em São Pau-

---

25 CAMARGO, Ralph Pompêo. *Abastecimento de água no HOSPITAL DO JUQUERY*. Acervo do Museu Histórico da FMUSP, 1980.

lo, mas, com a eclosão da Segunda Guerra Mundial (1939-1945) e as consequentes dificuldades em obter a assistência técnica germânica, a administração do Juquery precisou recorrer às empresas brasileiras.[26] Portanto, com algumas dificuldades, o próprio hospital conseguia prover sua energia e ainda abastecer os arredores.

Na Oficina Mecânica eram reparados os veículos do estabelecimento e produzidas camas, torneiras e aparelhos de ventilação para as salas de operação cirúrgica do hospital. O serviço de carpintaria e marcenaria fabricava as cadeiras, mesas e janelas para as novas construções, visto o Juquery ainda encontrar-se em ampliação.

Os prontuários dos pacientes, folhas de observação e periódicos científicos, onde os maiores psiquiatras brasileiros divulgavam suas pesquisas, eram impressos na tipografia do Hospital.[27]

O funcionamento de um matadouro, alimentado pela criação de animais nas colônias agrícolas, levou à criação de uma saboaria para o aproveitamento dos resíduos até então inaproveitáveis. A saboaria produziu os sabões usados na limpeza do estabelecimento, bem como os sabonetes e pastas dentárias para uso dos pacientes. A demanda por colchões era grande devido à ação de doentes destruidores, assim, a colchoaria do hospital os produziu utilizando capim apropriado, encontrado nas colônias agrícolas, para sua confecção.

---

26 CAMARGO, Ralph Pompeo. *Energia elétrica no HOSPITAL DO JUQUERY.* Acervo do Museu Histórico da FMUSP, 1980.

27 O primeiro periódico brasileiro na área da psiquiatria os *Arquivos Brasileiros de Psiquiatria, Neurologia e Ciências Afins* (1905-1907) era impresso nas Oficinas de Tipografia e Encadernação do Hospício Nacional de Alienados, no Rio de Janeiro, onde a maioria dos operários era constituída por internos. VENANCIO, Ana Teresa. Classificando diferenças: as categorias demência precoce e esquizofrenia por psiquiatras brasileiros na década de 1920. *História, Ciências e Saúde – Manguinhos.* Rio de Janeiro. v. 17, supl.2. Disponível < http://dx.doi.org/ 10.1590/S0104-59702010000600004>. Acesso em 28. Jul 2013. Desta forma, é possível perceber que a mão de obra dos internos também fora usada em outros manicômios do Brasil.

Até 1928 o transporte de funcionários e doentes da estação de trens para o hospital, e do hospital central para às colônias agrícolas, era feito por meio de tração animal. Com o advento de automóveis e caminhões, o transporte por animais, obsoleto, foi substituído pelo transporte motorizado. As estradas para a passagem dos veículos eram construídas e mantidas pelos próprios pacientes organizados em "turmas volantes" – espécies de equipes constituídas para o trabalho.

A lavanderia era formada por um prédio de 40 metros de cumprimento por 12 de largura, com duas entradas, uma para as roupas contaminadas – que eram desinfetadas antes da lavagem – e outra para as roupas não contaminadas. Além do serviço de lavagem, as vestes passavam por estufas de secagem e depois eram passadas manualmente, a lavanderia tinha capacidade para lavar até 2.000 quilos de roupas diariamente. O filósofo francês Michel Foucault apontou que já no século XIX, os serviços na lavanderia serviam para empregar mulheres com as mais diversas sintomatologias:

> Assim, "as que estão no lavadouro e na lavanderia são quase sempre acometidas de um delírio ruidoso e não podiam se submeter à calma da vida de uma oficina". No lavadouro e na lavanderia, portanto, pode-se delirar em voz alta, pode-se falar alto, pode-se gritar. Em segundo lugar, "as que estendem a roupa são melancólicas para as quais esse gênero de trabalho pode trazer de volta a atividade vital que tantas vezes lhes falta. As imbecis e as idiotas são encarregadas de transportar a roupa do lavadouro ao secadouro. Os locais de triagem são da atribuição das doentes tranquilas, monomaníacas e cujas ideias fixas ou alucinações possibilitam uma atenção sustentada".[28]

---

28 FOUCAULT, Michel. *O poder psiquiátrico: um curso dado no Collège de France (1973-1974)*. Tradução de Eduardo Brandão. São Paulo: Martins Fontes, 2006, p. 159.

Quanto à alimentação dos pacientes e funcionários, o Juquery contava, na época, com uma cozinha constituída por dois fogões, além de lavadoras, estufas, frigoríficos e um tanque para fabricação de gelo. Como o consumo de pão era muito alto e inviável seu fornecimento regular a partir da capital foi construída uma nova padaria munida com um grande forno a vapor e uma masseira com capacidade para 10 sacos de farinha de trigo. Por fim, havia ainda a Vila Residencial, inaugurada em 1934, composta por seis casas que abrigavam cinco médicos residentes e o engenheiro chefe do Serviço de Ergoterapia, Ralph Pompêo de Camargo.[29]

O principal alvo do Serviço de Ergoterapia eram os braços dos pacientes,[30] mas as necessidades de mão de obra com experiência em determinados serviços determinaram a contratação de pessoal. Desta forma, aqueles que desempenhavam ofícios de barbearia, padaria, mecânica e carpintaria, tendiam a continuar com eles no Juquery. Em uma profissão realmente os portugueses se destacaram, proporcionalmente, em relação a outras nacionalidades: a de padeiro. Foram identificados oito profissionais deste ofício: quatro brasileiros, três portugueses e um espanhol.

A imigração portuguesa esteve fortemente relacionada ao comércio varejista, destino mistificado por muitos que acalentavam o sonho de promoção social no Brasil, e esta atividade acompanhou o crescimento da malha urbana paulistana, tornando o português da esquina referência obrigatória.[31] Os imigrantes, em especial italianos

29 PACHECO E SILVA, Antonio Carlos. *A Assistência a psicopatas no estado de São Paulo*. Acervo do Museu Histórico da FMUSP, s/d, 102 p.

30 Infelizmente os prontuários pesquisados, grande parte deles escritos de maneira telegráfica, não dispõem de pormenores sobre o trabalho de pacientes em tais serviços. De qualquer forma, sabe-se, pelos registros de funcionários a admissão de pessoal para coordenar ou mesmo executar estes ofícios.

31 MENEZES, Lená Medeiros. "Jovens portugueses: Histórias de sucesso, histórias de trabalho, histórias de fracasso". In: GOMES, Ângela de Castro (org.) *Histórias de imigrantes e de imigração no Rio de Janeiro*. Rio de Janeiro: Sette Letras, 2000.

e portugueses, marcaram a história da panificação em São Paulo ao introduzirem o pão tipo francês – preferido pelo consumidor por ser fresco, pois era produzido várias vezes ao dia – que substituiu o antigo hábito de consumir o mesmo pão ao longo do dia. Os portugueses ainda eram donos de centenas de padarias na capital e os maiores sócios do Sindicato dos Industriais de Panificação e Confeitaria.[32]

Maria Izilda Matos, em um artigo onde aborda os conflitos trabalhistas da panificação em São Paulo nas primeiras décadas do século XX, não deixou de mencionar um anúncio de oferta de trabalho em uma padaria publicado no jornal *O Diário de São Paulo*, em 1926, onde um dos critérios exigidos para o preenchimento da vaga era o candidato ser de origem portuguesa.[33]

Esta forte associação entre o imigrante português e a padaria, presente no imaginário paulistano até os dias atuais, e a boa fama dos lusos foram reconhecidas pela administração do Juquery, o que ficou exemplificado no fato do chefe da padaria do hospital ser o português Joaquim Duarte, 30 anos, procedente do concelho de Barcelos, distrito de Braga.

Não foi possível identificar o tempo de permanência dos imigrantes no Brasil antes de sua admissão no Juquery; no entanto, a confrontação entre os dados perscrutados nos livros de registro de empregados com as informações produzidas pela Secretaria de Agricultura sobre o desembarque de imigrantes no porto de Santos entre os anos de 1908 e 1936, permite deduzir que grande parte dos portugueses não foi contratada pela administração do Juquery logo após seu desembarque em terras tupiniquins. Isto porque, segundo os registros de movimentação no porto santista, os solteiros predominavam entre os portugueses – 55% destes, contra 43% de casados e 2% de viúvos

---

32 FREITAS, Sonia Maria de. *Presença portuguesa em São Paulo*. São Paulo: Imprensa Oficial, 2006. p. 94-65.
33 MATOS, Maria Izilda. Padeiros. Portugueses e experiências políticas: a luta e o pão 1870-1945. In: *História*. São Paulo, vol. 28, supl.1, p. 415-438, 2009.

– e, em relação ao ofício declarado pelo imigrante às autoridades portuárias, os agricultores representavam 48% [34]. Estas proporções não foram identificadas entre os funcionários do hospital: predominam os casados e com profissões urbanas. Estes indícios podem sugerem contratações de imigrantes residentes no país há algum tempo, talvez anos. Período suficiente para contraírem um matrimônio no Brasil e buscarem um emprego urbano.

Gráfico 29. Estado civil dos funcionários de origem portuguesa

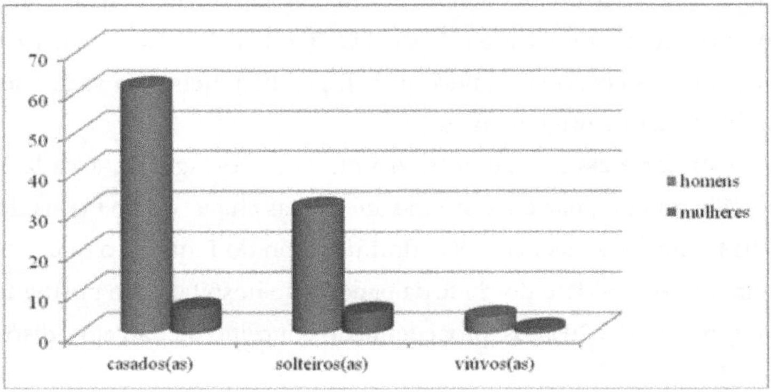

SERVIÇO DE ATENDIMENTO MÉDICO ESTATÍSTICO DO HOSPITAL
DO JUQUERY. Assistência Geral a Psicopatas do estado de São Paulo.
Serviço de identificação (livros de registro de funcionários,
números 01- 100 até 1301-1400).

---

34 KLEIN, Herbert S. A integração social e econômica dos imigrantes portugueses no Brasil nos finais do século XIX e no século XX. *Análise Social*, Lisboa, v. 28, n. 121, p. 235-265, 1993.

Gráfico 30. Faixa etária dos empregados quando foram admitidos

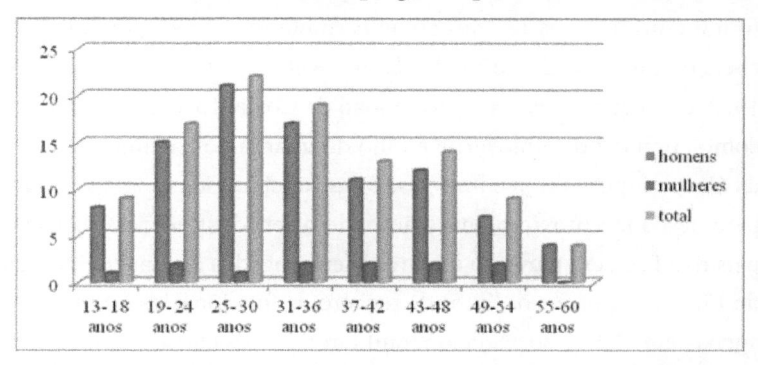

SERVIÇO DE ATENDIMENTO MÉDICO ESTATÍSTICO DO HOSPITAL
DO JUQUERY. Assistência Geral a Psicopatas do estado de São Paulo.
Serviço de identificação (livros de registro de funcionários,
números 01- 100 até 1301-1400).

Outro aspecto que corrobora esta hipótese é a idade dos funcionários admitidos. A contratação de indivíduos com mais de 40 anos – uma idade que não suscitava muitos candidatos à emigração, visto que a expectativa de vida em Portugal na década de 1920 não ultrapassava os 35 anos[35] – não foi modesta. Os homens tinham à sua disposição maiores oportunidades de trabalho, encontravam colocações mesmo após os 50 anos – como o barbeiro José Lourenço, admitido em abril de 1937 aos 59 anos e Francisco dos Santos que, aos 58 anos, foi contratado como guarda de pavilhão em novembro do mesmo ano. Já as mulheres, como eram empregadas, majoritariamente, como lavadeiras, tinham opções empregatícias mais reduzidas e raramente suas contratações excediam aos 50 anos.

Indivíduos admitidos entre os 13 e 18 anos, em geral, eram filhos ou irmãos de funcionários contratados anteriormente. Entre pais e fi-

---

35 MIRANDA, Sacuntala de. A base demográfica. In: SERRÃO, Joel; MARQUES, António Henrique de Oliveira. *Portugal da monarquia para a república.* Lisboa: Editorial Presença, 1991. v. 11 (*Nova História de Portugal*), p.23.

lhos dois casos foram identificados: o primeiro, Manoel Antonio Dias Júnior admitido aos 18 anos como carpinteiro em 1927, era filho do chefe da dispensa do hospital, Manoel Antonio Dias, contratado em 1912; e o segundo caso, do jovem João da Costa, 13 anos, empregado como aprendiz de almoxarife e filho do guarda de pavilhão Antonio da Costa. É possível que houvesse mais funcionários imigrantes com parentesco tão próximo, mas não podem ser identificados caso seus pais não fizessem parte do quadro de empregados no final da década de 1930. Isto porque os livros de registro de funcionários foram feitos apenas em 1937 e só mencionaram em suas páginas os empregados contratados a partir daquele ano, e que, mesmo admitidos anos antes, ainda se encontravam na prestação de serviços para o hospital.

À semelhança de pais e filhos, os irmãos também assumiam funções distintas nos hospitais da Assistência Geral aos Psicopatas e quase todos os familiares identificados trabalharam no Hospital do Juquery. A exceção coube aos irmãos Filomena Pires, 35, guarda do Hospital da Penha – exclusivo para mulheres – e, Zeferino Pires, com a idade não mencionada, contratado como servente do Juquery. Ao todo foram identificadas 14 pessoas com parentesco. Não se descarta, porém, a possibilidade da existência de parentescos colaterais como tios e sobrinhos, visto a existência de sobrenomes similares e indivíduos procedentes dos mesmos lugares em Portugal – em especial Póvoa de Varzim e Esposende.

A existência de parentes na prestação de serviços, em especial no Hospital do Juquery, demonstra a estratégia de determinadas famílias para a conquista de colocações empregatícias no mercado brasileiro. É importante frisar que a atual cidade de Franco da Rocha – na época conhecida como Juqueri – desenvolveu-se em torno do hospital psiquiátrico e este era responsável pela manutenção de numerosos empregos na região. Assim, para famílias que residiam no município ou mesmo nas dependências do hospital, ter um ente empregado no

Juquery poderia facilitar a admissão de outros membros da mesma família e consequentemente conspirar a favor do sustento desta.

Loucura: doença contagiosa?

Trabalhar em um manicômio não era bem visto por muitos, não só por causa das más condições laborais, mas pelo receio de contágio da loucura. Embora os médicos negassem que houvesse a possibilidade de um funcionário enlouquecer em virtude do contato direto com os doentes, muitos acreditavam na real possibilidade de contaminação. Lima Barreto, por exemplo, indicou que, através da imitação, era possível a loucura se alastrar:

> Haverá contágio na loucura? Creio que sim. Ambiência do hospital, A imitação como própria à natureza da nossa inteligência. Notar p. imita dois loucos: C.B. (tenente) que dá para bater portas e cadeiras, dá murros na mesa, etc., Pereira, que imita dar traques. Este é copiado por diversos. As falas com que acompanham os gestos com a bôca não se podem repetir: são porcas demais.[36]

Entre os portugueses alguns casos de ex-funcionários que, passados alguns anos, voltaram ao manicômio, mas como pacientes. O caso mais instigante foi o de Félix C., pois o mesmo passou de empregado do Hospital do Juquery para interno do Sanatório Pinel e, depois de um breve período ali internado, retornou ao antigo lugar de trabalho, mas como paciente.

Em 1929, Félix trabalhou na 5ª colônia do Juquery, colônia agrícola fundada por Pacheco e Silva e destinada aos pacientes acometidos de sífilis,[37] onde permaneceu até o ano seguinte. Como não

---

36 LIMA BARRETO, Afonso Henriques. *O cemitério dos vivos*. 2.ed. São Paulo: Brasiliense, 1961, p. 102. Procedeu-se na manutenção da grafia original.
37 PIZZOLATO, Pier Paolo Bertuzzi. *O Juquery:* sua implantação, projeto arquitetônico e diretrizes para uma nova intervenção.326f. Dissertação (Mestrado)

conseguiu um novo emprego, em 1932, a pedido do cônsul de Portugal foi empregado como jardineiro em uma chácara do Hospital da Beneficência Portuguesa de Santos em troca de abrigo até ser repatriado, destino que o próprio Félix desistiu passados alguns meses. Continuou trabalhando na chácara até 1936 quando, aos 57 anos, alegando não aguentar o peso daquele trabalho, foi nomeado vigia. A partir daquele ano, algumas mudanças em seu comportamento foram notadas apontando para uma tendência hipocondríaca: julgava que o chá, demasiadamente quente que bebia, queimaria fatalmente seu estômago e que o prego que pisara acidentalmente levaria à amputação de seus membros inferiores. Este quadro foi acompanhado de perda de memória, principalmente para fatos recentes; suscetibilidade para fatos fúteis, mas pouco interesse para acontecimentos de maior envergadura; depois disso, seu estado evoluiu para uma forte agitação psicomotora que ditou sua internação.

Em outubro de 1938, acompanhado por um enfermeiro da Beneficência, foi internado no Sanatório Pinel diagnosticado com *demência senil*. Permaneceu nesta instituição particular por cinco meses, em seu prontuário consta a prescrição de sedativos, que seus "sono e alimentação se apresentaram satisfatórios".[38] Como era solteiro e sem família no Brasil, não recebeu nenhuma visita durante sua passagem pelo Pinel.

Em março de 1939 foi encaminhado para o Hospital do Juquery, aonde chegou reclamando que os médicos do sanatório de Pirituba não lhe atenderam como deveriam e que seu corpo estava reduzido a um "pau podre" já que seus órgãos não funcionavam mais,[39] faleceu dois meses depois.

– curso de Arquitetura, Universidade de São Paulo, 2008. p. 70.

38 SANATÓRIO PINEL. Prontuário. Félix C., 59 anos, solteiro, branco, operário, procedente de Santos e internado em 19 de outubro de 1938.

39 HOSPITAL DO JUQUERY. Prontuário. Félix C., 59 anos, solteiro, branco, profissão não declarada, procedente de São Paulo e internado em 29 de março de 1939.

Retomando a tese dos funcionários portugueses como algozes de seus pacientes, não se pretende negar aqui que os empregados de origem portuguesa abusaram de sua autoridade e cometeram excessos com os doentes, mas que esta prática não foi exclusiva dos funcionários daquela nacionalidade.

Dentro dos muros de uma instituição total emergiam tensões entre médicos, doentes e funcionários, como, por exemplo, no prontuário de Idalina C., onde consta que a paciente gritava, enquanto puxava os cabelos pelos corredores do Juquery: "sou casada, não ligo para médicos nem para o doutor Pacheco e Silva. Não gosto de médicos nem da medicina, bandidos querem abusar!"[40]

Situações de abuso com os pacientes se repetiam em outros manicômios brasileiros, versos compostos por uma interna do Hospital Colônia de Barbacena evidenciam esta prática:

> Ô seu Manoel, tenha compaixão
> Tira nós tudo desta prisão
> Estamos todos de azulão
> Lavando o pátio de pé no chão
> Lá vem a boia do pessoal
> Arroz cru e feijão sem sal
> E mais atrás vem o macarrão
> Parece cola de colar balão
> Depois vem a sobremesa
> Banana podre em cima da mesa
> E logo atrás vêm as funcionárias
> Que são umas putas [Grifo meu] mais ordinárias.[41]

---

40 HOSPITAL DO JUQUERY. Prontuário. Idalina C., 19 anos, solteira, branca, operária, procedente do Recolhimento das Perdizes e internada em 15 de dezembro de 1930. Procedeu-se na manutenção da grafia original.

41 ARBEX, Daniela. *Holocausto Brasileiro* [e-book]. São Paulo: Geração editorial, 2013.

O ataque à severidade moral das funcionárias evidencia os conflitos existentes entre aquelas e as pacientes no interior do hospital
de Barbacena, sem menções a nacionalidade dos envolvidos. Porém,
quando os funcionários em questão eram estrangeiros – em especial
portugueses – outras forças, para além das tensões entre pacientes e
empregados, poderiam emergir, como o antilusitanismo.

A imigração portuguesa no Brasil encontrou situações de privilégio e intolerância: o privilégio provinha de medidas institucionais
como leis de imigração que favoreciam os portugueses em detrimento de outras nacionalidades,[42] ou então, declarações um tanto vagas
quanto à fraternidade existente entre os dois povos, emitidas pelas
autoridades brasileiras e portuguesas. Mas nas ruas das principais cidades brasileiras o cenário era outro: o imigrante português era as-
sociado ao antigo colonizador, explorador e responsável pelo atraso
do Brasil, ao varejista ambicioso que apenas empregava patrícios, ex-
cluindo, assim, os brasileiros das atividades comerciais, aos senhorios
que cobravam aluguéis exorbitantes de seus inquilinos e aos recém-
-chegados que concorreriam pelas mesmas oportunidades de trabalho com os elementos nacionais. Portanto, um imigrante potencialmente bem-sucedido ganhando status social e frustrando os ensejos
dos brasileiros pobres ou de camadas intermediárias da população.[43]

Na última década do século XIX o jornal *O Jacobino* insuflava a
população da Capital Federal ao ódio contra os portugueses, como
apresentado nesta transcrição dos versos publicados pelo periódico
em 13 de outubro de 1894.

---

42 MENDES , José Sacchetta Ramos. *Laços de sangue: privilégios e intolerância à
    imigração portuguesa no Brasil.* São Paulo: Editora da Universidade de São
    Paulo e Fapesp, 2011, p. 305.

43 QUEIROZ, Suely Rodrigues Reis de. *Os radicais da república.* Jacobinismo: ide-
    ologia e ação 1893-1897. São Paulo: Brasiliense, 1986, p. 244-253.

Aos Marotos
O Brasil este gigante
Tão possante
Há de sempre triunfar
Contra as farpas do estrangeiro
Aventureiro
Que vem aqui me enganar
Não há País tão poderoso
E grandioso
Como meu caro Brasil!...
Tudo nele é um tesouro
Onde o ouro
Corre em jorro e ondas mil
Este só o abençoado...
Idolatrado.
Não quer mais um só instante
Nas suas plagas formosas
Venturosas
Um português imigrante
Cego de vil ambição
Vem então
Para nossa boa terra
Esses vis gananciosos
Invejosos
Fazer-nos tão crua guerra
Vamos, pois todos unidos
Resolvidos,
Expulsar estes vilões
Desde o espertalhão padeiro
O taberneiro
Até os grandes barões
Que vão para Lisboa
Terra boa
Como dizem estes garotos
Que de lá vem imundos

Nauseabundos
Todos sujos, como rotos
Se a sua terra tão bela
Vão para ela
Ganhar dinheiro por lá.
Nós aqui não precisamos
Nem rogamos
Que eles venham para cá.[44]

Este antilusitanismo atingia o interior dos manicômios, e quando um empregado de origem portuguesa cometia abusos contra os pacientes – em sua maioria brasileiros – o papel de explorador que muitos atribuíam os portugueses vinha à tona, ainda que houvesse funcionários brasileiros fazendo o mesmo.

Na missiva endereçada a Franco da Rocha por um ex-interno em 1910 que foi transcrita no início deste capítulo, mencionando os abusos cometidos por funcionários de origem portuguesa aos pacientes internados, destaca-se o seguinte trecho: "Não haverá brasileiros que sirvam de empregados do Juquery? Pobre Brasil e pobres brasileiros".[45] Este trecho é bastante sugestivo, pois, mostra os brasileiros como indivíduos submetidos e oprimidos pelos portugueses – a mesma ideia que alimentou o antilusitanismo nas ruas da época – mas, desta vez, os atores não eram senhorios e inquilinos ou comerciantes e fregueses, e sim, empregados e pacientes. No entanto, o autor da carta omitiu o contrário, isto é, a presença de pacientes portugueses sujeitos a maus tratos por funcionários de quaisquer nacionalidades, inclusive brasileiros.

Assim, mais do que evidenciar a disposição dos empregados portugueses em praticar excessos contra os doentes, o teor daquela carta

44 RIBEIRO, Gladys Sabina. A guerra aos portugueses no Rio de Janeiro no final do século XIX. Oceanos. Lisboa, n. 44, p. 68-84, out./dez. 2000.

45 CUNHA, Maria Clementina Pereira. O espelho do mundo: Juquery, a história de um asilo.2.ed. Rio de Janeiro, Paz e Terra, 1988. p. 91.

pode ser um reflexo do antilusitanismo compartilhado por muitos no início do século XX.

Considerações finais

Esta pesquisa foi resultado de um trabalho de três anos de perscrutação a prontuários clínicos de pacientes portugueses internados no Hospital do Juquery e Sanatório Pinel na década de 1930, na altura os dois estabelecimentos faziam parte da cidade de São Paulo, e também de livros de registro de funcionários de origem portuguesa no Juquery. Desta forma, foi possível discorrer sobre a presença lusitana em hospitais psiquiátricos da capital paulista, seja como pacientes seja como funcionários.

Ao longo deste trabalho procurou-se compreender nas linhas de cada um dos 548 prontuários de pacientes portugueses de que forma o diagnóstico de doença mental implicou na condenação do sonho de "fazer a América", ou, no caso dos lusos em São Paulo, "fazer o Brasil". Mas, conforme a leitura dos prontuários avançava, as anotações e a planilha no Microsoft Office Excel cresciam, o autor desta pesquisa foi confrontado com inúmeras histórias de vida que revelavam desilusões, frustrações, desespero, mas também alegria, euforia e esperança na concretização do sonho da imigração, que frequentemente eram diagnosticados como delírios megalomaníacos pelos psiquiatras do Juquery e Pinel, fato que ficou patente no comentário médico sobre os sonhos de viagens nutridos por um guitarrista de fado "ultimamente sua senhora vinha-se preocupando com a grande alegria e permanente bom humor que o paciente apresentava [...], pretendendo ganhar mundos e fundos com sua modesta profissão de guitarrista".[1] O que evidenciava, também, o papel da família no processo de internação.

Nestas histórias de imigrantes, parece que para muitos o sonho de enriquecimento já estava condenado ou quase condenado antes de serem encaminhados pela polícia – a "porta de entrada" da população mais pobre no hospício – ao Juquery. Em 230 casos pesquisados neste hospital a profissão foi desconhecida e, destes, 121 casos o histórico de vida antes da internação era ignorado. As poucas informações que apareciam evidenciavam que estes indivíduos eram recolhidos das cadeias ou das ruas e foram depositados no Juquery, alguns deles faleciam logo após a chegada e outros permaneciam esquecidos por anos em suas dependências. Aliás, o uso de hospitais psiquiátricos como depósito de pessoas marginalizadas socialmente não foi exclusivo do Brasil, em Portugal, o administrador-adjunto do Hospital Júlio de Matos em 1945 queixava-se que dos 489 internos, 250 eram pobres retirados das ruas de Lisboa.[2]

Outros pacientes tinham famílias responsáveis por eles que se esforçavam para arcar com os custos exigidos para o tratamento no Sanatório Pinel, mas em alguns casos solicitavam a saída prematura de seu ente por indisporem de condições financeiras. Nestes casos, a trajetória do paciente era relatada com maiores pormenores o que

---

1   SANATÓRIO PINEL. Prontuário. Manuel G. S., 39 anos, casado, branco, guitarrista, procedente de São Paulo e internado em 5 de dezembro de 1931.
2   PINHEIRO, Magda. *Biografia de Lisboa*. 3.ed. Lisboa: Esfera dos livros, 2011. p. 333.

evidenciava os percalços atravessados por estes indivíduos e o contato com os principais agentes responsáveis, segundo os médicos, pela gênese das doenças mentais: o alcoolismo, a sífilis e as heranças familiares. Em apenas um caso, o paciente foi suficientemente abastado para realizar seus tratamentos na Europa, caso excepcional onde a doença mental não atrapalhou o sonho de riqueza.

Os hospitais psiquiátricos da capital refletiam a diversidade de nacionalidades que se notava na cidade de São Paulo nas primeiras décadas do século XX, seus pacientes mesmo com um diagnóstico de doença mental ou alienação mental – termo também utilizado na época – não perdiam totalmente a razão e, muitas vezes, apegavam-se à nacionalidade como forma de reação ao processo de padronização e mutilação do eu imposto pela disciplina hospitalar. O recurso à nacionalidade transpareceu na forma de aversão a pacientes de outras origens nacionais, inclusive brasileiros, e pelo uso de lembranças da sua terra natal. Estes pacientes se apresentavam, antes de tudo, como portugueses e não como doentes de um hospital.

O desejo de retorno a Portugal, terra da infância, de amigos e de familiares, ficou patente em alguns prontuários, registrando inclusive pacientes que imploravam para os médicos a passagem de volta e manifestavam desejo claro de morrer na terra natal e não na adotiva. Possivelmente, para estes pacientes, o arrependimento da decisão de emigrar, a desilusão com a cidade de São Paulo, a impotência no reconhecimento do fracasso da empreitada transatlântica, o desespero de encontrar-se em uma "casa de loucos" em terra estrangeira e, principalmente, a nostalgia sentida pela terra de origem ditaram a ânsia de retorno à Europa.

Do lado não totalmente oposto, estavam os funcionários de origem portuguesa admitidos pelo hospital do Juquery, que não foram a total antítese dos pacientes porque suas origens sociais e culturais assemelhavam-se às daqueles. A esmagadora maioria dos funcionários lusos era analfabeta e proveniente dos setores sociais mais humildes, não havendo registro, pelo menos no período deste estudo, da contratação de médicos de origem portuguesa no Juquery. Mas, de qualquer forma, a presença de lusos como funcionários – proporcionalmente elevada se comparada a outros grupos de estrangeiros admitidos – evidenciou o lado daqueles que tinham o hospital psiquiátrico como seu sustento em terras paulistas.

As internações psiquiátricas que ocorrem na cidade de São Paulo refletiram o vertiginoso crescimento da cidade e seus esforços para o estabelecimento de modernos serviços de saúde pública. O impacto das levas de imigrantes que afluíam para a capital contribuiu para a ampliação desordenada da malha urbana e a aceleração de tensões sociais. Para a construção de uma cidade moderna, que reforçasse o ideal de superioridade alimentado por suas elites e alçasse São Paulo ao posto de liderança nacional, era necessário combater as epidemias e excluir indivíduos com distúrbios mentais e comportamento dissoluto, a inauguração do Asilo do Juquery em 18 de maio de 1898 foi uma resposta a esta necessidade. E com o contínuo crescimento da cidade nas primeiras décadas do século XX, a rede particular de assistência psiquiátrica ganhou impulso, a fundação de Sanatório Pinel em 1º de dezembro de 1929 foi um exemplo disso.

As primeiras décadas do século XX também foram marcadas por fortes inquietações da comunidade psiquiátrica brasileira, particularmente a paulista, com o fenômeno imigratório e suas implicações para a formação das futuras gerações. O imigrante seria um agente de redenção ou degeneração dos brasileiros? E quais os seus efeitos para a "raça de gigantes" – os paulistas? – já que o estado era o principal destino da correte imigratória para o Brasil. Estas preocupações suscitaram vozes em defesa do ideal eugênico para o controle da entrada de estrangeiros no país, através da seleção individual e étnica dos imigrantes aportados em território brasileiro os psiquiatras argumentavam que contribuiriam para a formação sadia e robusta das futuras gerações. Discurso tenazmente defendido pelos membros da bancada de chapa única "Por São Paulo unido", entre eles o deputado e psiquiatra Antonio Carlos Pacheco e Silva.

Neste contexto, o imigrante português destacou-se entre os desejados brancos europeus por apresentar as supostas melhores condições de adaptabilidade em terras tupiniquins. Em São Paulo os portugueses também foram louvados por parte da intelectualidade paulista, até como forma de contraposição à presença de negros na cidade.

Mas, se por um lado o português era bem-vindo por constituir a matriz étnica branca do Brasil, aqueles diagnosticados com alguma forma de doença mental perdiam o estatuto de estrangeiros preferenciais. O discurso oficial da época sobre as contribuições positivas da entrada de lusos no país não aparece, de forma alguma, nos prontuários de imigrantes portugueses, pelo contrário, a noção que transparecia era a de agentes "degeneradores da raça".

Lista de gráficos

Lista de quadros, mapas e fotos

Referências Bibliográficas

Fontes documentais

Arquivo público do Estado de São Paulo (APESP)

Prontuários do Sanatório Pinel de Pirituba (1929-1939)

SÃO PAULO, Secretaria da Agricultura, Indústria e Comércio, Diretoria de Terras, Colonização e Imigração (DTCI), _Boletim_, "movimento imigratório pelo porto de Santos", 1908 a 1936.

Serviço de atendimento médico estatístico do Hospital do Juquery (SAME)

Assistência Geral a Psicopatas do estado de São Paulo. Prontuários do Hospital do Juquery (1929-1939)

Assistência Geral a Psicopatas do estado de São Paulo. Serviço de identificação (livros de registro de funcionários, números 01-100 até 1301-1400)

Museu Histórico "Prof. Carlos da Silva Lacaz" da FMUSP, fundo Pacheco e Silva.

CAMARGO, Ralph Pompêo. *Abastecimento de água no hospital do Juquery*, 1980.

CAMARGO, Ralph Pompeo. *Energia elétrica no hospital do Juquery*, 1980. Acervo do Museu Histórico da FMUSP.

O DOUTOR Pacheco e Silva fala sobre a hygiene do espírito. A sua conferencia de hontem em continuação à Semana de Saúde. Hoje falará o Dr. Fausto Guerner. 1936. Acervo do Museu Histórico da FMUSP.

O PROBLEMA da pobreza. Interessante conferência realizada ontem, na escola livre de sociologia e política, pelo prof. Pacheco e Silva. *Folha da manhã*. São Paulo 20 nov. 1936

PACHECO E SILVA. *O que se tem feito em São Paulo pela assistência aos psicopatas. O que é preciso fazer*, s/d. Acervo do Museu Histórico da FMUSP.

_____. *A Assistência a psicopatas no estado de São Paulo*, s/d. Acervo do Museu Histórico da FMUSP.

_____. *Da demência paralítica em São Paulo*, s/d. Acervo do Museu Histórico da FMUSP.

_____. *A neuro-sífilis no Brasil.* s/d. Acervo do Museu Histórico da FMUSP.

_____. *Principais fatores determinantes das desordens psíquicas. Classificação das moléstias mentais.* s/d. 6. p. Acervo do Museu Histórico da FMUSP.

_____. *Um precursor dos métodos de choque*, s/d. Acervo do Museu Histórico da FMUSP. p.45-66.

_____. *Sanatório Pinel*, s/d. Acervo do Museu Histórico da FMUSP. p. 2-4.

_____. *A sífilis e as psicopatias*, 1938. Acervo do Museu Histórico da FMUSP.

_____. *Seguro social e doenças mentais*. Trabalho apresentado na Semana de Neuro-psiquiatria promovida pela Associação Paulista de Medicina, 1940. Acervo do Museu Histórico da FMUSP.

_____. A higiene mental e o espiritismo. *Revista de medicina*, São Paulo, v.26, n.105, p.5-14, 1942. Acervo do Museu Histórico da FMUSP.

_____. *Exame do doente mental*. São Paulo: Oficinas gráficas da Assistência a Psicopatas – Juquery, 1948. Acervo do Museu Histórico da FMUSP.

_____. Contribuição dos psiquiatras portugueses à medicina do espírito. *Revista Paulista de Medicina*. Suplemento Cultural, n.2, mar/abr. 1980. Acervo do Museu Histórico da FMUSP.

POSSE DO PROF. DR. ANTONIO CARLOS PACHECO E SILVA NA ACADEMIA DAS CIÊNCIAS DE LISBOA. *Sessão realizada em 4 de novembro de 1954, precedida pelo professor Egas Moniz* . Lisboa, 1954. Acervo do Museu Histórico da FMUSP.

Arquivo Nacional da Torre do Tombo (ANTT)

DIREÇÃO GERAL DE ESTATÍSTICA. *Anuário estatístico de Portugal*. Lisboa: Imprensa Nacional, anos de 1929 a 1939.

SUBSECRETARIA DE ESTADO DA ASSISTÊNCIA SOCIAL. *Centenário do hospital Miguel Bombarda antigo hospital de Rilhafoles 1848-1948*. Lisboa: edição do hospital Miguel Bombarda, 1948.

Fontes disponibilizadas em endereços eletrônicos

BRASIL. Decreto n.4247 de 6 de janeiro de 1921. Regula a entrada de estrangeiros no território nacional. Disponível em < http://

www2.camara.leg.br/legin/fed/decret/1920-1929/decreto-4247-
-6-janeiro-1921-568826-publicacaooriginal-92146-pl.html>
Acesso em: 15 ago.2014.

BRASIL. Decreto n. 24.559 de 3 de julho de 1934. Dispõe sobre a
profilaxia mental, a assistência e proteção à pessoa e aos bens
dos psicopatas, a fiscalização dos serviços psiquiátricos e dá outras providências. Disponível em <http://www.planalto.gov.br/
ccivil_03/decreto/1930-1949/D24559impressao.htm>. Acesso
em: 25 fev.2014.

BRASIL. Decreto 3010 n.3010 de 20 de agosto de 1938. Regulamento o decreto-lei n.406, de 4 de maio de 1938, que dispõe
da entrada de estrangeiros em território nacional. Disponível
em   <http://legis.senado.gov.br/legislacao/ListaPublicacoes.
action?id=101078>. Acesso em: 14 ago.2014.

DIRETORIA GERAL DE ESTATÍSTICA. *Recenseamento do Brasil* (1º de Setembro de 1920). População do Brazil por estados,
municípios e districtos, segundo o sexo, o estado civil e a na-
cionalidade.Volume IV. Parte 1. Rio de Janeiro. p.547. Disponível   <http://biblioteca.ibge.gov.br/visualizacao/monografias/
GEBIS%20-%20RJ/Censode1920/RecenGeraldoBrasil1920_v4_
Parte1_tomo2_Populacao.pdf > Acesso em: 17 ago .2014.

INSTITUTO NACIONAL DE ESTATÍSTICA. *Anuário estatístico
do Brasil*. Rio de Janeiro: Departamento de estatística e publicidade, 1937. p.513-515. Disponível <http://biblioteca.ibge.gov.
br/visualizacao/periodicos/20/aeb_1937.pdf>. Acesso em: 08
Jun.2015.

SANATÓRIO Pinel: a inauguração do modelar estabelecimento
para a cura das afecções nervosas. *O Estado de São Paulo*, São
Paulo, p.8. 3 dez. 1929. Disponível em: <http://acervo.estadao.
com.br/pagina/#!/19291203-18409-nac-0008-999-8-not/tela/
fullscreen>. Acesso em: 16 Set.2014.

SÃO PAULO. Decreto n. 3.869, de 3 de julho de 1925. Regulamento do Hospital do Juquery. São Paulo,1925. Disponível em <http://www.al.s p.gov.br/repositorio/legislacao/decreto/1925/decreto-3869-03.07.1925.html>. Acesso em: 20 jan. 2015.

SÃO PAULO. Decreto n. 5.314, de 26 de dezembro de 1931. Cria dois postos de emergência para o abrigo de alienados, e dá outras providências. São Paulo, 1931. Disponível em <http://www.al.s p.gov.br/repositorio/legislacao/decreto/1931/decreto-5314-26.12.1931.html>. Acesso em: 16 ago. 2014.

SÃO PAULO. Decreto n. 9.358 de 30 de Julho de 1938. Organiza o serviço de Assistência aos Psicopatas, do Departamento de Saúde do Estado. Disponível em <http://www.al.s p.gov.br/repositorio/legislacao/decreto/1938/decreto-9358-30.07.1938.html >. Acesso em: 14 fev.2015.

SILVEIRA, Aníbal. In memoriam. *Arquivos de neuro-psiquiatria*, São Paulo, v.33, n.1, p.95-97, 1975 Disponível em: < http://www.scielo.br/scielo.php?script=sci_arttext&pid=S0004-282X1975000100013>. Acesso em: 17 mar. 2015.

ROCHA, Francisco Franco da. Asilo de alienados. *O Estado de São Paulo*. São Paulo, p.2. 10 mai. 1893. Disponível em: < http://acervo.estadao.com.br/pagina/#!/18930510-5426-nac-0001-999-1-not/tela/fullscreen> Acesso em: 01 Set 2014.

_____. Alcoolismo e loucura. *O Estado de São Paulo*. São Paulo, p. 3-3. 17 ago. 1918. Disponível em: <http://acervo.estadao.com.br/pagina/#!/19180817-14476-nac-0003-999-3-not>. Acesso em: 7 jan. 2014.

Bibliografia

ADAMOR, Valdir. *A história da loucura:* em busca da saúde mental. Rio de Janeiro: ouro, 1979.

ALVES, Jorge Fernandes. Percursos de um brasileiro no Porto: o conde de Ferreira. *Revista da faculdade de letras. História.* Porto,v.09, p.199-214,1992.

_____. *Os brasileiros.* Emigração e retorno no Porto oitocentista. Porto: Faculdade de letras da Universidade do Porto,1994.

ANTUNES, António Lobo. *Conhecimento do inferno.* 9.ed. Lisboa: Publicações dom Quixote,1988.

ANTUNES, Eleonora Haddad; BARBOSA, Lúcia Helena Siqueira; PEREIRA, Lygia Maria de França. *Psiquiatria loucura e arte:* fragmentos da história brasileira. São Paulo: Edusp, 2002.

ARAÚJO, Maria Marta Lobo de. O tratamento dos doentes insanos de Vila Viçosa no hospital de Rilhafoles (segunda metade do século XIX). *Asclepio: revista de historia de la medicina y de la ciencia,*v.66,n.2, p.61-71,jul./dez.2014.Semestral. Disponível em: http://asclepio.revistas.csic.es/index.php/asclepio/article/view/615/775. Acesso em: 05 fev.2015.

ARBEX, Daniela. *Holocausto Brasileiro* [e-book]. São Paulo: Geração editorial, 2013.

ARICÓ, Carlos Roberto. et.al. *Reflexões sobre a loucura.* São Paulo: Cone, 1986.

ARRUBA, José Jobson. et. Al (Org.). *De colonos a imigrantes.* I(e) migração portuguesa para o Brasil. São Paulo: Alameda, 2013.

ASSUMPÇÃO, Francisco B.A ideologia na obra de Antonio Carlos Pacheco e Silva. *Revista Latinoamericana de Psicopatologia Fundamental.* n.4, p.39-53,2003.

AVELINO, Yvone Dias. Mobilidade e cidade: médicos portugueses na Real e Benemérita Beneficência Portuguesa de São Paulo (1895-1944). In: *XXII Encontro Estadual de História da ANPUH-S* p.   Santos,2014.Disponível<http://www.encontro2014.s p.anpuh.org/resources/anais/29/1405094655_ARQUIVO_Ar-

tigoYvoneANPUH2014MobilidadeeCidadeMedicosPortuguesesnaRealeBenemeritaBeneficenciaPortuguesadeSaoPaulo_18591944_.pdf> Acesso em 17 Nov. 2014.

BADRA JÚNIOR, Miguel. *Hospital São Joaquim*. Acervo do Museu Histórico da FMUSP, 1943.

BARBOSA, Rosana Machin. *A presença negra numa instituição modelar*. O hospício do Juquery, 1992, 188f. Dissertação (Mestrado) – curso de Sociologia, Universidade de São Paulo, São Paulo, 1992.

BENEDUZI, Luís Fernando. *Mal di paese*: as reelaborações de um vêneto imaginário na ex-colônia de Conde D'Eu (1884-1925). 364f. Tese (Doutorado) – curso de História, Universidade Federal do Rio Grande do Sul. Porto Alegre, 2004.

BERTOLLI FILHO, Cláudio. Prontuários médicos: fonte para o estudo da história social da medicina e da enfermidade. *História, Ciências e Saúde – Manguinhos*. Rio de Janeiro. v.3, n.3, p.173-180,1996.

CAPONI, Sandra. *Loucos e degenerados*. Uma genealogia da psiquiatria ampliada. Rio de Janeiro: Fiocruz, 2012.

CARQUEJA, Bento. *O povo português*. Aspectos sociais e econômicos. Porto: Livraria Chardron, 1916.

CASSÍLIA, Janis A. p. *Doença mental e o Estado Novo:* a loucura de um tempo. 2011 200f. Dissertação (Mestrado) – curso de História. Casa Osvaldo Cruz – Fiocruz, Rio de Janeiro, 2011.

CASTEL, Robert. *A ordem psiquiátrica*. A idade de ouro do alienismo. Rio de Janeiro: Graal, 1978.

CÉSAR, Edgar Pinto. Alguns aspectos da incidência das moléstias mentais no estado de São Paulo. In: *Arquivos da Assistência aos Psicopatas do estado de São Paulo*, ano VIII, nº 1-4, p.299-333, 1943.

CINTRA, Pedro (Coord.). *Miguel Bombarda:* preservar a memória [e-book]. Lisboa: Oficina do livro, 2012.

COATES, Timothy J. *Degradados e órfãs:* colonização dirigida pela coroa no império português (1550-1755). Tradução de José Vieira de Lima. Lisboa: Comissão nacional para as comemorações dos descobrimentos portugueses, 1998.

COSER, Orlando. *Depressão:* clínica, crítica e ética [e-book]. Rio de Janeiro: Fiocruz, 2003.

COSTA, Jurandir Freire. *Ordem médica e norma familiar.* 3.ed. Rio de Janeiro: Graal, 1989.

_____ *História da psiquiatria no Brasil:* um corte ideológico. 5. ed. Rio de Janeiro: Garamond,2007.

COUTO, Rita Cristina de Medeiros. Eugenia, loucura e condição feminina. *Cad. Pesq.* São Paulo, n.90, p.52-61, 1994.

_____.*Nos corredores do Pinel:* eugenia e psiquiatria. 158f. Dissertação (Mestrado) – curso de História. Universidade de São Paulo, São Paulo, 1999.

CUNHA, Maria Clementina Pereira. *Cidadelas da ordem:* a doença mental na república. São Paulo: brasiliense, 1989 (tudo é História)

_____. *O espelho do mundo:* Juquery a história de um asilo.2.ed. Rio de Janeiro:Paz e terra,1988.

DUARTE, Luiz Fernando. O nervosismo como característica nosográfica no começo do século XX. *História, Ciências e Saúde – Manguinhos,* Rio de Janeiro, v.17, supl.2, dez. 2010, p.313-326.

ELLIS JÚNIOR, Alfredo. *Populações paulistas.* São Paulo: Companhia Editora Nacional, 1934.

ELKIS, Helio. A evolução do conceito de esquizofrenia neste século. *Revista Brasileira de Psiquiatria,* Rio de Janeiro, v. 22, supl. 1, p.23-26, 2000. Disponível em: <http://www.scielo.br/pdf/rbp/v22s1/a09v22s1.pdf>. Acesso em: 07 abr. 2015.

ENGEL, Magali Gouveia. *Delírios da razão*: médicos, loucos e hospícios (Rio de Janeiro 1830-1930). Rio de Janeiro: Fiocruz, 2001.

ERASMO, Desidério. *Elogio da loucura*: tradução de Paulo Neves. Porto Alegre: L&PM, 2003.

ESTEVES, Alexandra. Engulhos de ontem, doentes de hoje: pensar a loucura em Portugal no século XIX. O caso do distrito de Viana do Castelo. In: ARAÚJO, Maria Marta Lobo de; ESTEVES, Alexandra. *Marginalidade, pobreza e respostas sociais na península ibérica (séculos XVI-XX)*. Braga: centro de investigação transdisciplinar "cultura, espaço e memória", 2011. p199-216.

EXPOSIÇÃO NACIONAL DO RIO DE JANEIRO EM 1908. *Notas sobre Portugal*. Lisboa: Imprensa nacional, 1908. 1 v.

FARINA, Duilio Crispim. *Medicina no planalto de Piratininga*. São Paulo [s.n], 1981.

FAUSTO, Boris. *Historiografia da imigração para São Paulo*. São Paulo: Sumaré/ FAPESP, 1991.

_____ (Org.). *Fazer a América*: A imigração em massa para a América Latina. 2.ed. São Paulo: Edusp, 2000.

FERLA, Luis. *Feios, sujos e malvados sob medida* :autopia médica do biodeterminismo São Paulo (1920-1945). São Paulo: Alameda, 2009.

FERNANDES, Barahona. *Egas Moniz*. Pioneiro de descobrimentos médicos. Lisboa: Instituto de cultura e língua portuguesa, 1983.

FERREIRA, Tito Lívio. *História da beneficência portuguesa de São Paulo*. São Paulo: Saraiva S.A, 1959.

FERREIRA DE CASTRO, José Maria. *Emigrantes*. Lisboa: Guimarães editores, s/d.

FOUCAULT, Michel. *História da loucura*: na idade clássica: tradução de José Teixeira Coelho Neto. 9.ed. São Paulo: Perspectiva, 2010.

_____. *O poder psiquiátrico*: um curso dado no Collège de France (1973-1974). Tradução de Eduardo Brandão. São Paulo: Martins fontes, 2006.

_____. *Os anormais*. Curso no Collège de France (1974-1975). Tradução de Eduardo Brandão. São Paulo: Martins Fontes, 2010.

FREITAS, Sônia Maria. *Presença portuguesa em São Paulo*. São Paulo: imprensa oficial, 2006.

_____. *A saúde no Brasil dos descobrimentos aos dias* atuais. São Paulo: Museu da Saúde, 2014.

FREYRE, Francisca Suassuna de Melo. *Entre a história no papel e o papel na história no âmbito das doenças mentais*. 143f. Dissertação (Mestrado) – curso de Sociologia, Universidade do Minho. Braga, 2006.

FRUTUOSO, Maria Suzel Gil. *Emigração portuguesa e sua influência no Brasil*: o caso de Santos 1850-1950. 258 f. Dissertação (Mestrado) - curso de História, Universidade de São Paulo. São Paulo, 1989.

FONSECA, Cristina Oliveira. *Saúde no governo Vargas (1930-1945)*. Rio de Janeiro: Fiocruz, 2007.

GARCIA, José Luís (Org.). *Portugal migrante*: emigrantes e imigrados, dois estudos introdutórios. Oeiras: Celta Editora, 2000.

GOFFMAN, Erving. *Manicômios, prisões e conventos*: tradução Dante Moreira Leite. São Paulo: Perspectiva, 2010.

_____. *Estigma*. Notas sobre a manipulação da identidade deteriorada. Tradução de Márcia Bandeira de Melo Leite Nunes. Rio de Janeiro: Zahar Editores, 1975.

GOLISZEK, Andrew. *Cobaias humanas.* A história secreta do sofrimento provocado em nome da ciência. Tradução de Vera de Paula Assis. Rio de Janeiro: Ediouro, 2004.

GOMES, Ângela de Castro (org.) *Histórias de imigrantes e de imigração no Rio de Janeiro.* Rio de Janeiro: Sette Letras, 2000.

GONÇALVES, Paulo Cesar. *Mercadores de braços:* riqueza e acumulação na organização da emigração europeia para o novo mundo. São Paulo: Alameda, 2012.

GONZAGA, Manuela. *Maria Adelaide Coelho Cunha:* Doida não e não!. 4. ed. Lisboa: Bertrand, 2011.

GRINBERG, León; GRINBERG, Rebeca. *Psicoanalisis de la migración y del exilio.* Madri: Alianza Editorial, 1984.

GUIMARÃES, Jacileide. *Sobre a criação do hospital Santa Teresa de Ribeirão Preto:* outras raízes de uma História. 137f. Dissertação (Mestrado) – curso de Enfermagem Psiquiátrica, Universidade de São Paulo. Ribeirão Preto, 2001.

HALLIGAN, Peter; BASS, Christopher; MARSHALL, John. *Contemporary approaches to the study of histeria.* Nova Iorque: Oxford University,2001.

HERCULANO, Alexandre. *Opúsculos.* Questões públicas. 6.ed. Lisboa: livraria Bertrand, s/d.

HOCHMAN, Gilberto; ARMUS, Diego (Org.). *Cuidar, controlar, curar:* ensaios sobre saúde e doença na América Latina e Caribe. Rio de Janeiro: FIOCRUZ, 2003.

HOMEM, Amadeu Carvalho; SILVA, Armando Malheiro da; Isaía, Artur César (Coord.). *A República no Brasil e em Portugal.* Coimbra: IU/EDUFU, 2007.

HUNT, Lynn. *A nova história cultural.*Tradução de Jefferson Luiz Camargo. São Paulo: Martins Fontes, 2006.

JABERT, Alexandre. *Da nau dos loucos ao trem de doido*: as formas de administração da loucura na Primeira República – o caso do estado do Espírito Santo. 153f. Dissertação (Mestrado) – curso em Saúde Pública, Fundação Oswaldo Cruz – FIOCRUZ. Rio de Janeiro, 2001.

_____. *De médicos e médiuns*: medicina, espiritismo e loucura no Brasil na primeira metade do século XX.308f. Tese (Doutorado) – curso em História das Ciências e da Saúde , Casa de Oswaldo Cruz – FIOCRUZ. Rio de Janeiro, 2008.

KLEIN, Herbert S. A integração social e econômica dos imigrantes portugueses no Brasil nos finais do século XIX e no século XX. *Análise Social*, Lisboa, v.28, n.121, p.235-265,1993.

KOIFMAN, Fábio. *Imigrante ideal*: o ministério da justiça e a entrada de estrangeiros no Brasil (1941-1945). Rio de Janeiro: Civilização Brasileira, 2012.

LECHNER, Elsa (2007), Imigração e saúde mental, in DIAS, Sónia (org.), *Revista Migrações* Imigração e Saúde, Setembro 2007, n.º 1, Lisboa: ACIDI, p. 79-101.

LEITE, Joaquim da Costa. Os negócios da emigração (1970-1914). *Análise Social*, Lisboa, v.31, n. 136, p.381-396, 1996.

_____. Os negócios da emigração (1970-1914). *Análise Social*, Lisboa, v.31, n. 136, p.381-396, 1996.

LEME, Marisa Saenz. Bairros proletários paulistanos no início do século XX: moradia, lazer e educação. *Estudos de História*, Franca,v.9,n.1, p.101-129, 2002.

LESSER, Jeffrey. *Negociação da identidade nacional*: Imigrantes, minorias e a luta pela etnicidade no Brasil. tradução de Patrícia de Queiróz Carvalho Zimbres. Bauru: UNESP, 2001.

LIMA, Nadia Rodrigues Luz. Religião e saúde mental – o asilo e a casa de saúde Allan Kardec de Franca. *Anais – ciclo de estudos sobre a história da cidade*, Franca, v.1, n.1, p.103-115, 1999.

LIMA BARRETO, Afonso Henriques. *O cemitério dos vivos*. 2.ed. São Paulo: Brasiliense, 1961.

LOBO, Eulália Maria Lahmeyer. *Imigração portuguesa no Brasil*. São Paulo: Hucitec, 2001.

LOURENÇO, Maria Cecília França (Org.). *A casa de Dona Yayá*. São Paulo: Edusp/Imprensa Oficial de São Paulo, 1999.

LUZES, Pedro. Um inédito de Egas Moniz. *Análise psicológica*, Lisboa, v.1, supl.3, p.9-20, 1978. Disponível em < http://repositorio.ispa.pt/bitstream/10400.12/3493/1/AP%201978_3_9.pdf>. Acesso em: 20 ago.2015.

MAALOUF, Jorge Fouad. *O sofrimento de imigrantes:* um estudo clínico sobre os efeitos do desenraizamento do self. 297f. Tese (Doutorado) – curso de Psicologia Clínica, Pontifícia Universidade Católica, São Paulo, 2005.

MACHADO, Roberto. et.al. *A Danação da Norma*. Medicina social e constituição da psiquiatria no Brasil. Rio de Janeiro, Graal, 1978.

MARTINS, Antonio Egydio. *São Paulo antigo 1554-1910*. São Paulo: Paz e Terra, 2003.

MARTINS, Ismênia de Lima, HECKER, Alexandre (Org). *E/Imigrações:* histórias, culturas e trajetórias. São Paulo: Expresso e Arte Editora, 2010.

_____. *E/Imigrações:* questões, inquietações. São Paulo: Expresso e Arte Editora, 2013.

MASIERO, André Luis. A lobotomia e a leucotomia nos manicômios brasileiros. *História, ciência e saúde - Manguinhos*, Rio de Janeiro, v.10, supl.2, p.549-572,2003. Disponível em <http://www.scielo.

br/scielo.php?pid=S0104-59702003000200004&script=sci_art-text>. Acesso em: 12 ago.2015.

MATOS, Júlio de. *A paranoia* [e-book]. Publicado pela livraria de Alexandria, 1896.

MATOS, Maria Izilda. Padeiros. Portugueses e experiências políticas: a luta e o pão 1870-1945. In: *História*. São Paulo, vol.28, supl.1, p.415-438,2009.

_____.; SOUSA, Fernando de.; HECKER,Alexandre. *Deslocamentos & histórias*: os portugueses. Bauru: Edusc, 2008.

MATOS, Patrícia Carla Valente Ferraz de. *Mendes Correia e a escola de antropologia do Porto*. Contribuição para o estudo das relações entre antropologia, nacionalismo e colonialismo (de finais do século XIX aos finais da década de 50 do século XX). 461f. Tese (Doutorado) – curso de Ciências Sociais, Universidade de Lisboa. Lisboa, 2012.

MATTOSO, José (Dir.). *História da vida privada em Portugal*. A época contemporânea. Lisboa: Temas e debates, 2011.

MENDES, José Sachhetta Ramos. *Laços de sangue*: privilégios e intolerância à imigração portuguesa no Brasil (1822-1945). São Paulo: Editora da Universidade de São Paulo: Fapesp,2011.

MINOIS, Georges. *História do futuro*: dos profetas à prospectiva. Tradução de Serafim Ferreira. Lisboa: Teorema, 2000.

MONTEIRO, Yara Nogueira; CARNEIRO, Maria Luiza Tucci (Org.). *As doenças e os medos sociais*. São Paulo: Editora Fap-Unifesp, 2012.

MORAES, António Ermírio de. O papel da "Beneficência Portuguesa" e o problema da saúde no Brasil. *Revista Comunidades de Língua Portuguesa: os 125 anos da Beneficência Portuguesa de São Paulo,* São Paulo, 1984.

MOTA, André. *Tropeços da medicina bandeirante*. Medicina paulista entre 1892-1920. São Paulo: Edusp,2005.

MOTA, André; MARINHO, Maria Gabriela S.M.C (Org.). *História da psiquiatria*: ciência, práticas e tecnologias de uma especialidade médica. São Paulo: USP, Faculdade de Medicina: UFABC, Universidade Federal do ABC: CD.G Casa de Soluções e Editora, 2012 (Coleção Medicina, Saúde e História, 2)

MOTA, André; MARINHO, Maria Gabriela S.M.C; SILVEIRA, Cássio (Org.). *Eugenia e história*: ciência, educação e regionalidades. São Paulo: USP, Faculdade de Medicina: UFABC, Universidade Federal do ABC: CD.G Casa de Soluções e Editora, 2013 (Coleção Medicina, Saúde e História, 4)

MOTA, André; MARINHO, Maria Gabriela S.M.C; SILVEIRA, Cássio (Org.). *Saúde e história de migrantes e imigrantes*. Direitos, instituições e circularidades. São Paulo: USP, Faculdade de Medicina: UFABC, Universidade Federal do ABC: CD.G Casa de Soluções e Editora, 2014 (Coleção Medicina, Saúde e História, 5)

MOTT, Maria Lúcia. Revendo a história da enfermagem em São Paulo (1890-1920). *Cadernos Pagu*. Campinas, n.13, p.327-355,1999. Disponível em: < http://www.google.com.br/url?sa=t&rct=j&q=&esrc=s&frm=1&source=web&cd=1&ved=0CB0QFjAA&url=http%3A%2F%2Fwww.bibliotecadigital.unicam p.b r%2Fdocument%2F%3Fdown%3D51321&ei=DNAuVYzlBIek Nqu4gIgK&usg=AFQjCNGk42GUCLcTa1P806rkYH7Wy_5v 2w> Acesso em: 12 dez.2014.

MUÑOZ, Pedro Felipe Neves. *Degeneração atípica*: uma incursão ao arquivo de Elza.2010,188f. Dissertação (Mestrado) – curso de História, Casa de Oswaldo Cruz/FIOCRUZ. Rio de Janeiro,2010.

MURAT, Laure. *O homem que se achava Napoleão*: por uma história política da loucura: tradução Paulo Neves. São Paulo: Três estrelas, 2012.

NASCIMENTO, Dilene Raimundo; CARVALHO, Diana Maluf (ORG.). *Uma história brasileira das doenças.* Brasília: Paralelo 15, 2004.

NEMI, Ana Lúcia Lana (Org.). *EPM/SPDM.* Histórias de gente, ensino e atendimento à saúde. São Paulo: Fap-Unifesp, 2012.

NETO, Félix. *Jovens portugueses em França:* aspectos de sua adaptação psico-social. Porto: Secretaria de estudos das comunidades portuguesas, 1985.

NOBRE, Antonio de Goes. *Esboço histórico da real e benemérita sociedade portugueza de beneficência:* 1859-1889. São Paulo: Cia, Paulista de papeis e Artes Gráficas, 1919.

ODA, Ana Maria; DALCALARRONDO, Paulo. História das primeiras instituições para alienados no Brasil. *História, ciências e saúde – Manguinhos,* Rio de Janeiro, v.12, n.3, p.983-1010, 2005.

ODEGAARD,Örnulv. *Emigration and insanity.* A study of mental disease among the norwegianborn population of Minnesota. Copenhagen: Levin & Munksgaards puplishers, 1932.

OLIVEIRA, Carla Mary da Silva. *Saudades d'além mar:* um estudo sobre a imigração portuguesa no Rio de Janeiro através da Revista Lusitânia (1929-1934). 163f. Tese (doutorado) – curso de Sociologia, Universidade Federal da Paraíba. João Pessoa. 2003.

OLIVEIRA, Milena Fernandes. *Consumo e cultura material,* São Paulo "Belle Époque" (1890-1915).2009, 422f. Tese (Doutorado) – curso de História, Universidade de Campinas. Campinas,2009.

OLIVEIRA MARQUES, António Henrique de. *Breve história de Portugal.* 2.ed. Lisboa: Editorial Presença,2009.

Do sonho à loucura 233

PACHECO E SILVA, Antonio Carlos. *Direito à saúde*: documentos de atividade parlamentar, 1934.

_____. *Cuidados aos psychopathas*. 2. ed. Rio de Janeiro: Editora Guanabara, s/d.

PARADA, Antonio Silva. Real e Benemérita Sociedade Portuguesa de Beneficência em São Paulo. *Relatório do biênio 1941-1942*: apresentado à assembleia geral em 28 de março de 1943. São Paulo: Empresa Gráfica da "revista dos Tribunais", 1943.

PASSOS, Leopoldino. *Porcentagem da loucura no estado de São Paulo*. 49f. Tese (Doutorado) – curso de Medicina, Faculdade de Medicina de São Paulo, 1919.

PATTO, Maria Helena Souza. Teoremas e cataplasmas no Brasil monárquico. *Novos estudos – Cebrap*, n.44, p.179-198, mar.1996. Disponível em: <http://www.novosestudos.org.br/v1/files/uploads/contents/78/20080626_teoremas_e_cataplasmas.pdf>. Acesso em: 12 mai. 2014.

PÉLICIER, Yves. *História da Psiquiatria*. Tradução de Ramiro da Fonseca. Lisboa: Europa-América, 1973.

PEREIRA, Mirim Halpern. *Diversidade e assimetrias*: Portugal nos séculos XIX e XX. Lisboa: Imprensa de Ciências sociais, 2001.

_____. *A política portuguesa de emigração (1850-1930)*. Bauru: EDUSC; Instituto Camões, 2002.

PEREIRA, Ana Leonor, PITA, João Rui (Cood.). *Miguel Bombarda e as singularidades de uma época (1851-1910)*. Coimbra: Imprensa da Universidade, 2006.

PEREIRA, Pedro Teixeira; GOMES, Eva; MARTINS, Olga. A alienação no Porto: o hospital de alienados do conde de Ferreira (1883-1908). *Revista da faculdade de letras História*. Porto, série 3, v.6, 2005, p.99-128.

PERROT, Michelle. *Os excluídos da história*. Rio de Janeiro: Paz e terra, 1988.

PESSOTI, Isaias. *A loucura e suas épocas*. São Paulo: Ed 34,1994.

_____. *O século dos manicômios*. São Paulo: Ed 34, 1996.

PICHOT, Pierre; FERNANDES, Barahona. *Um século de psiquiatria e a psiquiatria em Portugal*. Tradução de Ana Maria Coelho de Sousa. Lisboa: Roche, [198-]

PIERUCCI, Antônio Flávio de Oliveira. et. al. *O Brasil republicano*: economia e cultura (1930-1964).4.ed. Rio de Janeiro: Bertrand Brasil, 2007.t.3.v.11.

PINHEIRO, Eduardo. *Dicionário da língua portuguesa*. Lisboa: Figueirinhas, 1945.

PINHEIRO, Magda. *Biografia de Lisboa*. 3.ed. Lisboa: Esfera dos livros, 2011.

PIZZOLATO, Pier Paolo Bertuzzi. *O Juquery*: sua implantação, projeto arquitetônico e diretrizes para uma nova intervenção. 326f. Dissertação (Mestrado) – curso de Arquitetura, Universidade de São Paulo, 2008.

PORTA, Paula (Org.). *História de São Paulo*: a cidade no império (1823-1889). São Paulo: Paz e Terra, 2004.

_____. *História de São Paulo*: a cidade na primeira metade do século XX (1890-1954). São Paulo: Paz e Terra, 2004.

PORTER, R. *História social da loucura*. Rio de Janeiro: Jorge Zahar Editor, 1991.

PORTOCARRERO, Vera. *Arquivos da loucura*: Juliano Moreira e a descontinuidade histórica da psiquiatria [e-book]. Rio de Janeiro: Fiocruz, 2002.

QUEIROZ, Suely Rodrigues Reis de. *Os radicais da república*. Jacobinismo: ideologia e ação 1893-1897. São Paulo: Brasiliense, 1986.

QUÉTEL, Claude. *História da loucura*: da antiguidade à invenção da psiquiatria. Tradução de Marcelo Felix. Lisboa: texto&grafia, 2014.

_____. *História da loucura*: do alienismo aos nossos dias. Tradução de Marcelo Felix. Lisboa: texto&grafia, 2014.

QUINTAIS, Luís. Torrente de loucos: a linguagem da degeneração na psiquiatria portuguesa na transição do século XIX. *História, ciência e saúde* – Manguinhos, Rio de Janeiro, v.15,n.2. p.353-369, abr.-jun.2008.

RAMOS, Arthur. *Loucura e crime*. Questões de psychiatria, medicina forense e psychologia social. Porto Alegre: Edição da livraria do Globo, 1937.

REBELO, Fernanda. *A travessia:* imigração, saúde e profilaxia internacional (1890-1926).325f. Tese (Doutorado) – curso História das ciências, Casa de Oswaldo Cruz – FIOCRUZ. Rio de Janeiro, 2010.

REIS, Ana Catarina Mateus. *As imagens médicas do hospital Miguel Bombarda*. Proposta para seu tratamento documental. 176f. Dissertação (Mestrado) – curso de Ciências da informação e da documentação, Universidade Nova de Lisboa. Lisboa, 2014.

RIBAS, Thiago Fortes. *Foucault:* verdade e loucura no nascimento da arqueologia. Curitiba: UFPR, 2014.

RIBEIRO, Gladys Sabina. A guerra aos portugueses no Rio de Janeiro no final do século XIX. *Oceanos*. Lisboa, n.44, p.68-84, out./dez.2000.

RODRIGUES, José Carlos. *O corpo na história*. Rio de Janeiro: Fiocruz, 1999.

SALLA, Fernando. *As prisões em São Paulo 1822-1940*. São Paulo: Fapesp/Annablume,1999.

SANTOS, N. M. W. *Narrativas da loucura e histórias de sensibilidades*. Porto Alegre: Ed. da UFRGS, 2008.

SELLING, Lowell S. *A luta contra a loucura*. Tradução de Adalberto de Lira Cavalcanti. Rio de Janeiro: Emiel Editora, 1941.

SENA, António Maria de. *Os alienados em Portugal*. Lisboa: Ulmeiro,2003.

SERRÃO, Joel (Dir). *Dicionário de História de Portugal*. Porto: Figueirinhas, 1971.

_____. *Emigração portuguesa*: sondagem histórica. Lisboa: Livros Horizonte.

_____; MARQUES, António Henrique de Oliveira. *Portugal da monarquia para a república*. Lisboa: Editorial Presença, 1991.v.11 (Nova História de Portugal).

SCOTT, Joan. Gênero: uma categoria útil para análise histórica. *Educação & Realidade*. Porto Alegre, v.15, n.2, p.5-22, jul./dez.1990.

SCOTT, Ana Sílvia Volpi. "As duas faces da imigração portuguesa para o Brasil (décadas de 1820-1930)". *Paper apresentado ao Congreso de Historia Económica de Zaragoza*, 2001. Disponível <http://www.unizar.es/eueez/cahe/volpiscott.pdf.> Acesso em 13. Ago 2012.

SCOTTI, Zelinda Rosa. *Loucas mulheres alemãs*: a loucura visitada no Hospício de São Pedro (1900-1925). 212 f. Dissertação (Mestrado) – curso de História, Pontifícia Universidade Católica do Rio Grande do Sul. Porto Alegre, 2002.

_____. *Que loucura é essa?* : Loucas e loucos italianos no Hospício de São Pedro em Porto Alegre/RS (1900-1925). 283 f. Tese (Doutorado) – curso de História, Pontifícia Universidade Católica do Rio Grande do Sul. Porto Alegre, 2013.

SILVA, Márcia Regina Barros da. *O laboratório e a república*.saúde pública, ensino médico e produção de conhecimento em São Paulo (1891-1933). Rio de Janeiro: Fiocruz, 2014.

SILVA e, Mary Cristina Barros. *Repensando os porões da loucura*: um estudo sobre o hospital colônia de Barbacena. Belo Horizonte: Argumentum, 2008.

SILVEIRA, Aníbal. In memoriam. *Arquivos de neuro-psiquiatria*, São Paulo, v.33, n.1, p.95-97, 1975 Disponível em: <http://www.scielo.br/scielo.php?script=sci_arttext&pid=S0004--282X1975000100013> Acesso em: 17 mar. 2015.

SOARES, Maria Isabel. A reforma dos serviços de assistência psiquiátrica. *Pensar enfermagem*. Lisboa,v.12, n.2, p.35-51. Disponível http://pensarenfermagem.esel.pt/files/2008_12_2_35-51.pdf . Acesso em: 26 mar. 2013.

STEPAN, Nancy. *A hora da eugenia*: raça, gênero e nação na América Latina. Rio de Janeiro: Fiocruz, 2005.

TARELOW, Gustavo Querodia. *Entre comas, febres e convulsões*. Os tratamentos de choque no hospital do Juquery (1923-1937). Santo André: Universidade Federal do ABC, 2013.

_____. Um tratamento de choque: a aplicação da malarioterapia no Hospital do Juquery (1925-1940). In: *Cadernos de História da Ciência*. São Paulo: Instituto Butantan, vol.5, nº1, p.8-22, jun. 2009. Disponível<http://periodicos.ses.s p.bvs.br/scielo.php?script=sci_ar ttext&pid=S180976342009000100002&lng=en&nrm=iso   >. Acesso em: 27 set.2013.

TEIXEIRA, Marco Antônio Rotta. Melancolia e depressão: um resgate histórico e conceitual na psicanálise e na psiquiatria. In: *Revista de Psicologia da UNES* p. Assis: Periódico do Programa de Pós-Graduação e do curso de Psicologia da FCL, v.4, nº1, p.41-56, 2005.

TENGARRINHA, José. *A historiografia portuguesa, hoje*. São Paulo: Hucitec, 1999.

THOMPSON, Edward Palmer. *La miséria de La teoria*. Barcelona: Crítica, 1981.

TOLEDO, Roberto Pompeu de. *A capital da vertigem*. Uma história de São Paulo de 1900 a 1954 [e-book], Rio de Janeiro: Editora Objetiva, 2015.

VACARO, Juliana Suckow. *A construção do moderno e da loucura*: mulheres no Sanatório Pinel de Pirituba (1929-1944). 63 f. Dissertação (Mestrado) – curso de História, Universidade de São Paulo. São Paulo, 2011.

VASCONCELOS, Carolina Michaëlis. *A saudade portuguesa*. Porto: Renascença Portuguesa, 1914.

VENANCIO, Ana Teresa A. Da colônia agrícola ao hospital-colônia: configurações para assistência psiquiátrica no Brasil na primeira metade do século XX. *História, Ciências e Saúde – Manguinhos*. Rio de Janeiro. v.18, supl.1, p.35-52, 2001.

_____. Classificando diferenças: as categorias demência precoce e esquizofrenia por psiquiatras brasileiros na década de 1920. *História, Ciências e Saúde – Manguinhos*. Rio de Janeiro. v.17, supl.2. Disponível < http://dx.doi.org/ 10.1590/S0104-59702010000600004> . Acesso em 28. Jul 2013.

_____; POTENGY, Gisélia Franco. *O asilo e a cidade*. Histórias da colônia Juliano Moreira. Rio de Janeiro: Garamond, 2015.

WADI, Yonissa Marmitt. *A história de Pierina*. Subjetividade, crise e loucura. Uberlândia: EDUF, 2009.

_____. Entre muros: os loucos contam o hospício. *Topoi*. Rio de Janeiro, v.12, n.22, p.250-269,2011.

WADI, Y. M.; SANTOS, N. M. W. *História e loucura*: saberes, práticas e narrativas. Uberlândia: EDUFU, 2010.

Alameda nas redes sociais:
Site:www.alamedaeditorial.com.br
Facebook.com/alamedaeditorial/
Twitter.com/editoraalameda
Instagram.com/editora_alameda/

Esta obra foi impressa em São Paulo na primavera de 2018. No texto
foi utilizada a fonte Minion Pro
em corpo 10,3 e entrelinha de 15,3
pontos.